U0840599

规范与自由：互联网生活的底色

李伟◎著

中国社会科学出版社

图书在版编目(CIP)数据

规范与自由：互联网生活的底色 / 李伟著 . —北京：中国社会科学出版社，2022. 9

(山西大学建校 120 周年学术文库)

ISBN 978-7-5227-0509-5

Ⅰ. ①规… Ⅱ. ①李… Ⅲ. ①互联网络—法律规范—研究 Ⅳ. ①D912. 174

中国版本图书馆 CIP 数据核字(2022)第 128906 号

出 版 人 赵剑英
责任编辑 程春雨
责任校对 周 昊
责任印制 王 超

出 版 中国社会科学出版社
社 址 北京鼓楼西大街甲 158 号
邮 编 100720
网 址 http：//www. csspw. cn
发 行 部 010-84083685
门 市 部 010-84029450
经 销 新华书店及其他书店

印 刷 北京明恒达印务有限公司
装 订 廊坊市广阳区广增装订厂
版 次 2022 年 9 月第 1 版
印 次 2022 年 9 月第 1 次印刷

开 本 710×1000 1/16
印 张 14. 5
插 页 2
字 数 251 千字
定 价 78. 00 元

《山西大学建校 120 周年学术文库》总序

喜迎双甲子，奋进新征程。在山西大学百廿校庆之时，出版这套《山西大学建校 120 周年学术文库》，以此记录并见证学校充满挑战与奋斗、饱含智慧与激情的光辉岁月，展现山大人的精学苦研与广博思想。

大学，是萌发新思想、创造新知识的学术殿堂。求真问理、传道授业是大学的责任。一百二十年来，一代又一代山大人始终以探究真理为宗旨，以创造新知为使命。无论创校初期名家云集、鼓荡相习，还是抗战烽火中辗转迁徙、筚路蓝缕；无论是新中国成立后“为完成祖国交给我们的任务而奋斗”，还是改革开放以后融入科教强国建设的时代洪流，山大人都坚守初心、笃志求学，立足大地、体察众生，荟萃思想、传承文脉，成就了百年学府的勤奋严谨与信实创新。

大学之大，在于大学者、在于栋梁才。十年树木、百年树人。一百二十年的山大，赓续着教学相长、师生互信、知智共生的优良传统。在知识的传授中，师生的思想得以融通激发；在深入社会的广泛研习中，来自现实的经验得以归纳总结；在无数次的探索与思考中，那些模糊的概念被澄明、假设的命题被证实、现实的困惑被破解……新知识、新思想、新理论，一一呈现于《山西大学建校 120 周年学术文库》。

“问题之研究，须以学理为根据。”文库的研究成果有着翔实的史料支撑、清晰的问题意识、科学的研究方法、严谨的逻辑结构，既有基于社会实践的田野资料佐证，也有源自哲学思辨的深刻与超越，展示了山大学者“沉潜刚克、高明柔克”的学术风格，体现了山大人的厚积薄发和卓越追求。

习近平总书记在 2016 年哲学社会科学工作座谈会上指出：“一个国家的发展水平，既取决于自然科学发展水平，也取决于哲学社会科学发展水平。一个没有发达的自然科学的国家不可能走在世界前列，一个没有繁荣的哲学社会科学的国家也不可能走在世界前列。”立足国际视野，秉持家国情怀。在加快“双一流”建设、实现高质量内涵式发展的征程中，山大人深知自己肩负着探究自然奥秘、引领技术前沿的神圣责任，承担着繁荣发展哲学社会科学的光荣使命。

百廿再出发，明朝更璀璨。令德湖畔、丁香花开，欣逢盛世、高歌前行。山大学子、山大学人将以建校120周年为契机，沿着历史的足迹，继续秉持“中西会通、求真至善、登崇俊良、自强报国”的办学传统，知行合一、厚德载物，守正创新、引领未来。向着建设高水平综合性研究型大学、跻身中国优秀知名大学行列的目标迈进，为实现中华民族伟大复兴的中国梦贡献智慧与力量。

黄桂田

自　　序

2009—2014 年，我在厦门大学哲学系度过了五年紧张的硕博生涯。我的导师徐梦秋教授自 20 世纪 90 年代就已经在规范研究领域耕耘，作为他的学生，我自然而然地追随老师的脚步，踏入这片对我而言非常陌生的领域。

每个人在日常生活中都会面对如何行为和行为如何评价的问题，人们的一举一动都涉及规范和规范问题。规范的种类繁多，有道德规范、法律规范、行政规范、组织纪律、技术规范、科学规范、艺术规范、宗教规范，以及民俗、禁忌、礼仪，等等。然而，彼时对规范的研究大都是关于各种具体规范的研究，如法律规范研究、道德规范研究、宗教规范研究、民俗研究，等等，并且处在一种彼此隔绝、互不通气的状态。徐梦秋教授在关于规范的总体性、统摄性、融贯性研究方面作出了巨大的贡献，他对贯穿规范领域的许多具有普遍性的学理问题的研究取得了开拓性的成就，如规范和自由的关系问题、规范与规律的关系问题、规范与利益或价值的关系问题、规范的合理性及其判定问题、规范的类型与功能问题、规范形成的条件和程序问题、规范形成与应用中的逻辑问题、规范判断和事实判断的关系问题、规范命题及其价值词的意义分析，等等。

如今，人类社会已经进入互联网时代，互联网创造了一种全新的人类生活，人们享受着一种更高效、更方便、更自由的网络生活。然而，无规矩不成方圆，现实社会需要规范来指导和约束人们的行为，使其合理有序，维护社会的正常运行。网络空间也不例外，人们的网络行为同样需要规范的指导和约束。这些能够指导和约束人们网络行为的规范就是网络规范，网络规范是保证人们的网络行为合理有序，促进互联网有序运行和不断发展的必要条件。但是，遵守规范的前提是有规范可依，网络规范的缺失与落后是互联网乱象丛生的重要原因。因此，如何构建一种区别于现实规范的、能够有效调整和约束人们网络行为的网络规范就成为人们应当思考和解决的首要问题。这就需要我们把目光转向网络规范本身，考察互联网发展至今世界各国政府与组织、互联网公司，以及普通网民构建起来的种种网络政策与法律、网络技术规范、网络组织规范与管理规范、网络礼仪等大大小小的网络规范，从个别到一般，从具体到普遍，找出关于网络规范的形成、变化、发展和消亡的普遍性规律，进而以客观规律为指导，探索一套构建和判定合理网络规范的架构或依据。同时，互联网的发展涵盖了人类社会的全部内容，关于网络规范的研究也涉及多个学科领域，因此我们也有必要在网络规范研究的过程中吸收伦理学、法学、政治学、管理学、逻辑学、社会学、心理学等学科的研究成果，特别是规范论研究的最新成果，坚持逻辑与历史相统一、理论与实践相统一的原则，把多个学科的理论研究成果运用于网络规范的研究过程中，从而为构建合理的网络规范系统，解决各类网络问题提供正确的理论指导。

本书将各类具体的网络规范作为对象来分析，深入网络规范或规范系统内部，分析并探讨了网络规范的概念、功能、类型、形成、合理性及其判定，网络规范与网络自由的关系，以及互联网生活的异化与重构等方面的内容。本书从以下几个方面对网络规范展开了具体的研究。首先，阐明了网络规范的概念、性质与特征，将网络规范与现实规范区分开来，进而揭示了网络规范的类型与功能；其次，探讨了网络规范如何形成的问题，分析了网络规范形成的充分必要条件，在此基础上论述了网络规范形成的两种模式，并且指出了在构建网络规范的过程中需要注意的两个原则；再次，探讨了网络规范的合理性问题，分析了网络规范合理性的两个方面，提出了判定网络规范合理性的标准和方法，同时还指出了网络规范的合理性面临的困境，并且提出了走出这些困境的办法；最后，探讨了网络规范与网络自由，网络异化与网络自由的关系问题，揭示了网络生活的真谛是自由，指出构建合理的网络规范是实现网络自由、消除网络异化的必要条件，而网络规范与网络自由的中介是网络权利与网络义务，只有自觉履行网络权利和网络义务才能实现网络自由。

本书立足于探索一条构建合理的网络规范的路径，为人们构建网络政策与法律、网络规章制度、网络风俗礼仪等网络规范提供理论依据，帮助人们解决当前已有的或即将出现的网络问题，从而使人类享受真正的互联网生活，实现网络自由。这对于处于互联网时代的各国政府发展和管理互联网，大大小小的互联网企业经营互联网，普通网民享受互联网生活有着巨大的现实意义。同时，本书关于网络规范的研究也能够为其他学科提供一定的理论借鉴。

但本书仍然存在着许多不足之处。第一，本书的研究立足于网络规范本身，但目前世界各国关于互联网的政策和法律名目繁杂、多不胜数，本书侧重于分析国际互联网规范和中国互联网政策与法律在实践中出现的问题，对网络规范问题的掌握和收集难免有遗漏。第二，互联网中出现的问题涉及人类生活的方方面面，对于网络规范问题的研究呈现一种多学科、多领域的研究。由于本人的专业所限，对其他学科，特别是社会学、经济学、管理学等方面的知识掌握不足，使得本书对网络规范问题的研究不可避免地存在一定的局限性，这也是本人在以后的研究中需要继续努力的地方。第三，网络规范问题是一个全球性的问题，不同国家有不同的问题，不同国家的学者对这些问题有着不同的观点，研究成果也有很多，本人受外语水平的限制，对外文资料相关内容的研读和掌握达不到理想的效果，不可避免地存在许多遗漏和不足之处。第四，互联网的发展一日千里，新的网络行为、网络生活方式、网络社群以及网络问题等不断出现，本书的研究难免无法覆盖所有新问题、新内容，所引用的数据略显陈旧，当然这并不会影响本书所讨论问题之科学性。总而言之，本书对网络规范的研究仍处于初步探索阶段，关于网络规范的研究必然要随着人类网络实践活动的发展而发展，而这也成为我们的研究继续前进的方向。

最后，本书能够完成离不开厦门大学徐梦秋教授的指导，本书的研究方法借鉴了徐梦秋教授在规范论研究方面的成果；同时本书能够出版也得到了山西大学建校 120 周年学术文库和山西大学马克思主义学院出版经费的共同资助。在此特别感谢厦门大学徐梦秋教授，以及山西大学社科处与马克思主义学院为本书出版提供的帮助。

李伟

2021 年 12 月 20 日

于山西大学文瀛苑

目　录

绪　论

一　互联网与网络规范

古希腊神话中有一枚“巨吉斯之戒”①，传说戴上它的人能够隐身。如今，互联网已经将这个神话变成现实，无数网民隐身于屏幕背后，在一个虚幻与现实交融的空间中进行着一种“对面不相识”的生活。人类经历了“百万年蒙昧，数万年游牧，几千年农耕，几百年工商；如今，正经历一场前所未有的巨变，由工业时代迈向信息时代”②。在这个信息时代，人类正逐渐摆脱肉体的局限，享受着一种全新的互联网生活，每个身在其中的人都拥有了一枚“巨吉斯之戒”。

互联网的出现，为大多数人都贴上了网民的标签，并且几乎囊括了人类生活的全部内容。美国《连线》（*Wired*）杂志的创办人之一，发行人和总编辑路易斯·罗塞托（Louis Rossetto）曾经预言，“5 年之内，万维网将成为全世界 1/4 人口主要的信息和娱乐来源，不要 20 年，它将会延伸到全世界的每一个人”。③ 如今，他的预言已经成为现实，互联网已经成为现代人获取信息的主要渠道，在互联网中活动的人也越来越多。网络电子与纸质刊物《发表 1.0》（*Release* 1.0）发行人兼主编埃瑟·戴森（Esther Dyson）指出，“网络逐渐不是一桩事物，而愈来愈是一个环境。它将占满全部空间，大家在它里面做各种事”④。互联网已经逐渐从一种

---

① ［古希腊］柏拉图：《理想国》，王扬译注，华夏出版社 2012 年版，第 45—46 页。

② 陆群：《网络中国》，兵器工业出版社 1997 年版，第 48 页。

③ ［美］约翰·布洛克曼：《未来英雄》，汪仲、邱家成、韩世芳译，海南出版社 1998 年版，第 241 页。

④ ［美］约翰·布洛克曼：《未来英雄》，汪仲、邱家成、韩世芳译，海南出版社 1998 年版，第 76 页。

单纯的工具转变为人类最重要的生存空间之一，互联网生活也已经成为人类生活必不可少的一部分。

互联网是科技进步的结果。“不管你认为网络好还是不好，不管你愿意不愿意，世界网络化的脚步已隆隆响起。网络化已是大势所趋，你不得不面对精彩而又无奈的计算机网络。无论你是谁，或许就在你一觉醒来之际，发现整个世界已被网络一网打尽。”① 正如尼葛洛庞帝（Nicholas Negroponte）所言，“我们无法否定数字化时代的存在，也无法阻止数字化时代的前进，就像我们无法对抗大自然的力量一样”②。面对全球互联网的兴起，人们唯有顺应科技发展的趋势，才能跟得上历史的脚步，不被时代所淘汰。

然而，长久以来一直困扰着人们的一个问题是，对人类而言，科技的进步是福音，还是灾难；互联网的出现是铁笼，还是乌托邦。爱因斯坦曾说，“科学是一种强有力的工具。怎样用它，究竟是给人类带来幸福还是灾难，完全取决于人自己，而不取决于工具”③。因此，互联网是造福还是危害人类，关键在于人类自身，互联网只是一种工具，工具的使用应当取决于人类自身。对于互联网而言，“互联网的未来在很大程度上并不取决于技术上的进步，而在于人类如何对待这些变革”④。只有将互联网的发展与人类生存和发展的需要结合起来，才能使互联网真正沿着造福人类的方向发展。因此，互联网的发展势不可当，为了应对全球互联网的兴起，人们既要顺应互联网的发展趋势，创造条件迎接互联网时代的到来；又要把握互联网的发展方向，使其符合人类生存和发展的需要。

既然互联网的兴起是不可逆转的，那么人们面对的最重要的问题就是如何正确使用互联网。因此，人们必须就如何使用互联网达成一致意见，规范人们使用互联网的行为，进而促进互联网的发展，增加人类福祉。所以，关键不在于互联网需不需要规范，而在于如何规范，即需要关注的问题是人们究竟该如何规范自己使用互联网的行为。

---

① 李伦：《鼠标下的德性》，江西人民出版社 2002 年版，第 4—5 页。

② ［美］尼葛洛庞帝：《数字化生存》，胡泳、范海燕译，海南出版社 1996 年版，第 269 页。

③ ［美］爱因斯坦：《爱因斯坦文集》（第 3 卷），许良英、赵中立、张宣三编译，商务印书馆 1979 年版，第 56 页。

④ 郭良：《网络创世纪：从阿帕网到互联网》，中国人民大学出版社 1998 年版，第 162 页。

互联网带来的“信息革命不只是‘技术性的’；它实质上是社会性的和伦理性的”①。互联网的出现，不仅是技术的变革，更是对传统的社会和伦理规范系统造成了巨大的冲击。人们不应当只注重技术的进步而忽视人类价值的实现，只有规范人们使用互联网的行为，才能将技术与价值结合起来，真正实现人类的价值。美国计算机伦理学的先驱詹姆斯·摩尔（James H. Moor）指出，“在如何使用计算机技术方面，存在着政策上的空白。计算机增长了我们的才干，而这又使我们要对活动做出新的选择。通常在这种情况下，要么是没有指导性政策，要么是现有的政策似乎不适用。计算机伦理学的中心任务，就是确定我们在此情况下应做什么，亦即制定出指导我们行动的政策”②。因此，当前最主要的任务是，制定出规范人们网络行为的网络规范或规范系统。只有合理的网络规范才能够规范人们使用互联网的行为，才能促进互联网的发展，增加人类的福祉。

二　现行网络规范面临的困境

自互联网诞生以来，网络规范就出现了，然而由于种种原因，当前的网络规范或规范系统却面临着许多困境。分析网络规范面临的困境，找出造成困境的原因，不但有助于走出困境，而且有助于我们更进一步探讨网络规范的形成和发展，从而为制定合理的网络规范提供理论依据和指导。我们认为，当前的网络规范面临的困境主要集中在五个方面。

（一）网络规范的形成落后于互联网的发展

当前，互联网的发展已经带来了一系列的问题，如信息泄露、网络病毒与不良信息泛滥、网络监控、网络沉溺等。问题早已出现，解决问题的办法却姗姗来迟。相对于互联网技术的发展，对互联网问题的解决往往是滞后的、缓慢的。“技术常常比伦理学理论发展得更快，而这方面的滞后效应往往会给我们带来相当大的危害。”③ 在互联网技术与网络规范之间存在着一定的距离，这种距离已经成为互联网发展的障碍，如果不消除这

① ［美］特雷尔·拜纳姆、［英］西蒙·罗杰森：《计算机伦理与专业责任》，李伦、金红、曾建平等译，北京大学出版社2010年版，第1页。

② James H. Moor, “What is Computer Ethic?”, *Metaphilosophy*, Vol. 16, No. 4, Oct. 1985, p. 266.

③ ［美］理查德·A. 斯皮内洛：《世纪道德：信息技术的伦理方面》，刘钢译，中央编译出版社1999年版，第Ⅵ页。

二者之间的距离，必将对互联网的健康发展造成巨大的危害。所以，我们有必要分析一下导致网络规范的形成落后于互联网发展的原因。

首先，传统规范在互联网中水土不服，而合理的网络规范尚未形成。尼葛洛庞帝指出，“大多数法律都是为了原子的世界，而不是为了比特的世界而制定的”[①]。同时计算机本身具有逻辑可塑性[②]，使计算机能够应用于任何地方，“许多人类的活动和社会机构将要发生变革。这些变革，将给我们在如何使用计算机技术方面，留下政策和概念上的空白”[③]。在一个全新的、与现实世界完全不同的网络世界中，传统规范必然无法有效地规范人们在互联网中的行为。另外，互联网的飞速发展使得人们对它的未来没有一种清晰的把握，这导致网络规范的构建缓慢而又谨慎。以网络法律为例，“虽然世界范围内都在加强互联网法制建设，并且取得了许多成果，但相对于网络本身发展的速度而言，则相当迟缓，而且互联网的这种滞后将继续保持下去。因此，人们永远可以找到‘无法可依’的根据”[④]。

其次，全球性的网络规范系统尚未形成。地理距离和国界的阻隔，以及文化的差异使不同地域或国家的网络规范纷繁复杂，各不相同，甚至相互矛盾。互联网本身具有双重性。[⑤] 一方面，互联网是一个全球性的网络，跨国界、跨地区、跨种族，以信息交流为主，其成员遍布全球。互联网的诞生，将淡化人们的民族意识和国家观念，培育出具有国际视野的网民。另一方面，互联网（Internet）这个名字的含义就是“网中网”或“网际网”，是由各个国家、地区、单位的网络以 TCP/IP 协议互相连接而成的。美国《纽约时报》的专栏作家托马斯·弗里德曼（Thomas

① ［美］尼葛洛庞帝：《数字化生存》，胡泳、范海燕译，海南出版社 1996 年版，第 278 页。

② 计算机“逻辑上的可塑性”指的是计算机的设计、制造能使计算机成为具有任何功能的机器。通过改进硬件和软件，计算机逻辑系统的制造和处理可以无止境地进行下去。由于计算机逻辑系统处处可以应用，因此，计算机技术潜在的应用范围是无限的。详见 James H. Moor, “What Is Computer Ethic?”, *Metaphilosophy*, Vol. 16, No. 4, Oct. 1985, p. 269。

③ James H. Moor, “What is Computer Ethic?”, *Metaphilosophy*, Vol. 16, No. 4, Oct. 1985, p. 272.

④ 李伦：《鼠标下的德性》，江西人民出版社 2002 年版，第 162 页。

⑤ 鲁杰：《网络时代的信息安全》，中原农民出版社 2000 年版，第 51 页。

Freidman）说：“世界变‘平’了，全球化沟通从没这么容易过。”[①] 互联网的出现消除了语言的障碍、取消了地理距离的阻隔，将全世界的人都紧紧地连在一起。然而，尽管所有网民使用同样的电脑语言、访问同样的地址、浏览同样的内容，甚至认可同样的行为准则等，但是地理疆界的阻隔仍然在互联网中留下了印记，不同的国家和地区出于各自的文化传统、价值观念以及利益要求，制定了各自不同的网络规范来约束和指导本国人民使用互联网的行为。因此，建立一种能够遵守各国的主权、文化和道德标准，并且符合各国实际情况的全球性的网络规范系统任重而道远。

最后，计算机和互联网行业的职业行为规范也处于落后状态。相对于其他行业，计算机和互联网行业是一个新的领域，其他行业如医疗、法律、工业等行业有数个世纪的时间来形成一套完善的职业操守和道德规范。而计算机和互联网行业却没有足够的时间来形成自己的职业规范；并且计算机和互联网的开放性特征使得它们往往超出自己的专业范围，与其他行业结合在一起，没有一个稳定的边界，这也增加了构建互联网职业规范的难度。另外，由于其工作专业性较强，“计算机专业人员经常发现自己有高于老板、顾客、合作人员和大众的权力，这种权力很容易被那些无所顾忌或易受诱惑的人滥用”[②]。这样计算机专业人员每天的工作就会面临更多的道德抉择，他们要对顾客、老板和普通大众承担责任，但不同的职责却又经常发生冲突，这样就使得他们始终要面对知识产权、隐私权、财产权等问题，如何解决这些问题也就成为网络职业规范的题中之义，同时这些问题也增加了构建网络职业规范的难度。

（二）网络主体之间的博弈使网络规范的合理性无法得到保障

网络主体就是在互联网中活动的组织或个人，不同的组织与个人怀着不同的目的进入互联网。网络规范的构建过程就是他们之间通过博弈构建约束彼此行为的规范的过程。网络主体之间的博弈本质上是对互联网的控制问题。当前，普通网民在博弈中处于被动地位，他们唯一的手段就是选择退出互联网；网络组织受到市场与政府的双重约束，特别是在中国，网

---

① ［美］唐·泰普斯科特：《数字化成长 3.0》，云帆译，中国人民大学出版社 2009 年版，第 27 页。

② ［澳］汤姆·福雷斯特、佩里·莫里森：《计算机伦理学：计算机学中的警示与伦理困境》，陆成译，北京大学出版社 2006 年版，第 15 页。

络组织还承担着协助政府管理互联网，规范网民行为的责任；政府的出发点则是控制与管理网络。因此，我们认为，尽管政府、网络组织和普通网民之间的博弈最终将促使互联网走向规范；然而它们之间力量不对等的博弈却可能导致网络规范的合理性无法得到保障。

一方面，网络组织与网民之间的博弈可能使网络规范的合理性无法得到保障。网络组织与网民之间的博弈过程就是构建约束彼此行为的网络规范的过程。这种约束网络组织与网民之间行为的网络规范应当能够维护二者的权益，不能有所偏向，否则就可能损害一方的利益，无法保障网络规范的合理性。例如，许多手机软件在安装时要求用户授权手机应用软件读取用户手机里的文件，包括通讯录、信息、相片，甚至用户所在位置等，否则用户就无法安装使用该软件。这一手机软件的安装规范就是在手机软件开发商与用户的博弈过程中形成的，在博弈过程中，前者处于优势地位，后者只能被动地选择接受或不使用该应用软件。因此，我们认为网络组织与网民的博弈应当保持总体平衡，占据优势地位的网络组织应当承担更多的责任，不能为了追求眼前利益而损害用户的权益和自己的长远利益，否则必然使得约束二者行为的网络规范的合理性无法得到保障。

另一方面，网络组织之间的博弈可能使网络规范的合理性无法得到保障。网络组织之间的博弈过程就是构建约束网络组织行为的网络规范的过程。网络组织，如各大网站、网络企业、网络管理机构等构成了互联网的基石，它们的行为不但关乎互联网的正常运行和发展，而且直接影响网络用户的权益。因此，约束网络组织之间关系的网络规范不但要维护双方的利益，还要考虑到网络用户的权益，不能损害网络用户的权益，否则必然影响网络规范的合理性。例如，360、腾讯、金山、百度等网络企业之间不断爆发“战争”，在“战争”过程中，它们各自制定了不同的网络规范，如在自己的用户群中强制卸载对方的应用软件，或者将对方的应用软件拉入黑名单，限制用户使用等，这样的网络规范只能导致两败俱伤的结果，损害双方的利益；同时也会扰乱市场秩序，损害广大用户的权益。因此，网络组织之间的博弈应当在维护公共利益和遵循互联网运行规律的基础上展开，否则就可能损害一方利益或双方的长远利益，伤害用户的权益，危害互联网的健康发展，使得约束它们行为的网络规范的合理性无法得到保障。

（三）现行网络规范实效性[①]弱，无法很好地实现规范作用

互联网的特性使网络规范在规范网络行为的过程中，面临着实效性弱的问题。人们在互联网中能够突破现实世界的一些限制，如肉体限制、地理阻隔、单一身份局限等，这使得网络主体能够跨越地理距离，创造多重身份或进行匿名活动等。因此，实际情况往往是尽管有了相应的网络规范，却不能有效地规范相应的网络行为，究其原因，我们认为有以下三个方面。

首先，网络规范的对象是网络主体，网络主体一旦离线，网络规范的约束力就会下降。这就使得越轨行为的成本较低，降低了网络规范的强制性，导致网络规范的实效性差。

其次，网络规范具有地域性，但网络信息的传播方式则是超地域性的。不同国家和地区之间的网络规范各有差别，有些内容在一个国家或地区是不合法的，在另一个国家或地区则完全合法，这就使得一些国家认定的不法信息根本无法在互联网中消除，甚至随时都可能再次进入该国的互联网。

最后，现行网络规范的实现主要依靠网络主体的自律，而互联网技术漏洞的存在，网络立法的滞后等现实状况都使得人们随时都可以产生网络越轨行为。“传统社会由于交往面狭窄，在一定意义上是一个‘熟人社会’，交往对象大都是熟识的人（朋友、亲戚、邻里、同事等）。依靠熟人的监督，慑于道德他律手段（社会舆论、利益机制、法律制裁）的强大力量，传统道德得到相对较好的维护。”[②] 然而在互联网中，隐藏在屏幕背后的人们生活在一个“陌生人社会”中，人们的行为并不需要达到“熟人社会”中人们所期待的标准，那道由熟人的目光、舆论和感情筑成的道德底线便很容易崩溃。因此，“类似于传统‘熟人社会’中道德他律

① “实效性”这里指的是人们的行为遵守规范。“实效性”不同于“有效性”，一个规范是“有效”的，指的是规范对那些其行为由它所调整的人具有约束力；“实效”指的是人按照规范所规定的那样做出行为。“有效性”是规范的一种特性。在具体情境中，人们的行为可能由于种种原因不遵守规范，因而此项规范就不具有“实效性”，一条规范是“有效的”但不一定具有“实效性”。详见［奥］凯尔森《法与国家的一般理论》，沈宗灵译，中国大百科全书出版社1996年版，第42页。

② 孙伟平、贾旭东：《关于“网络社会”的道德思考》，《哲学研究》1998年第8期。

的种种‘外力’，在‘网络社会’中却在相当程度上失去了作用”[①]。在互联网中，仅仅通过自律很难保证人们的行为符合规范，这样就必然减弱网络规范的实效性，出现网络越轨行为。

（四）现行的网络规范与现实规范之间、不同国家及地区的网络规范之间存在着竞争

互联网作为人类活动的新型空间，与现实世界有着巨大的差别。然而，网络主体是在现实世界中具有物质实体的组织或个人，现实规范不可避免地要对网络行为造成影响。因此，对网络行为的不同看法必然导致现实规范与网络规范之间产生竞争和冲突，使得人们在判断和评价某种网络行为时无所适从。同时，互联网是全球性网络，它模糊了传统的国家疆域和地理边界，但是不同国家或地区的网络规范出于不同的价值和利益考量也经常发生竞争和冲突，导致不同国家或地区之间不断发生关于互联网事务的纠纷。

一方面，网络规范与现实规范之间的冲突使得人们在规范一些网络行为时遭遇困难。例如，网恋是网络时代的一种普遍现象，李伦教授认为，网恋有两种形式，一种是通过网络恋爱，另一种是纯粹的网恋。前者指的是人们借助网络这种新媒体谈恋爱，本质上与通过电话、鸿雁传书谈恋爱一样；后者则是网络时代出现的一种新型的人际关系，它指的是人与人之间在网络中的一种依恋之情，而不是爱情，这种形式的“恋”不必通往婚姻，也不必建立在男女两性的基础上，唯一的要求是两个“人”，不必是真实的男人或女人。很多人担心网恋之中的双方可能是现实中的家庭成员，可能会出现“网络乱伦”现象，这是现实社会中的伦理规范所不允许的。[②] 但是李伦教授认为，后一种意义上的“网恋”不涉及现实社会中的真实关系，它是一种新型的人际关系，用旧有的社会规范和伦理原则对其判断实际上混淆了现实社会伦理与网络伦理的关系，不能简单地将“乱伦”的帽子扣于其上。但是同时，针对家庭成员之间的网恋现象，我们也不能割裂现实世界与网络空间，不能堂而皇之地以网络空间与现实世界的不同为由来确定其合理性，毕竟网民同时也是生活在现实世界中的人们。因此，现实社会中的伦理原则与网络规范之间的冲突必然会使得人们

① 孙伟平、贾旭东：《关于“网络社会”的道德思考》，《哲学研究》1998 年第 8 期。

② 李伦：《鼠标下的德性》，江西人民出版社 2002 年版，第 228—229 页。

在约束和判断这种网恋行为时遭遇困难。

另一方面，不同国家和地区的网络规范之间的竞争使得处理互联网事务的国际合作困难重重。在互联网出现之前，“现实生活中的摩擦使异域文化融入我们自己的文化的可能性不大，我们与异域文化之间的距离如此之大，以至于很少人能够同时享受两种文化下的生活”①。但是，互联网打破了传统的疆界。在互联网问题上，“任何一个国家都不能坚持自己的孤立观念而反对其他所有国家，无论这些观念具有怎样的历史的、意识形态的或神学的理由”②。我们要明确的是，“网络空间是一个国际社区，尚存在宪法性的问题有待解决，并且，我们越来越强烈地感到：不能简单地退一步说，这些问题是地区性事务”③。目前，尽管一些国际组织已经就某些国际性的互联网事务制定了一些互联网政策，如联合国国际贸易法委员会（UNCITRAL）于1996年制定《电子商业示范法及其颁布指南》，世界贸易组织（WTO）于1997年先后达成的《全球基础电信协议》《信息技术协议》，经济合作与发展组织（OECD）于1999年12月9日发布的《电子商务中消费者保护指南（准则）》等。但是，涉及一些具体的互联网事务，各国仍处于各自为政的状态，关于互联网事务的国际合作仍然任重而道远。

（五）现行网络规范偏重于管理，忽视了网络规范的保护功能

互联网的技术性使得网络技术成为互联网管理的有效手段。从某种程度上可以说，网络规范的合理性问题就包含着网络技术手段运用的合理性问题，一旦认定合理，通过网络技术完全可以实现对互联网的管理和控制。因此，在对互联网的管理方面，通过网络技术实现管理互联网事务、约束网络行为的目的是比较容易的。以网络实名制的施行为例，只要强制人们使用真实的身份信息在互联网中活动，互联网中将不会存在匿名行为，人们浏览的每一个网站，发布的每一条信息，每一次网络聊天等都将在互联网中留下印记，每个人都将以真实面目在互联网中出现。这些对于互联网的管理而言，特别是对于打击网络不法行为，治理网络乱象等问题

① ［美］劳伦斯·莱斯格：《代码2.0：网络空间中的法律》，李旭、沈伟伟译，清华大学出版社2009年版，第322页。

② ［德］Ch. 恩格尔：《对因特网内容的控制》，《国外社会科学》1997年第6期。

③ ［美］劳伦斯·莱斯格：《代码2.0：网络空间中的法律》，李旭、沈伟伟译，清华大学出版社2009年版，第313页。

是最行之有效的方法。然而，技术的缺陷和漏洞也容易使个人隐私暴露在公众面前，使得个人的合法权益，如言论自由、人身和财产安全、名誉等容易遭受侵害。

因此，合理使用网络技术不仅是一个互联网管理问题，更是一个互联网的伦理和法律问题。人们制定的网络规范不应当只注重其管理功能，而忽视其保护人们互联网合法权益的功能。所以，问题的关键是在互联网管理与人们的网络权益保护之间形成一种平衡。例如，当前的互联网中，不良信息泛滥，给互联网管理者造成了巨大的困扰，为了消除不良信息，互联网的管理者在制定互联网政策的时候，首先应当考虑网络规范的管理功能，通过网络技术，如过滤软件、身份认证软件等有效地实现对网络信息内容的控制和管理；但是我们也绝不能忽视网络规范的保护功能，不能在消除不良信息的同时将人们正常的网络信息也消除掉，或者禁止人们匿名发表内容，这是对人们网络言论自由权利的侵害。除此之外，网民的财产和隐私安全、网民的知识产权、网民接入和使用互联网的权利以及互联网健康发展等都应当是网络规范保护的重要内容。如果只注重网络规范的管理功能，忽视其保护功能，长此以往，互联网的发展必将受到影响，互联网也必将失去其固有的魅力。因此，我们在制定网络规范的时候，一定要平衡网络规范的管理和保护功能，不能有所偏向。

三　网络规范研究的回顾与前瞻

时至今日，互联网已经从一种单纯的通信工具转变为一种全新的生活方式。“一项技术在社会中的广泛运用，不仅涉及技术本身的进步，而且在多方面引起社会结构和人们生活方式、思维方式的转变”①，人们生活方式的转变引起了人们行为方式的改变，使得如何规范人们在互联网中的行为成为互联网相关问题研究的一个重要内容。互联网规范研究以人在互联网中的行为规范为主要对象，包括人在互联网中的一切行为规范，既有人们在计算机技术和互联网开发和应用过程中的技术规范，也有人们在互联网中交往互动过程中的社会规范，涵盖了互联网伦理、互联网法律、互联网技术规范、互联网社交礼仪等众多内容。互联网规范研究为人们在制定互联网政策和法律、规范网民行为、构建和谐安全的互联网环境、推动

① 陆俊、严耕：《国外互联网伦理问题研究综述》，《国外社会科学》1997 年第 2 期。

互联网健康发展等方面的实践提供了理论支撑。因此，对近年来互联网规范研究的发展历程及其主要内容的回顾，以及对未来互联网规范研究的前瞻对于互联网规范研究具有重要的意义。

（一）互联网规范问题的研究历程和主要成果

万维网之父伯纳斯-李指出，“万维网并不仅仅是一个有待挖掘的信息宝藏，也不只是一个参考或研究工具”①。互联网经历了从研究工具、通信工具到生活空间、生活方式的转变，它改变了人类的生活方式。根据互联网的发展以及人们对互联网的认识来划分互联网规范研究的发展历程，以全球互联网的兴起为标志②，可以分为两个时期。第一个时期是从20世纪80年代至90年代中期，互联网给人们的生活带来巨大变化的同时也引起了一系列的伦理和法律问题等。在这一时期，人们主要关注的是在互联网应用过程中产生的互联网问题，因此这一时期互联网规范研究主要是分析互联网问题产生的原因并探寻解决方法。第二个时期是从20世纪90年代中期至今，这一时期互联网的发展早已超越它本来的目的，在商业、政治、一般社会用途等方面发挥着越来越重要的作用，已经成为人类生活的空间，人们在其中工作、休闲、娱乐，完成大部分现实世界中的事务。因此，如何规范人们在互联网中的行为成为关注的焦点，人们开始转向研究规范互联网行为的互联网规范，如互联网伦理、互联网法律、互联网。国内外对互联网规范研究的主要成果基本上也是沿着互联网发展的历程展开的。

1. 国外研究者对互联网规范问题的研究

1985年美国学者詹姆斯·摩尔最早从伦理学角度研究了与计算机有关的人类行为规范问题，他的经典论文《什么是计算机伦理学?》将如何使用计算机和互联网的问题，即网络规范问题归于应用伦理学的范畴。他明确指出，“计算机伦理学就是对计算机技术的本质、对该技术给社会所带来的冲击的分析，就是对各种有关使用这种技术的伦理学政策的制定、

① ［英］蒂姆·伯纳斯-李、马克·菲谢蒂：《编织万维网》，张宏宇、萧风译，上海译文出版社1999年版，第1页。

② 1984年美国国家科学基金会互联网（NSFNET）正式启动，互联网开始从军用转为民用；1990年万维网（WWW）浏览软件的出现，实现了互联网超文本链接和多媒体传输；20世纪90年代中期，互联网完成私营化，实现了世界上所有计算机都能够联网，全球互联网兴起。

对为之所进行的辩护的分析"①。从整体上来说，关于"人类如何使用互联网"的网络规范问题，国外学者的研究主要是将网络规范作为应用伦理学的一个组成部分，集中于对计算机与互联网应用给社会带来的影响，以及计算机与互联网应用带来的种种问题的分析，并且从伦理学视角提出解决互联网问题的方法，探讨合理使用互联网的路径。

詹姆斯·摩尔在《计算机伦理学中的理性、相对性和责任》一文中概括了计算机伦理学的两个主要任务②：一是分析计算机技术的本质及其社会影响；二是提出并论证相应的合乎道德的计算机使用政策。他认为计算机伦理学是一种新的应用伦理学，人们在分析计算机和互联网应用带来的问题时，要避免"常规伦理学"与"文化相对主义"，既不能将其等同于其他领域的伦理问题，也不能将问题的分析局限于一个国家或地区的风俗习惯、法律法规。他指出，计算机与互联网的出现已经使传统的道德伦理分析框架发生了变化，不能把常规伦理学的伦理原则直接应用于计算机伦理问题；同时他也反对站在文化相对主义的立场分析计算机伦理问题，因为，某一地区或国家的习俗和法律无法涵盖具有全球化性质的计算机和互联网活动，常规伦理学的所有难题仍然存在于在每种文化中。但同时詹姆斯·摩尔也指出，人类的一切事业都是在价值框架之内进行的，包括计算机和互联网。对人性而言，大多数基本价值是一致的，人性为人们提供了一个共同的框架，利用这个框架，人们可以对"我们应当做什么"做出合乎理性的论证。这样尽管人与人之间、文化与文化之间价值不同，但人们仍可以对计算机技术应用的最佳策略进行理性讨论。

由于互联网应用范围之广，对现实生活渗透之深，它带来的问题几乎涵盖了人类互联网生活的方方面面，使得人们在互联网中的活动时时刻刻都面临着种种道德伦理和法律问题，如计算机和互联网犯罪的问题，计算机和互联网知识产权的保护问题，网络监控和个人隐私权保护的问题，网络自由与内容控制的问题，人工智能和计算机的不可靠性问题，计算机和互联网职业伦理规范问题，信息安全和黑客问题，以及计算机和互联网的

① James H. Moor, "What is Computer Ethic?", *Metaphilosophy*, Vol. 16, No. 4, Oct. 1985, p. 266.

② James H. Moor, "Reason, Relativity and Responsibility in Computer Ethics", *Computers and Society*, Vol. 28, No. 1, Mar. 1998, pp. 14-21.

全球伦理问题等。以上这些几乎是每个计算机和互联网问题的研究者不得不思考和解决的问题。由詹姆斯·摩尔起，国外的一大批学者都将目光集中于这些问题上，思考和分析这些问题产生的原因，提出解决这些问题的办法。对计算机与互联网引起的伦理问题的研究逐渐展开，如戴博拉·约翰逊的《计算机伦理学》、汤姆·福雷斯特和佩里·莫里森的《计算机伦理学：计算机学中的警示与伦理困境》等。对互联网的发展带来的法律问题的研究也有很多，如大卫·约翰斯顿等的《在线游戏规则：网络时代的11个法律问题》。有些学者关注的是互联网的发展引起的社会结构变革，从互联网对整个社会的影响出发进行研究，如曼纽尔·卡斯特的两部作品《网络社会的崛起》和《网络星河》。面对互联网的迅速发展，许多学者也从互联网对人的生存方式、思维方式、发展方式等方面的影响进行研究，如西奥多·罗斯扎克的《信息崇拜：计算机神话与真正的思维艺术》、尼葛洛庞帝的《数字化生存》、雪莉·特克尔的《屏幕上的生活：因特网络时代的身份证明》等。

其中，特雷尔·拜纳姆和西蒙·罗杰森主编的《计算机伦理与专业责任》论文集收录了当前在计算机和互联网伦理学领域的一些著名学者对计算机和互联网伦理问题的思考和看法，他们对计算机和互联网伦理问题的研究极具代表性和前瞻性，为人们思考和解决这些问题提供了有益的帮助。如，在计算机与互联网的全球伦理方面，美国南康涅狄格州立大学计算机与社会研究中心哲学教授克里斯提娜·格尼娅科-科奇科斯卡指出，计算机与互联网的应用对世界的改变越来越多，用现有的伦理规则和解决方法来解决地域性问题越来越无法奏效，反而问题的数量和难度将会增长，对新的伦理学的需求就越来越大，而这种新的伦理就是全球计算机伦理学。在软件专利和版权保护方面，美国弗吉尼亚大学技术、文化与通信系应用伦理学教授黛博拉·约翰逊与美国自由软件基金的创始人理查德·A. 斯多曼的观点则是对立的。黛博拉·约翰逊肯定计算机软件专利和版权法律的作用，她认为为了保护创新发展，计算机软件版权和专利保护制度“必须在什么可以专有和什么不可以专有之间划一条明确的界限”①。同时对版权和专利权保护的批判不应当指向法

---

① ［美］特雷尔·拜纳姆、［英］西蒙·罗杰森：《计算机伦理与专业责任》，李伦、金红、曾建平等译，北京大学出版社2010年版，第230页。

律的基本属性，它们都是“不坏的法律”，它们的目的是一致的，即营造、鼓励和促进发明创造的环境。理查德·A. 斯多曼则认为计算机软件专利权和版权保护是有害的，他认为应当用“大众的幸福和自由”来考察软件是否应当具有所有者。软件专利制度的设立使得软件的使用受到阻碍，既不利于软件的修正与改善，又不利于其他程序员学习该程序并在其基础上编写新程序，最后也损害了社会团结，他认为，“程序员有义务鼓励他人分享、再分发、研究和改善我们编写的软件”①。在对人工智能和计算机的使用过程中的错误和危害进行责任归属方面，美国东田纳西州立大学软件工程伦理学研究中心主任和计算机科学教授唐纳德·哥特巴恩认为应当用“积极责任”来解决责任归属问题。他指出当前计算机和互联网执业者逃避责任的两种理由——软件开发是道德中立的活动和玩忽职守，这两种理由都可能使责任被分散，使真正的责任人逃避追责。他主张应当把责任分摊给软件开发团队和设计者，而不应简单地归咎于用户的操作失误或软件开发道德中立；同时计算机专业人员还应承担为受计算机和互联网产品影响的人带来最大化的积极后果的责任，而不只是避免直接伤害。

从整体上讲，对计算机和互联网应用问题的思考和分析是国外学者研究的一个方面，而对这些问题的解决，即提出合理规范人们使用计算机和互联网的行为的方法和路径则是另一个方面。劳伦斯·莱斯格的《代码2.0：网络空间中的法律》提出了规范人们使用计算机和互联网的行为的一种模式，即将法律、准则、市场、架构这四种在现实世界中约束人类行为的条件应用于计算机和互联网当中。如图0-1② 所示。

劳伦斯·莱斯格指出，“法律、准则、市场和架构相互作用，营造出‘网民’（Netizens）们所熟悉的环境”③。“尽管作用和功效不同，但这些约束是共同作用的。准则通过共同体施加的声誉毁损来进行约束；市场通过其中的价格来进行约束；架构通过其施加的物理负担来进行约束；法律

① ［美］特雷尔·拜纳姆、［英］西蒙·罗杰森：《计算机伦理与专业责任》，李伦、金红、曾建平等译，北京大学出版社2010年版，第233—234页。

② ［美］劳伦斯·莱斯格：《代码2.0：网络空间中的法律》，李旭、沈伟伟译，清华大学出版社2009年版，第138页。

③ ［美］劳伦斯·莱斯格：《代码2.0：网络空间中的法律》，李旭、沈伟伟译，清华大学出版社2009年版，第140页。

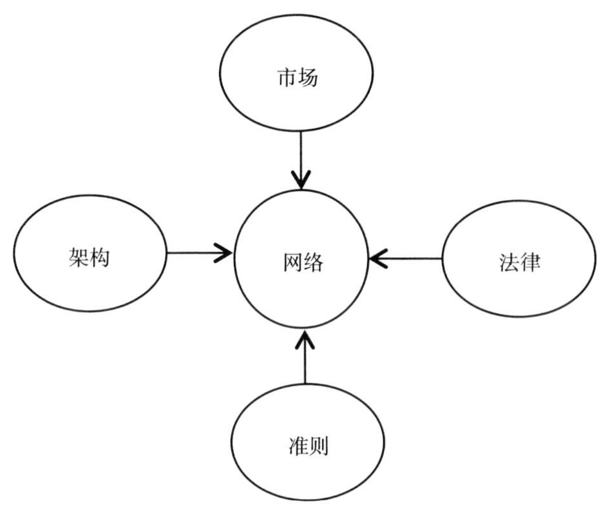

图 0–1　规范人们使用计算机和互联网行为的模式

则通过惩罚的威胁来进行约束。”① 这四种约束之间相互联系又相互依赖，构成了规范现实社会和网络空间的基本力量，人们的现实行为与网络行为受到的“规范”就是这四种约束的总和。其中，构成互联网架构的代码是构建网络空间的主要手段，人们构建的网络空间是保护了人类的基本价值，还是使这些基本价值丧失殆尽，都取决于代码。代码就是网络空间中的法律。他指出：“代码将决定网络空间的自由和规制的程度。这一点，毋庸置疑。但是，由谁创造？基于何种价值理念创造？这是留给我们自主选择的唯一余地。”② 莱斯格认为，人们所关心的基本价值应当被植入代码的设计中，无论是代码的开发者还是相关利害关系人都应当在代码的编制或应用过程中基于人类基本价值做出实质的选择。

在如何制定计算机与互联网政策和规范，解决计算机与互联网带来的伦理问题方面，理查德·A. 斯皮内洛与詹姆斯·摩尔的看法是一致的，他们都坚持人类基本价值的分析框架，都认为应当将计算机与互联网问题置于人类基本价值的分析框架之内。在理查德·A. 斯皮内洛的《铁笼，

① ［美］劳伦斯·莱斯格：《代码 2.0：网络空间中的法律》，李旭、沈伟伟译，清华大学出版社 2009 年版，第 139 页。

② ［美］劳伦斯·莱斯格：《代码 2.0：网络空间中的法律》，李旭、沈伟伟译，清华大学出版社 2009 年版，第 6—7 页。

还是乌托邦：网络空间的道德与法律》一书中，他认为，计算机与互联网应用并不拒斥基本伦理原则的一致性，人们应当基于基本伦理原则来构建计算机和互联网的伦理规范。尽管计算机和互联网主要受到了市场调控这只“看不见的手”和政府政策这只“看得见的手”的双重规范，但是他认为“无论哪种方式成为主导，都必须认真关注人类的核心价值，如自主、隐私和自由”①。斯皮内洛赞同劳伦斯·莱斯格关于代码的观点，他指出，无论是政府还是个人，在通过代码这一工具规范网络的时候，必须明白，“至关重要的是在网络空间中传承卓越的人类的善和道德价值，它们是实现人类繁荣的基础。网络空间的终极管理者是道德价值而不是工程师的代码”②。政府与个人必须尊重人类的基本价值，使用网络代码规制网络的时候必须以人类核心价值为目的，这样不仅能够减少代码滥用带来的损害，而且有助于政府与网络利害关系个人之间达成合理的平衡。因此，斯皮内洛改进了莱斯格的分析框架，如图 0-2③ 所示。

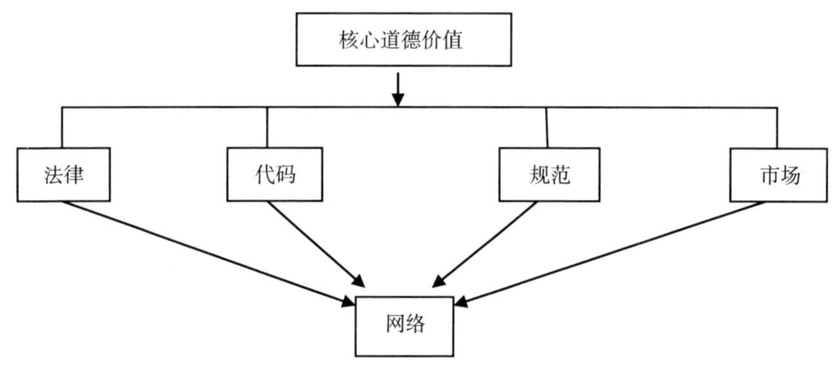

图 0-2　斯皮内洛改进的分析框架

2. 国内学者对互联网规范问题的研究

互联网在中国兴起较晚，国内学者对互联网的关注也晚于国外学者。1988 年，鲁旭东将詹姆斯·摩尔的《什么是计算机伦理学?》译成中文并

---

① ［美］理查德·A. 斯皮内洛：《铁笼，还是乌托邦：网络空间的道德与法律（第二版）》，李伦等译，北京大学出版社 2007 年版，第 44 页。

② ［美］理查德·A. 斯皮内洛：《铁笼，还是乌托邦：网络空间的道德与法律（第二版）》，李伦等译，北京大学出版社 2007 年版，第 44 页。

③ ［美］理查德·A. 斯皮内洛：《铁笼，还是乌托邦：网络空间的道德与法律（第二版）》，李伦等译，北京大学出版社 2007 年版，第 6 页。

且发表在当年的《世界哲学》上，这是国内学者最早对互联网规范问题的关注。1994 年国际互联网接入中国，很快国内学者就敏锐地察觉到了互联网的出现蕴含着的巨大意义，逐渐将目光集中于互联网这一新生事物上，开始探讨互联网这一新生事物的出现对人类生活的意义和影响。国内学界对互联网规范的研究是引入国外研究成果与自主研究同时进行的。国外关于互联网与互联网规范研究的大量著作被介绍到国内。国外的研究成果为国内学者打开了一个无比陌生、充满奇迹的领域。例如，尼葛洛庞帝的《数字化生存》一经翻译就成为国内学界关于互联网生活的教科书式的著作，为国内学者描绘了一个充满无限可能的未来生活图景；《编织万维网》则是一部关于互联网前世今生的通俗读本，互联网之父蒂姆·伯纳斯-李以其具有说服力的身份在本书中回顾了互联网的诞生历程并且描绘了互联网的未来，为对互联网仍感到陌生的中国读者普及了互联网的基础知识。

尽管从时间上看，国内学界对互联网规范的关注和研究起步较晚，但是国内学界的研究很快呈现出一种迎头赶上的趋势，特别是进入 21 世纪以来，国内学界的研究呈现出一种全方位、多学科交叉研究的状态，取得了很大的进步。一些独立的、开创性的研究成果开始不断出现，如严耕、陆俊、孙伟平等人的“透视网络时代丛书”中的《终极市场——网络经济的来临》《重建巴比伦塔——文化视野中的网络》《猫与耗子的新游戏——网络犯罪及其治理》等。随着互联网在中国的高速发展，国内学界将研究方向转向了生活在互联网时代的人，开始从多学科、多角度研究互联网空间中的人以及人的行为规范问题，如《网络空间的伦理反思》《鼠标下的德性》《网络化的后果》《网络化与当代社会文化》《数字化与人文精神》等。同时，一些针对互联网带来的知识产权保护、网络成瘾、网络信息传播、网络黑客等问题的专门性研究也不断出现，如《网络知识产权法》《网络成瘾探析与干预》《多重视域下的第五媒体文化研究》《新刺客——网络时代的黑客》等。此外，一些研究生也开始以互联网规范问题为研究方向完成他们的学位论文，其中博士论文三十多篇，如段伟文的《网络空间的伦理基础》、常晋芳的《网络哲学引论》、刘丹鹤的《赛博空间与网际互动》等。

总的来说，国内学界对互联网与网络规范的研究成果主要集中于三个方面：一是关于互联网对人类社会的意义和影响的研究；二是关于互联网应用过程中出现的道德伦理问题及其解决办法的分析和探讨；三是关于互联网的法律规制问题的研究。

在关于互联网对人类社会意义和影响的研究方面，国内学者的研究成果可以分为两类。一类是互联网在中国兴起初期，对互联网及其意义的介绍和分析，这类著作偏于介绍，尚未进行深入的研究，但对我们理解和掌握互联网问题有很好的指导作用。如李河的《得乐园·失乐园——网络与文明的传说》、郭良的《网络创世界——从阿帕网到互联网》、姜奇平的《21世纪网络生存术》、胡泳和范海燕合著的《网络为王》和《黑客——电脑时代的牛仔》、严峰与卜卫合著的《生活在网络中》、王晓东的《信息时代的世界地图》、金吾伦的《塑造未来——信息高速公路通向新社会》、易丹的《我在美国信息高速公路上》、陆群的《网络中国》等著作就对互联网及其影响进行了介绍和分析，帮助刚刚接触互联网的中国人认识互联网的真实面目。另一类是互联网在中国兴起的过程中，对互联网给人类生活带来的影响的研究。这类著作将互联网与现实结合起来，探讨和分析互联网带给人类社会的巨大影响。陆俊的《重建巴比伦塔——文化视野中的网络》、严耕的《终极市场——网络经济的来临》、严耕和陆俊合著的《网络悖论——网络的文化反思》、孙伟平的《猫与耗子的新游戏——网络犯罪及其治理》、冯鹏志的《伸延的世界——网络化及其限制》、吴伯凡的《孤独的狂欢——数字时代的交往》、方益波的《网络之音——信息世界疆域的终结者》、李青的《网造人——我们的下网宣言》，以及鲍宗豪主编的《数字化与人文精神》等就属于此类研究型著作。

在关于互联网应用过程中出现的道德伦理问题及其解决的研究方面，国内学者大都沿着国外学者开辟的道路继续前行，从应用伦理学的层面分析互联网带来的道德伦理困境，分析互联网应用过程中出现这些困境的原因，探讨解决这些困境的出路。其中，严耕、陆俊和孙伟平合著的《网络伦理》对互联网伦理问题的研究具有基础性和开创性意义，在该书中，作者对网络伦理的内涵做了明确的界定，即"人们通过电子信息网络进行社会交往时表现出来的道德关系"①。书中对网络伦理的基础、特点和问题，网络伦理的构建原则，以及网络规范的构建等问题做了深入的分析。李伦在《鼠标下的德性》中阐述了网络伦理的作用，他指出，"要真

① 严耕、陆俊、孙伟平：《网络伦理》，北京出版社1998年版，第13页。

正解决网络问题，或者说使网络更加美好，仅仅依靠技术的进步，还远远不够，还需要动员更多的社会技术和文化智慧。正如汤因比曾指出的，要对付力量所带来的邪恶结果，需要的不是智力行为，而是伦理行为”①。他还就互联网发展过程中的信息崇拜、数字鸿沟、信任危机、数字化生存、黑客伦理、网络生态等问题进行了深入的伦理学思考和分析。段伟文的《网络空间的伦理反思》则是对互联网构建的网络空间的伦理学思考，探讨了网络空间中的交往行为和身份认同、网络空间与现实世界的沟通、虚拟生活的伦理架构等内容。他将人们在网络空间虚拟生活的伦理架构分为网络社群的自治伦理和网络空间的自我伦理两个层面，认为人们应当基于这两个层面来制定相应的互联网战略，从而协调互联网与现实世界、虚拟与实在之间的关系。陆俊与严耕的《国外网络伦理问题研究综述》、王路军的《网络伦理问题研究综述》都对国内外学界关于网络伦理问题的研究现状、研究方向以及研究问题进行了梳理和分析。前者总结了网络伦理学研究的三个主题：具体问题，即互联网应用过程中出现的现实问题；交叉问题，即互联网与社会其他现象相关联的问题；理论问题，即互联网伦理道德问题引发的深层次的哲学问题。后者提出了网络伦理问题研究的四个具体思路：借鉴国外先进经验，整合传统理论资源，分析现实中人的利益和需要，把握未来网络伦理的发展特点和趋势。张文杰与姜素兰的《网络发展带来的伦理道德问题》则从网络对道德意识、道德规范、道德行为三个方面带来的伦理道德问题进行了分析。李兰芬的《论网络时代的伦理问题》、郭建国与李伦的《网络问题：伦理文化的诠释》则对具体的网络伦理问题，如网络安全、网络生态、网络隐私、网络知识产权等做出了分析和概括。孙伟平和贾旭东的《关于“网络社会”的道德思考》分析了网络道德规范的形成基础即是网络社会的产生，同时提出了网络道德规范的三个特征：自主性、开放性和多元性。张震的《浅析网络道德规范确立的依据》探讨了网络道德规范制定的理论依据，他指出，网络道德规范确立的依据有两个方面：一是具体的人际交往情形，二是现实的伦理原则。前者是“网络道德规范确立的依据”的“源”，后者是“流”。

国内学者关于互联网的法律规制问题研究，从法学视角分析互联网中

① 李伦：《鼠标下的德性》，江西人民出版社 2002 年版，第 21 页。

的法律问题，探讨互联网政策、法规的制定和实施。其中，张楚主编的《网络法学》是一部网络法学的教科书，该书对网络法律规范的种类、制定和实施、效力层次和影响及其价值和原则进行了思考和分析；同时对互联网法律规范系统进行了梳理和分析，将其分为互联网中特有的法律制度、网络私法制度和网络公法制度三个部分，并且对这三个部分下的具体互联网法律问题进行了分析和论述。赵兴宏和毛牧然的《网络法律与伦理问题研究》走的是法学与伦理学相结合的研究路径，主张在互联网管理与规范方面，应当坚持依法治网和以德治网相结合的道路。郭卫华的《网络中的法律问题及其对策》把研究重点放在了互联网中出现的法律问题上，分析和探讨了互联网中出现的知识产权如著作权、软件专利权，个人权利如名誉权、隐私权、肖像权，以及网络交易中出现的法律问题如电子支付、网络拍卖、网络广告等方面内容。杨正鸣主编的《网络犯罪研究》对网络犯罪现象进行了深入的研究，指出网络犯罪就是“以网络为犯罪工具或犯罪对象，实施危害网络信息系统安全的犯罪行为”①。书中对网络犯罪的特征、原因、现状和趋势进行了分析和总结，对网络犯罪文化、网络犯罪证据收集、网络犯罪技术防范进行了深入的探讨，并对电子商务领域和金融领域的网络犯罪进行了重点的论述，还系统地总结了国内外网络犯罪研究的成果，具体地提出了实务工作可操作性的对策，为网络犯罪的后续研究奠定了基础。王健的《试论网络规范的属性》从法学角度分析了网络规范的属性。他指出：“网络规范是对网络运行进行调整的规范，是国家法以外由网络使用者等国家以外的网络主体商定或者在商务等网络行为中逐渐形成的交易、交流、交往等方面的规范。”② 他认为网络规范是一种自治规范，在网络法律不能触及的地方发挥着规范网络的作用，同时网络规范也进一步促进了网络法律的制定，它们的一些原则和规定被吸收到网络法律之中。郑友德与伍春燕的《从信息网络社会规范体系的重构看法律规范的变迁》认为网络规范应当包含社会规范和技术规范，网络世界的规范体系应该由习惯规则、技术规范和法律规范所构成。他们对网络法律规范的属性的界定、现状的分析和问题的思考，都对本书的写作有着很大的启发。

---

① 杨正鸣：《网络犯罪》，上海交通大学出版社 2004 年版，第 11 页。

② 王健：《试论网络规范的属性》，《重庆邮电大学学报》（社会科学版）2013 年第 2 期。

此外，随着互联网在现实生活中的应用越来越广，互联网在具体社会生活领域内引起的法律问题也逐渐成为法学研究的一个重点。例如，在电子商务方面，有张楚的《电子商务法》、蒋培志主编的《网络与电子商务法》、李适时的《各国电子商务法》、周忠海主编的《电子商务法导论》等；在知识产权保护方面，有薛红的《网络时代的知识产权法》、张平的《网络知识产权及相关问题透析》、李扬的《网络知识产权法》、肖燕的《网络环境下的著作权和数字图书馆》、郭丹主编的《网络知识产权法律保护》等；在网络侵权方面，有屈茂辉和凌立志的《网络侵权行为法》、张新宝的《互联网上的侵权问题研究》等。一些研究者也对一些网络现象涉及的法律问题进行了细致的研究，如薛国林和吴丽君的《网络推手“罪”与“罚”》、刘晗的《隐私权、言论自由与中国网民文化：人肉搜索的规制困境》、郭涛的《人肉搜索的侵权法规制——从隐私权角度分析》、梁坤的《论网络监控取证的法律规制》、罗俏的《解析网络购物及其引发的法律问题》等。以上关于互联网在具体社会生活领域内引起的法律问题和互联网现象涉及的法律问题的研究都对互联网规范和管理方面的研究有着重要的意义，也为本书的研究提供了重要的研究视角和理论资源。

总之，国内外学界对互联网及其规范的研究呈现出多学科、多视角、多层次的态势，他们对互联网及其规范的争论、探讨和思考有助于我们更好地把握互联网问题的实质，为我们解决互联网问题和构建合理的互联网规范奠定了基础。

（二）互联网规范问题研究的内容

从国内外学界对互联网规范的研究历程和研究成果来看，互联网规范研究的主要内容可以分为两大方面，一方面是对互联网问题的研究，另一方面是对互联网规范的研究。这两个方面是统一的，交织在一起的，很难对二者进行明确的区分，大多数研究者都是从这两个方面同时展开研究的，但不同的时期也各有侧重。

1. 对互联网问题的研究

互联网的应用对传统规范造成了很大的冲击，人们生活空间和行为方式的改变使得传统规范在规范网民行为的过程中遇到困难，引起了一系列互联网问题。问题的出现往往最先引起人们的关注，分析互联网问题出现的原因和探讨解决办法就成为互联网规范研究的主要内容之一。关于互联网问题产生的原因，国内外大多数学者的意见是一致的。首先，相对于互联网的发展，指导互联网应用的伦理规范、法律规范、技术规范等方面要么处于空白，要么传统的法律、伦理、技术规范等行之无效。这就使人们在互联网应用过程中缺乏规范的指导和约束，使得人们的行为失去方向，进而导致互联网问题。其次，计算机和互联网本身的技术特性导致互联网问题不断出现。一方面，计算机的“设计、制造，能使其成为具有任何功能的机器”[①]，这样计算机和互联网的应用就有无数种可能，传统规范系统无法满足计算机和互联网的这种无限制的发展，必然会因计算机与互联网的新应用的不断实现而导致互联网问题；另一方面，计算机的运算和处理是无形的，这种无形性因素的存在使得计算机的设计和使用存在漏洞，而规范的缺失导致互联网问题日益严重。例如，利用程序设计上的漏洞进入机构或组织的电脑进行破坏活动，或设计某种缺乏公德的程序进行不当牟利等。

对于互联网问题的解决，不同的学者提出了不同的办法。詹姆斯·摩尔提供了一个核心价值的清单，包括幸福、生命、自主、资源、知识和安全等价值，他指出这些价值对于人类而言是一种“原初价值”，在不同的技术应用和文化当中都是被认可的。当面对层出不穷的互联网问题时，“这些核心价值为评价我们行为和政策的合理性提供了标准”[②]。但是这些价值是并列的，一旦彼此对立，问题就出现了。例如，在制定互联网言论政策时，一方面要保护网民的言论自由，另一方面也要保护网民个人信息的安全，但有时二者不能统一起来，人们必须权衡网民言论自主和网民信息安全之间的关系，强化一方弱化另一方。理查德·A. 斯皮内洛认为“传统伦理学可以提供足够的理论基础来处理这些新问题”[③]。然而，互联网的发展使得传统伦理在解决互联网问题时又面临着一些与现实世界不同的新情况，如全球互联网发展水平不平衡、互联网问题全球化、网民身份虚拟化、网民行为超时空化等，这些情况都是传统伦理无法应对

---

① ［美］詹姆斯·摩尔：《什么是计算机伦理学?》，鲁旭东译，《世界哲学》1988 年第 1 期。

② ［美］特雷尔·拜纳姆、［英］西蒙·罗杰森：《计算机伦理与专业责任》，李伦、金红、曾建平等译，北京大学出版社 2010 年版，第 31 页。

③ ［美］理查德·A. 斯皮内洛：《世纪道德：信息技术的伦理方面》，刘钢译，中央编译出版社 1998 年版，第 6 页。

的问题。不过，我国学者李伦认为，过分强调传统伦理与网络伦理的区别，容易形成“数字假相”①，即同一种行为有双重标准，实际上互联网中出现的一些问题，如网络盗窃、网络谣言、网络盗版等都是现实问题的互联网变种而已，性质上是一样的，过分强调传统伦理与网络伦理的区分，容易将人们的生活世界二重化。他认为实际上随着互联网对现实世界的渗透，网络世界也就等同于现实世界，传统伦理对互联网行为并非无能为力。

2. 对互联网规范的研究

进入21世纪以来，人们在互联网中生活、学习、工作、交往、休闲逐渐成为一种时尚。和现实世界中人的行为受到规范约束一样，互联网中人们的行为也应该受到规范的约束。然而，对于互联网行为的规范，要么是传统规范水土不服，要么是规范人们互联网行为的互联网规范处于空白。所以，构建互联网规范就成为互联网正常运行的必要条件。同时，诸如色情信息泛滥、网络病毒传播、网络游戏成瘾等互联网问题日益严重，这些问题已经成为制约互联网发展的主要因素。研究者普遍认为互联网发展必须解决这些问题，而解决之道就是建立规范人们互联网行为的互联网规范。

一方面，互联网需要互联网规范。互联网是一个“地理上无限的、非实在的空间，在其中——独立于时间、距离和位置——人与人之间，计算机与计算机之间以及人与计算机之间发生联系”②，互联网似乎开辟了一个自由的、独立的空间。最初关于互联网空间的理论就认为互联网空间是一个完全自由的空间，不需要政府或组织的控制，甚至不需要规范。约翰·P. 巴洛就宣称“工业世界的政府们！你们这群令人讨厌的铁血巨人们！我来自互联网空间，一个思想的新家园。我代表未来，要求落伍的你们离我们远点儿”③。然而，自由因规范才得以成为真正的自由，互联网空间并不是不需要规范，恰恰相反，互联网空间想要成为自由的领地，必

① 李伦：《虚拟社会伦理与现实社会伦理》，《上海师范大学学报》（社会科学版）2002年第2期。

② ［荷］西斯·J. 哈姆林克：《赛博空间伦理学》，李世新译，首都师范大学出版社2010年版，第8页。

③ ［美］劳伦斯·莱斯格：《代码2.0：网络空间中的法律》，李旭、沈伟伟译，清华大学出版社2009年版，第3页。

须置于合理的规范的控制之下。劳伦斯·莱斯格指出，“在我们所建造的世界，自由因被置于某种有意的控制而得以繁荣”①，并且这种控制“应从下而上建立，而不是通过国家的指导来建立”②，政府或国家是无法实现这种规范的，对互联网空间的规范只能是从下至上的自我约束和自觉管理。

另一方面，互联网行为需要互联网规范。谢桂山认为，“互联网上的交往及道德关系是间接的、多元的和符号化的，超越了物理空间的限制”③，互联网的出现预示着一种人类新型交往方式的出现，这是一种建立在互联网基础之上的“新的选择性的社会关系模式取代领土束缚的人类互动形式”④。刘大椿认为，网络交往是一种既在场又不在场的交往形式，这种新的交往形式具有传统交往行为所没有的特点，诸如交往主体的匿名性、行为超时空性等。他指出，“网络交往对传统伦理道德形成巨大冲击，传统的伦理道德不能完全胜任网络社会价值的评价”⑤。因此，新的交往形式意味着新规范的制定或传统规范的改变，互联网交往形式要求有一套能够约束和指导人们互联网行为的规范系统。莱斯格提出了“代码就是法律”，他认为人的互联网行为应受到代码的规范，“代码将决定互联网空间的自由和规制的程度”⑥。莱斯格认为由程序员开发的程序和代码比起政府制定的互联网法律或政策更具有约束力。然而，莱斯格实际上是将互联网规范的制定置于代码开发的基础之上，代码的开发必须是中立的。但是，如何保证代码开发的中立，又使问题回到了伦理层面。不负责任的代码编写者可能会编制某些违背社会公共道德或价值的代码，因为“代码本身是一个强有力的控制力量，如果它不能够被适当地编写和管

---

① ［美］劳伦斯·莱斯格：《代码 2.0：网络空间中的法律》，李旭、沈伟伟译，清华大学出版社 2009 年版，第 4 页。

② ［美］劳伦斯·莱斯格：《代码 2.0：网络空间中的法律》，李旭、沈伟伟译，清华大学出版社 2009 年版，第 3 页。

③ 谢桂山：《互联网道德：伦理学的新领域》，《山东社会科学》2002 年第 2 期。

④ ［美］曼纽尔·卡斯特：《互联网星河：对互联网、商业和社会的反思》，郑波、武炜译，社会科学文献出版社 2007 年版，第 127 页。

⑤ 刘大椿、张星昭：《网络伦理的若干视点》，《教学与研究》2003 年第 7 期。

⑥ ［美］劳伦斯·莱斯格：《代码 2.0：网络空间中的法律》，李旭、沈伟伟译，清华大学出版社 2009 年版，第 7 页。

理，那么它肯定会威胁这些价值的传承"[①]。因此，虽然代码是一种有效的规范，但是代码的编写却不应建立在不牢固的个人中立态度基础之上。

（三）互联网规范研究的不足与前瞻

1. 互联网规范研究的不足

从近年来互联网规范研究的进程来看，人们已经将研究对象从互联网问题转为互联网规范，研究的任务从解决互联网问题转变为构建指导和约束人们行为的互联网规范。然而，纵观近年来互联网的规范研究过程，仍然会发现其中的不足之处。

第一，从伦理学、法学方面对互联网规范进行研究的较多，发展较快，其他方面的研究较少，发展较慢。规范研究属于"应然"领域，应当"以规范的总体为研究对象，规范的总体包括道德规范、法律规范、技术规范、科学规范、艺术规范、宗教规范、政策规章、团队纪律、风俗习惯和社交礼仪等"[②]。互联网规范研究也应以规范的总体为研究对象，互联网伦理、互联网法律、互联网技术规范、互联网社交礼仪、互联网风俗习惯等都是互联网规范不可缺少的部分。然而，近年来大多数研究成果都偏重于计算机和互联网的伦理学和法学研究方面。无论是詹姆斯·摩尔的《计算机伦理学》、理查德·A. 斯皮内洛的《铁笼，还是乌托邦：网络空间的道德与法律》，还是国内学者陆俊等人的《互联网伦理》等都是从互联网伦理和法律规范方面展开研究的，他们所关注的都是互联网出现带来的互联网伦理与法律问题，以及在互联网中人的行为规范的伦理和法律方面。互联网规范的其他方面，如技术、风俗习惯、社交礼仪等方面相对于伦理学和法学方面却受到了较少的关注，成果也较少。

第二，近年来我国互联网法律法规的立法进程加快，网络立法体系初步形成。目前已有专门性法律 7 部，司法解释 6 部，行政法规与部门规章 31 部，其他规范性文件 25 部。但相对于互联网的发展速度以及网民数量的快速增长，我国网络法律体系整体仍处于滞后状态，许多互联网行为仍处于少规或无规可依的境地，诸如对境外网站的监管，对网民隐私的保护，对网络炒作与营销行为的规范，对网络虚假、不良信息传播的治理等

---

① ［美］理查德·A. 斯皮内洛：《铁笼，还是乌托邦：网络空间的道德与法律（第二版）》，李伦等译，北京大学出版社 2007 年版，第 7 页。

② 徐梦秋：《规范通论》，商务印书馆 2011 年版，第 3 页。

方面，仍有不少法律空白。我国互联网法律的立法进程仍需加快。目前国内学者关于互联网法律规范的研究虽然逐渐增多，如张平的《互联网法律规制的若干问题探讨》、王四新的《网络隐私法律保护简论》、周庆山的《论网络法律体系的整体建构》、饶传平的《网络法律制度》、赵兴宏的《网络法律与伦理问题研究》等；但是，关于互联网法律规范的研究大多仍集中于互联网问题的解决层面，在理论上探讨如何构建合理的互联网法律规范，形成一套能够指导和规范互联网法律构建的理论框架方面，仍然较少。这也导致了网络立法的进程落后于互联网的发展，同时也导致一些互联网法律的出台往往伴随着巨大的争议，如《互联网用户账号名称管理规定》一经发布，争议就随之而来，人们对信息泄露的担忧导致人们对网络实名制的施行充满争议。因此，虽然关于互联网法律规范的研究增多，但关于如何制定一种合理的互联网法律规范的研究仍存在不足。

第三，一套用以分析问题的概念体系仍没有建立起来，更多的是解决问题的对策。虽然人们已经注意到了概念分析对于解决这些规范性问题的重要性，如詹姆斯·摩尔就试图建立“一个前后一致的概念框架，在此框架中可以制定出指导行动的政策”①。但是，在摩尔那里一套能够分析和解决互联网规范问题的概念框架仍然没有形成，他提出的人类核心价值在某些特定情况下，彼此会竞争，以至人们必须有所偏重。劳伦斯·莱斯格主张用代码规范互联网空间中人的行为，然而，如何保证代码的编制者处于一种中立态度，成为莱斯格的理论无法解决的问题。目前更多的是应对互联网问题的对策和带有争议的互联网规范，并且这些互联网规范的制定只是一般道德价值在互联网中的简单应用，如美国计算机协会制定的互联网伦理道德和职业行为规范②。第一，为社会和人类作出贡献；第二，避免伤害他人；第三，要诚实可靠；第四，要公正并且不采取歧视行为；第五，尊重包括版权和专利的财产权；第六，尊重知识产权；第七，尊重他人的隐私；第八，保守秘密。

互联网规范研究存在不足的原因大致可以从两个方面分析。

第一，计算机与互联网本身的逻辑可塑性和信息的丰富化导致互联网

---

① ［美］詹姆斯·摩尔：《什么是计算机伦理学?》，鲁旭东译，《世界哲学》1988 年第 1 期。

② 谢桂山：《互联网道德：伦理学的新领域》，《山东社会科学》2002 年第 2 期。

的规范研究赶不上它们的发展速度。一方面，“从逻辑的角度，计算机具有可塑性，因为人们可以操作计算机去进行任何活动”①。计算机的逻辑可塑性使得计算机可以应用到生活的任何方面，这就意味着计算机的使用每时每刻都面临着新领域的开辟，新事物的诞生，这对于互联网规范的研究来说，永远都面临着新课题、新任务。另一方面，生活世界的信息化为互联网规范的研究增加了难度。计算机的使用与互联网的发展将人类生活的方方面面转化为数据信息，“信息处理成为执行与理解活动本身的关键成分”②。信息处理的广度和深度不断扩展，使得人们生活的世界成为一个信息世界，对各种各样的数字信息的掌握和处理成为互联网时代人们生存的关键因素。因此，在这个信息世界中，如何规范人们处理数字信息的行为就成为互联网规范研究的主要任务之一。随着现实世界信息化程度不断加深，对人们处理各种数字信息的行为规范的研究不断面临数字信息开辟的新领域，因此如何构建处理数字信息的规范就成为一个全新的挑战。

第二，规范论研究的滞后导致互联网规范研究缺乏整个概念分析构架。规范论是对规范本身的研究，包含规律与价值两个方面，它对规范“是如何”与“应如何”的分析是研究整个规范系统的基础。规范论研究属于社会生活的“应然”领域，对于“应然”领域中的一切规范，如道德、法律、风俗习惯、礼仪等的研究都包含在规范论研究的范围之内。规范的产生、发展及其合理性的判定都属于规范论的主要内容，只有在理论上阐明一种规范如何产生和发展，如何判定一种规范是合理的，才能在实践中构建起合理的规范，从而使人们的行为符合规律和社会的期望，实现社会的有序运行。目前的研究大多落脚于具体网络问题的解决，在实践层面致力于制定各种具体的网络规范，但对网络规范本身的研究，即“网络规范何以可能”“网络规范的合理性及其判定”等方面的研究相对缺乏。究其原因，正是因为规范论研究领域的滞后，才导致互联网规范研究出现种种不足，无法建立一套分析和解决问题的概念框架，进而导致构建规范网民行为的互联网规范系统遇到困难。

---

① ［美］詹姆斯·摩尔：《计算机伦理学中的理性、相对性与责任》，正萍译，《上海师范大学学报》（哲学社会科学版）2006年第5期。

② ［美］詹姆斯·摩尔：《计算机伦理学中的理性、相对性与责任》，正萍译，《上海师范大学学报》（哲学社会科学版）2006年第5期。

2. 互联网规范研究的前瞻

关于互联网的规范研究尽管存在众多不足之处，但整体来说，仍然呈现出继续向前发展，不断进步的趋势。

第一，全球互联网规范的研究和构建将成为互联网规范研究发展的主要方向。一方面，互联网的发展让人们看到了构建全球互联网规范的希望。据国际电信联盟统计，截至 2016 年年底，全球 47%的人口将用上互联网，总人数约为 39 亿。① 全世界约 1/2 的人口生活在没有疆域限制、自由交往的空间之中。“计算机信息互联网技术中利益的独特性和人类道德观念取得的一些共同进步，使计算机伦理道德具有某种‘普遍道德’的性质。”② 计算机与互联网本身的特性使得生活在互联网中的人用同一种语言表达感情，用同一套逻辑思考问题，共同面对一种信息化的生活，这一切使得构建能够规范全球网民行为的互联网规范成为可能。另一方面，人类共同拥有的价值，如生命、自由、幸福、知识、安全等“给我们提供了一套发生争议时评价其他价值框架的标准”③，这些价值的存在使构建全球互联网规范成为可能。尽管有些学者由于种种原因对全球互联网规范持否定态度，但最起码在互联网发展的今天，全球网民已经达成了一些基本的共识，形成了一些基本的行为准则④，包括资源共享原则、一致同意原则、自律性原则。

第二，构建一套能够分析和解决互联网问题的概念框架将成为互联网规范研究的必然要求。目前，规范论研究已经取得了初步的进展，厦门大学徐梦秋教授在规范何以可能问题、规范的合理性及其判定问题、规范的功能和类型问题等方面的研究取得了丰硕的成果。因此，一方面，以规范论为基础，构建一套对互联网规范的概念、类型、形成、合理性及其判定、作用等方面做出准确分析的概念框架已经成为可能。未来人们只要对互联网行为的“规律”和“价值”进行双重分析和把握，构建一套合理的互联网规范系统已经成为可能；另一方面，以规范论为基础，结合伦理

① 国际电信联盟（ITU）：《2016 年全球互联网覆盖率将达 47%》，2016 年 11 月 23 日，http：//www.199it.com/archives/540061.html，2019 年 3 月 27 日。

② 王正平：《西方计算机伦理学研究综述》，《自然辩证法研究》2000 年第 10 期。

③ ［美］詹姆斯·摩尔：《计算机伦理学中的理性、相对性与责任》，正萍译，《上海师范大学学报》（哲学社会科学版）2006 年第 5 期。

④ 史云峰：《互联网伦理学初探》，《郑州大学学报》（哲学社会科学版）2002 年第 2 期。

学、法律、技术等方面的互联网研究成果，构建互联网伦理、互联网法律、互联网技术规范、互联网社交礼仪等方面的互联网规范已经成为解决各种具体的互联网问题的有效办法，也成为规范网民行为的合理途径。

第三，多层次、跨学科交叉研究将成为互联网规范研究的主要趋势。时至今日，互联网已经渗透至社会生活的各个角落，囊括了整个人类社会，经济、政治、法律、军事、科学、艺术、宗教等各个方面都已成为互联网应用的领地。互联网的广泛应用对传统学科产生了巨大的影响，互联网经济学、互联网政治学、互联网法学、互联网社会学、互联网哲学、互联网心理学等交叉学科的出现是互联网发展的必然趋势。因此，经济学、政治学、法学、军事学、社会学、哲学、人类学、心理学等学科的最新研究成果和研究方法与互联网规范研究相结合将成为互联网规范研究的主要趋势。

第四，网络自由的限制及其实现问题研究将成为互联网规范问题研究的重要内容。互联网的发展日新月异，人工智能、大数据、云计算、5G技术的发展，使得互联网越来越成为改变人类生活的重要动力。互联网为人类提供了一种全新的生活模式与生存方式，大大扩展了人类的能力，使得自由成为互联网生活的底色。然而，作为工具的互联网的进步是否总是有助于人类自由的实现？而现实情况是，互联网生活出现了异化现象，如人们对互联网的依赖度在增加，人们不断遭受诸如网络暴力、信息泄露的困扰，甚至互联网成为诱发社会动荡的重要工具，如西方国家利用推特发动的针对中东国家的颜色革命。互联网生活异化现象的出现提醒人们互联网生活不止一面。如果没有合理的网络规范，互联网很有可能成为支配人的异己力量。因此，如何正确使用互联网，使其造福人类，实现人类自由，必将成为互联网规范问题研究的题中之义。

第一章　网络规范概述

互联网已经渗透到人类社会中的每个角落，互联网生活也逐渐成为人类生活中的主要部分。互联网似乎成为一面镜子，将人们在现实世界中的全部内容都反映在其中，在互联网中生活、学习、工作、休闲、交流等都已经成为现实。现实世界中人们的行为活动总要受到风俗习惯、宗教戒律、道德原则、法律法规、规章制度以及技术规则等规范的调整、指导和约束。与现实世界一样，在互联网中人们的行为活动也受到规范的调整、指导和约束，这些调整、指导和约束人们在互联网中行为活动的规范就是网络规范。网络规范是保证人们在互联网中的行为活动合理有序和维护互联网健康运行的必要条件。因此，开展关于网络规范的研究是很有必要的。这里，我们首先要揭示网络规范的概念、性质与特征。

第一节　网络规范的概念

一　网络规范概念的内涵

我们生活的现实世界中，规范无处不在，风俗习惯、宗教戒律、道德原则、法律法规、规章制度等都是我们日常见到的规范。规范为人们的行为活动提供了一套行为方式、评价标准和预测条件；它是维护社会秩序的必要条件，也是人们实现行为目的的前提。规范告诉人们“应该做什么”“不应该做什么”以及“可以做什么”。正如韩非子所言：“夫悬衡而知平，设规而知圆，万全之道也。”①

---

① 《韩非子校注》，江苏人民出版社 1982 年版，第 176 页。

现实世界中，正因有了规范，人们的行为才减少了行为成本，才具有了稳定性和确定性。因此，每个人的行为都处于规范的调整和约束之下，不同的规范适用于不同的社会群体和场合。人们必须都按规范行为，违反规范的人要受到来自精神力量和物质力量两方面的惩罚，如舆论谴责、心理疏远、良心不安、监狱监管、法庭审判、刑罚处罚等。因此，如果给规范下一个定义，那么可以说“规范是调控人们行为的、由某种精神力量或物质力量来支持的、具有不同程度的普适性的指示或指示系统”①。

网络空间是现实生活的延伸，网络言论、行为都应有边界，不应该也不可能为所欲为。因此，人们在互联网中的行为也需要规范的调整和约束，只有这样，才能保证人们在网络中的行为合理有序，才能维护互联网的健康运行。参照规范的定义，我们可以将网络规范定义为，调控网络主体网络行为的、由某种精神力量或物质力量来支持的、具有不同程度之普适性的指示或指示系统。我们可以从五个方面进一步揭示网络规范的内涵。

第一，网络规范调整和约束的对象是网络主体的网络行为。网络主体包括接入和使用互联网的个人、组织或机构，计算机软件或硬件制造商、互联网基础设施与网络服务提供商、网络运营商，以及制定和实施计算机与互联网政策或法律的各种组织和各级政府部门。例如，上网冲浪的网民、拥有网站的机构（如，学校、公益组织和企业）、软件开发商（如，微软）、计算机硬件生产商（如，IBM、Intel、联想）、网络运营商（如，美国在线 AOL、中国移动、中国电信）、网络服务提供商（如，Google、Facebook、新浪网）、制定网络政策的组织和政府部门（如，互联网名称与数字地址分配机构 ICANN、中国互联网络信息中心 CNNIC）等，这些个人和组织都是网络主体的组成部分，它们是互联网的主角，它们的网络行为是网络规范调整的对象。

第二，网络主体的网络行为指的是网络主体与互联网相关的一切行为，包括个人或组织在互联网中的行为活动、计算机硬件和软件的设计和生产、互联网基础设施的建设、网络服务的提供，以及计算机和互联网的相关政策与法规的制定和实施，等等。网络主体的行为是网络规范调整和约束的对象。例如，网民的聊天、发帖、浏览网页、收发邮件等行为，网

① 徐梦秋：《规范通论》，商务印书馆 2011 年版，第 15 页。

站的建设和维护、信息的发布与更新，计算机软件与硬件的设计、制造、销售和售后服务，内容搜索、新闻资信、信息发布、电子邮件等网络服务的提供，网络基础设施如光纤的铺设、服务器的维护，计算机和互联网技术标准的制定，网络域名和地址的分配，等等，都是网络主体的网络行为，都是网络规范的对象，都处于网络规范的调整和约束范围内。

第三，网络规范是由精神力量和物质力量来支持的。网络主体不是一个虚幻的行为主体，互联网并没有将一个网络主体二分化，在线和离线的网络主体是一体的。与现实世界中相对应的物质实体一样，每个网络主体都是一个道德主体或法律主体。网络规范也不是毫无根基的空话，违背网络规范的网络主体必然受到来自精神力量和物质力量两方面的惩罚。由精神力量和物质力量支撑的网络规范是每个网络主体所敬畏的东西。首先，这种精神力量主要包括网络舆论的谴责、网络社区的疏离、其他网络主体的拒绝，等等。例如，一个在论坛中经常发表不实言论或散布谣言的网民，会引起论坛其他成员的集体谴责，大家会对他“拍板砖”，他逐渐就会成为论坛中不受欢迎的人，其他成员会逐渐疏远他。其次，支撑网络规范的物质力量包括禁止发布内容，冻结或删除账号，禁止进入网站，关闭网站，违反网络法律的组织和个人承担相应的法律责任，等等。例如，微博已经成为一种新的信息发布和交流平台，《新浪微博社区管理规定（试行）》规定：“发布淫秽信息的用户，警告并删除相关内容；累计发布5条及以上淫秽信息的用户，冻结账号；发布色情信息的用户，警告并删除相关内容。”

第四，网络规范具有不同程度的普适性。网络规范在一定范围内是具有长效性和普遍性的。首先，网络规范调整和约束的不是某一个网络主体的某一个行为，而是网络主体所在网络社群之内的所有成员的所有行为。例如，网络商城交易规范就是调整和约束网络商城上的所有成员，包括商家、消费者以及第三方支付平台的网络规范。卖家要诚信经营，保证商品和服务质量，及时发货；消费者要及时付款，诚实点评；第三方支付平台要保持中立，协调买卖双方的关系，尽力解决双方纠纷。其次，不同网络规范的适用范围也各不相同。例如，《互联网新闻信息服务管理规定》第二条规定“在中华人民共和国境内从事互联网新闻信息服务，应当遵守本规定”；而《吉林市网络新闻监督管理条例》第二条规定“凡在本市行政区域内从事网络新闻及其监督管理活动的单位和个人，均须遵守本条例”。很明显，二者的适用范围是不同的，前者的适用范围远远大于后者的适用范围。

第五，网络规范是一种指示或指示系统，是网络行为的指导方式、预测条件、评价标准以及惩罚依据。首先，网络规范告诉人们在互联网中，“应该做什么”（如，应该抵制色情内容）、“不应该做什么”（如，不应该传播网络谣言）以及“可以做什么”（如，可以匿名发布消息）。其次，“人们在行为互动中为了降低交易和人际交往等方面的不确定性，逐渐形成了一些规则，这些规则可以使你预期别人会干什么，别人也可以据此预期你要干什么”①。因此，网络规范能够预测网络主体的行为。例如，中国《电信和互联网用户个人信息保护规定》第十四条规定：“电信业务经营者、互联网信息服务提供者保管的用户个人信息发生或者可能发生泄露、毁损、丢失的，应当立即采取补救措施。”因此，当网络用户发现自己的个人信息丢失或泄露时，就能够预测到电信业务经营者和网络信息服务提供者将要采取的补救行为。再次，网络规范也是网络行为的评价标准，“在行为发生，完成之后，它就转化为一种标准，人们可以根据它来对已发生的行为和结果进行评价和褒贬，于是规范就转化为评价人们行为及其结果的标准”②。例如，中国《互联网接入服务规范》第五条规定：“客户服务中心应答的时限最长为 15 秒。”因此，“15 秒”就成为评价客户服务中心应答行为是否符合规范的标准。最后，网络规范也是一种惩罚依据，它规定了违背网络规范的网络主体所接受的惩罚结果。例如，中国《网络游戏管理暂行办法》第三十条规定：“上网运营未获得文化部内容审查批准的进口网络游戏的，由县级以上文化行政部门或者文化市场综合执法机构责令改正，没收违法所得，并处 10000 元以上 30000 元以下罚款；情节严重的，责令停业整顿直至吊销《网络文化经营许可证》；构成犯罪的，依法追究刑事责任。”

二　网络规范概念的外延

按照网络规范调整的关系的不同，我们可以将网络规范概括为三大类：调整网络主体之间关系的网络规范，调整网络主体与计算机或互联网

① 李伦：《鼠标下的德性》，江西人民出版社 2002 年版，第 148—149 页。

② 徐梦秋：《规范通论》，商务印书馆 2011 年版，第 16 页。

之间关系的网络规范，调整网络主体与现实世界关系的网络规范。

（一）调整网络主体之间关系的网络规范

网络主体包括在互联网中活动的一切组织和个人，我们可以进一步将网络主体分为网络组织和网民。网络组织就是接入互联网的组织或机构，包括网络运营商、计算机软件和硬件制造商、互联网基础设施与网络服务提供商，以及制定和实施计算机与互联网政策或法律的各种组织和各级政府机构，等等。网民就是活动在互联网中的个人，既包括普通的网络个人用户，也包括专业的网络技术人员。因此，根据网络主体之间关系双方的不同，我们还可以进一步将调整网络主体之间关系的网络规范分为调整网民之间关系的网络规范，调整网民与网络组织之间关系的网络规范，调整网络组织之间关系的网络规范。

1. 调整网民之间关系的网络规范

正如马克思所言："人的本质并不是单个人所固有的抽象物。在其现实性上，它是一切社会关系的总和。"① 互联网并没有将活动在其中的网民抽象化、虚幻化和孤立化，"网络社会的主体——人，既是虚拟社会的主体，又是现实社会的主体"②。现实社会中的人们以网民身份在互联网中的行为活动构成了网络生活的主要内容，网民的活动范围比现实世界中人们的活动范围更大，通过网络活动结成的关系更加复杂多样。因此，网民在网络活动中形成的关系正是网络规范调整的对象。例如，"不应该在论坛中用语言攻击他人"，就是调整论坛用户之间关系的网络论坛规范；"不得盗窃游戏玩家的虚拟财产"，就是调整游戏玩家之间关系的网络游戏规范；"未经同意，不得随意转载他人的博客内容"，就是调整博客用户之间关系的博客规范；"不得制作和传播带有病毒的文件"，就是调整网络技术人员和普通网络用户之间关系的网络交往规范；"电子邮件的内容要简洁易懂"，就是调整邮件收发双方关系的电子邮件礼仪；等等。

2. 调整网民与网络组织之间关系的网络规范

网络组织是互联网的另一个主角，它们的行为活动构成了互联网的物质基础。网络通信线路的架设、网站的建立、网络内容和服务的提供、软件和硬件的设计和生产、网络政策的制定和实施都是网络组织的主要行为

---

① 《马克思恩格斯选集》（第1卷），人民出版社1972年版，第18页。

② 李伦：《网络传播伦理的建构路径》，《道德与文明》2011年第2期。

活动。因此，网民想要使用计算机接入互联网，享受网络生活，就必然与各种各样的网络组织打交道，形成各种各样的关系，这些关系也就成为网民与网络组织之间关系的网络规范调整的对象。例如，“接入和使用互联网要缴纳网费”，调整的是网民与网络运营商的关系；“博客用户要使用邮箱注册”，调整的是网民与网络服务提供商的关系；“不得下载和安装使用盗版软件”，调整的是网民与软件开发商之间的关系；“联想笔记本电脑全国联保，一年保修”，调整的是网民与计算机硬件生产商的关系；“网民不得攻击政府或其他组织的网站服务器”，调整的是网民与接入互联网的组织或政府机构的关系；“手机用户必须同意第三方软件扫描手机中的通讯录和文件夹，才可以安装第三方应用程序”，调整的是手机上网用户和第三方软件提供商的关系；等等。

3. 调整网络组织之间关系的网络规范

网络组织之间的交往和互动构成了网络生活的另一个方面，网络组织之间也会形成各种各样的关系，这些关系是调整网络组织之间关系的网络规范调整的对象。例如，“不得侵犯计算机软件的版权”，调整的是软件开发商之间的关系；“不得复制或盗用其他网站的内容和形式”，调整的是不同网站之间的关系；新浪微博开放平台的《应用开发者协议》调整的是新浪微博开放平台与第三方应用开发者之间的关系；《中国互联网络信息中心域名争议解决办法》调整的是因网络域名的注册或者使用而引起争议的网络机构之间的关系；“学校、企业等机构设立网站要符合国家相关的法律规定”，调整的是学校、企业等机构和各级政府机构的关系；等等。

（二）调整网络主体与计算机或互联网之间关系的网络规范

在互联网中，网络主体不仅和其他网络主体产生各种各样的关系，而且还与计算机或互联网本身产生种种关系，这些关系包括网络主体与计算机或互联网之间的操作关系；网络主体与计算机和互联网软件或硬件之间的研发关系；网络主体与互联网环境之间的保护关系。因此，相应的网络行为规范就包括调整网络主体与计算机和互联网之间操作关系的操作规范，调整网络主体与计算机和互联网软件或硬件研发关系的研发规范，以及调整网络主体与互联网环境之间保护关系的保护网络环境的规范。

1. 操作规范

操作规范就是调整网络主体与计算机和互联网之间操作关系的规范。

计算机和互联网是网络主体进行网络活动的工具，操作规范就是网络主体操作和使用这种工具的原则和程序。网络主体只有遵守操作规范，才能正确地使用计算机进行网络活动。例如，“要安装必要的系统程序计算机才能运转”，是使用计算机必须遵守的规范，否则计算机就无法运转；“必须安装路由器，计算机才能上网”，是用户接入互联网必须遵守的规范，否则用户的计算机就无法接入互联网；“要申请注册互联网域名，才能设立网站”，是设立网站必须遵守的规范，没有域名就无法建立网站；“关闭计算机之前要保存文档”，是用户使用计算机编辑文档必须遵守的规范，否则文件就会丢失；“应该经常清理计算机中的垃圾”，是用户保持计算机硬盘剩余空间应该遵守的规范，否则计算机硬盘就会被垃圾文件占满，进而影响计算机的运行和网速；等等。

需要注意的是，网络主体在接入互联网进行网络活动的过程中，要避免过度依赖计算机和互联网，不能沉迷于计算机和互联网的强大功能。特别是“由于计算机的日臻完善以及作用的日益明显，我们发展了一种迷恋等级和数值的大众文化。甚至选美比赛的评分过程也被制作成深奥的程序以便电视机随时都能报出得分情况”①。这种将现实世界数值化导致的一种极端结果就是将计算机神化，认为“计算机永远不会犯错误。如果有错误，则是使用计算机的人造成的，或是因为计算机坏了”②。这种过度的依赖使得计算机几乎在所有的重大系统故障中都扮演了重要的角色。从某种程度上说，这种状况的出现是由于“人们对信息的接收，是在计算机既定程序的左右下进行的，计算机程序（尤其是计算机游戏程序）编制的非人化原则，使人在不知不觉中患上了‘精神麻木症’，失去了现实感和有效的道德判断力”③。因此，网络主体要时刻牢记计算机与互联网的工具属性，要确立自身的主体地位，在使用计算机和互联网的过程中，相信自身的理性判断和价值选择，明确计算机与互联网在网络主体的行为过程中的工具作用，不能被工具绑架。

---

① ［美］西奥多·罗斯扎克：《信息崇拜》，苗华健、陈体仁译，中国对外翻译出版公司1994年版，第178页。

② ［美］西奥多·罗斯扎克：《信息崇拜》，苗华健、陈体仁译，中国对外翻译出版公司1994年版，第60页。

③ 徐云峰：《网络伦理》，武汉大学出版社2007年版，第168页。

2. 研发规范

研发规范就是调整网络主体和计算机软件或硬件的研发关系的规范。研发规范是网络技术专业人员或企业应当遵守的规范，他们为网络主体在互联网中的活动提供技术支持和技术保障，他们的行为活动是互联网的物质支撑。研发规范主要包括网络技术研发规范和网络技术职业规范两个方面。

首先，网络技术研发规范是网络技术专业人员或企业在研发计算机软件与硬件过程中要遵守的技术规则。例如，"保存超文本语言编写的文档要以 . htm 或 . html 为扩展名"，是网络技术人员编写超文本语言文档应遵守的规范，否则计算机就无法识别超文本文档；"插件要与计算机的系统平台兼容"，是网络技术人员编写功能性插件应当遵守的规范，否则插件就无法在计算机上运行；"系统软件应当能在不同品牌、不同型号的计算机上运行"，是软件开发商开发软件应当遵守的规范，否则系统软件就无法得到广泛的使用；等等。

其次，网络技术职业规范是网络专业技术人员或公司的职业行为规范。网络专业技术人员或公司在研发产品的过程中，不能只追求经济利益而忽视道德原则、风俗习惯、宗教信仰以及法律，要在维护自由、幸福、安全、公平以及公共利益等价值的基础上展开自己的研发工作。例如，美国电气电子工程学会（IEEE）的伦理准则要求其会员，"接受工程决策应当符合公众安全、健康和福利的责任，及时披露那些可能危害公众或环境的因素"①；瑞典计算机专业人员伦理规则规定，"计算机专业人员不从事旨在对个人有害的方式实时控制的任务"②；意大利信息工作者职业组织（AICA）通过的行为准则，"最完全地保守与其雇主或客户有关的数据和消息的秘密"③；等等。

3. 保护网络环境的规范

互联网是网络主体活动的场所，网络环境是网络主体生存和发展的前

① ［荷］西斯·J. 哈姆林克：《赛博空间伦理学》，李世新译，首都师范大学出版社 2010 年版，第 39 页。

② ［荷］西斯·J. 哈姆林克：《赛博空间伦理学》，李世新译，首都师范大学出版社 2010 年版，第 43 页。

③ ［荷］西斯·J. 哈姆林克：《赛博空间伦理学》，李世新译，首都师范大学出版社 2010 年版，第 42 页。

提条件。因此，与现实世界中的环境需要人们保护一样，网络环境也需要所有网络主体的维护。保护网络环境的规范主要包括维护网络安全，防止网络环境污染和维护网络创新三个方面。

首先，网络安全是网络主体生存的基础，一个充满风险和漏洞的互联网环境只会让更多的非网络主体选择远离互联网，更多的网络主体选择退出互联网。因此，每个网络主体都有义务维护网络安全，遵守维护网络安全的规范。例如，中国《计算机病毒防治管理办法》第五条规定，“任何单位和个人不得制作计算机病毒”，是防止计算机病毒破坏的网络规范；中国《计算机信息网络国际联网安全保护管理办法》第六条规定：“任何单位和个人未经允许，不得对计算机信息网络中存储、处理或者传输的数据和应用程序进行删除、修改或者增加”，是保护网络信息安全的网络规范；等等。

其次，网络环境与现实世界一样，随着网络主体活动的增多，网络环境污染也逐渐加剧。信息污染是网络环境污染的主要方面，“所谓信息污染，是指社会信息流中混杂着许多陈旧过时、虚假伪劣的信息，以至于危害人类的信息环境，影响人们对有效信息的正常吸收利用的社会现象”①。不良信息、垃圾邮件、垃圾广告、虚假信息等充斥着整个互联网，占据了大量的信息通道，阻塞了正常的信息传输，严重影响网络主体的信息交流和吸收。因此，防止网络环境污染是保护网络环境的重要内容，网络主体必须制定并遵守防止网络环境污染的规范，保证信息健康、准确、及时，减少信息污染与信息阻塞。例如，中国《互联网信息服务管理办法》第十五条规定，“互联网信息服务提供者不得制作、复制、发布、传播含有散布淫秽、色情、赌博、暴力、凶杀、恐怖或者教唆犯罪的信息”；中国《互联网电子邮件服务管理办法》第十三条规定，“任何组织或者个人未经互联网电子邮件接收者明确同意，不得发送或委托发送包含商业广告内容的互联网电子邮件”；等等。

最后，网络创新是互联网的生命力所在，“网络上具有价值的东西，乃是可以落实想象力，可以迅速创作新内容的创造能力”②。因此，维护网络创新也是保护网络环境最重要的内容之一。每个网络主体必须主动维

---

① 岳剑波：《信息环境论》，书目文献出版社 1996 年版，第 125 页。

② ［美］约翰·布洛克曼：《未来英雄》，汪仲、邱家成、韩世芳译，海南出版社 1998 年版，第 38 页。

护网络的创新，特别是网络政策的制定者，如各大网络公司、软件制造商、计算机生产商以及网络组织和各级政府机构等都必须制定或实施维护网络创新的规则或政策，鼓励网络创新，保持互联网的生命力。例如，美国政府在1993年提出的《美国国家信息基础结构：行动计划》（又称“信息高速公路计划”）中强调，“通过鼓励民间企业对发展国家信息基础结构的投资，并通过政府项目改进获得必不可少服务的方法，政府将提高美国的竞争能力”①；欧盟在2000年提出了“数字欧洲计划”，计划“建立跨欧洲电子科研通信网，以税收优惠和风险投资鼓励研发工作，取消人才流动的地域限制，加强对人力资源的投入”②；等等。

（三）调整网络主体与现实世界之间关系的网络规范

互联网的出现并没有代替现实世界，虚拟现实（Virtual Reality，VR）之父杰伦·拉尼尔（Jaron Lanier）指出：“我喜欢虚拟现实的地方在于它提供人类一个新的，与他人分享内心世界的方式。我并没有兴趣以虚拟世界代替物理世界，或创造一个物理世界的代替品。”③ 互联网作为一个新的人类活动空间，人类活动构成了互联网的全部内容和物质基础。因此，互联网不是一个虚幻的空间，生活在互联网中的网络主体也不是虚幻的，他们是在现实世界中具有物质实体的人或组织，他们“既是现实社会与虚拟社会沟通的媒介，又是现实社会与虚拟社会的主体”④。生活空间的转变并不能使网络主体脱离现实世界而存在，他们在互联网中的活动也会影响到现实世界。因此，网络主体与现实世界的关系也需要规范的调整，这种规范就是调整网络主体与现实世界之间关系的规范。通过这种规范调整网络主体的行为，可以减少网络主体行为对现实世界产生的消极影响，促进互联网与现实世界的和谐发展。

然而，在调整网络主体与现实世界的关系的过程中，经常出现两种倾向。一种倾向是将互联网与现实世界割裂，认为互联网与现实世界是二分

① 金吾伦：《塑造未来——信息高速公路通向新社会》，武汉出版社1998年版，第6页。

② 胡延平编著：《跨越数字鸿沟：面对第二次现代化的危机和挑战》，社会科学文献出版社2002年版，第114页。

③ ［美］约翰·布洛克曼：《未来英雄》，汪仲、邱家成、韩世芳译，海南出版社1998年版，第157页。

④ 郭建国、李伦：《网络问题：伦理文化的诠释》，《湖南大学学报》（社会科学版）2002年第3期。

的，网络主体在两个世界中的行为遵守各自活动空间的规范。徐迎晓博士的《网络伦理与社会伦理之双重标准》一文就分析了同一性质的行为在网络世界和现实世界中获得了截然不同的评价的事实，他将这种情况概括为网络伦理与社会伦理的双重标准。但是这种双重标准的确立实际上却忽视了网络主体的网络行为对现实世界可能产生的影响。我们要明白"'网络社会'与现实社会不是对立的，'网络社会'生活是从现实社会生活中分化出来的，它是社会人通过因特网（作为网络人）相互交往的过程"①，网络主体是在现实世界中的个人和组织，他们的网络行为必然会对现实世界产生种种影响。例如，徐迎晓博士曾以黑客入侵和盗窃为例，揭示网络伦理与现实伦理的双重标准。然而需要指出的是，尽管黑客行为受到许多网民的宽容，但是黑客非法入侵或盗窃造成的损失却是实实在在的，如果一味地强调双重标准，就可能使这种损失变得更大。"造成这种虚拟社会伦理与现实社会伦理的双重标准或冲突的原因是复杂的，但有一点是很清楚的，这就是一开始人们就人为地将虚拟社会和现实社会隔开了，并夸大了两者的差异。"② 如果一味地夸大这种差异，将网络世界与现实世界割裂，就只能导致网络主体的行为对现实世界产生更多的消极影响。实际上，人们的道德原则和基本价值不可能因为时间和空间的不同而发生变化，网络主体在现实世界所遵守的基本道德原则和核心价值也是他们在网络空间应当遵守的原则和价值。

还有一种倾向也经常出现，那就是将网络世界与现实世界混为一谈，以网络规范代替现实规范，以互联网中的行为方式来指导其在现实世界中的行为。新闻报道中经常出现的因沉迷网络游戏而导致现实世界中犯罪的案件是这一现象最好的说明。麦克卢汉认为，"游戏时认为时机和控制的情景，是群体知觉的延伸，它们容许人从惯常的模式中得到休整"③。这里的"惯常模式"就是现实世界的规范，"休整"就是代替。在某些情况下，游戏规范可能会代替现实世界中的规范主导人们在现实世界中的行为。如今，互联网已经成为人们生活最重要的空间，网络中自发形成的一些行

---

① 孙伟平、贾旭东：《关于"网络社会"的道德思考》，《哲学研究》1998 年第 8 期。

② 郭建国、李伦：《网络问题：伦理文化的诠释》，《湖南大学学报》（社会科学版）2002 年第 3 期。

③ ［加］马歇尔·麦克卢汉：《理解媒介：论人的延伸》，何道宽译，商务印书馆 2003 年版，第 300—301 页。

为方式也潜移默化地影响着人们在现实世界中的行为方式。例如，在论坛、微博中，对那些自己不赞成的或虚假的信息“拍板砖”，甚至相互谩骂都已成为表达不同意见的方式。然而大学教授与记者微博“约架”事件，让人们意识到，网络语言暴力可以转化成现实中的暴力。上述例子都说明了，网络主体的网络行为方式可能转化为现实世界中的行为方式，而这种转化可能对现实世界产生消极的影响。因此，特别要注意这种以网络行为方式指导现实世界行为的倾向，避免产生更多消极影响。

因此，网络主体与现实世界之间的关系必须引起我们的重视，一方面不能割裂互联网与现实世界，要承认网络主体的网络行为能够影响现实世界；另一方面，不能将互联网与现实世界混为一谈，要避免以网络行为方式代替现实世界中的行为方式。网络主体的网络行为要遵守调整网络主体与现实世界之间关系的网络规范，避免网络行为对现实世界的消极影响。例如，中国《最高人民法院最高人民检察院关于办理利用信息网络实施诽谤等刑事案件适用法律若干问题的解释》第三条规定，“利用信息网络诽谤他人，引发群体性事件、公共秩序混乱等按刑法第二百四十六条第二款规定的‘严重危害社会秩序和国家利益’论处。”同时，网络主体也要防止自身沉迷于互联网，避免自己以网络行为方式在现实世界活动。例如，中国《网络游戏管理暂行办法》第十六条规定，网络游戏经营单位应当按照国家规定，采取技术措施，禁止未成年人接触不适宜的游戏或者游戏功能，限制未成年人的游戏时间，预防未成年人沉迷网络。未成年人正处于行为方式的形成阶段，如果过多地接触不适宜未成年人的游戏，他们很容易沉迷于网络，养成不健康的网络行为方式。由于未成年人的判断力较弱，这些不健康的网络行为方式很容易影响他们在现实世界中的行为。

第二节　网络规范的性质

互联网的出现使得人类活动场所从现实世界扩展到了网络空间，人类的行为方式也在物理行为的基础上增加了网络行为。人类的物理行为需要现实规范的调整和约束，而人类的网络行为需要网络规范的调整和约束。合理的网络规范是维护互联网合理有序运行的必要条件，构建合理的网络规范是互联网合理有序运行的基础。因此，我们要构建合理的网络规范就必须了解网络规范的性质与特征，将网络规范与现实规范区分开来，揭示网络规范与现实规范之间的联系与区别。

一 网络规范与现实规范的联系

(一) 网络规范与现实规范都应维护人类的基本价值

规范不是从来就有的，徐梦秋教授认为，“对规律的认知和对行为价值的评价，共同构成了规范从无到有的充分而且必要条件”[①]。任何规范都建立在对客观规律的把握和对行为价值的评价的基础之上。因此，对行为价值的评价直接影响到一种行为方式能否成为一项规范，但“合规律的行为方式未必都能成为规范。只有那些经常出现的对社会普遍有益或有害的行为方式，才会被社会所广泛地提倡或禁止，从而转化为相应的行为规范”[②]。而人们判断一种行为方式对社会普遍有益或有害的依据是人类的基本价值，如公平正义、自由平等、公共利益、社会公德、国家安全等。社会大众正是基于这些人类基本价值来判断诸如“按劳分配”“平等对话”“尊老爱幼”“损公肥私”“盗窃国家机密”等行为方式对社会普遍有益或有害。在此基础上，那些符合客观规律的行为方式只有维护人类基本价值，才能进一步形成诸如“按劳分配的分配方式”“平等的对话机制”“尊老爱幼的道德风尚”“不得损公肥私的制度”“保护国家机密的法律”等规范。因此，对人类的基本价值的维护是规范形成的必要条件，一种合规律的行为方式只有符合人类的基本价值才能成为一项规范，一项合理的规范必须维护人类基本价值。

互联网出现后，人们开始穿梭于计算机屏幕内外，但是计算机屏幕并没有将进入互联网的人一分为二，可以说“任何生活在网络空间的人，同时也是现实空间的人。任何依照网络社会的规范生活的人，同时也是生活于现实社会准则中的人。一旦进入网络空间你就是身处两地，那么两地的规范你都应该遵守”[③]。因此，尽管人们活动的空间发生了变化，但他在互联网中活动的主体却没有发生变化，他们仍然是在现实世界中具有物

---

① 徐梦秋：《规范通论》，商务印书馆 2011 年版，第 23 页。

② 徐梦秋：《规范通论》，商务印书馆 2011 年版，第 23 页。

③ ［美］劳伦斯·莱斯格：《代码 2.0：网络空间中的法律》，李旭、沈伟伟译，清华大学出版社 2009 年版，第 321 页。

质实体的组织或个人，他们不仅要遵守现实世界中的规范，同时也要遵守网络规范。由于互联网的全部内容都来自现实世界，因而网络主体所遵守的网络规范也来源于现实世界，折射着现实世界，影响着现实社会中的人们，凡是在现实社会不能僭越的法律和伦理底线，在网络世界同样不应该逾越。因此，互联网作为一种人们活动的新型工具，它带来的只是行为方式的变化，人们在现实世界中所追求的基本价值，如公平正义、自由平等、公共利益、社会公德和国家安全等仍然是人们在互联网中所应追求的价值。与在现实世界一样，这些基本价值是人们判断"消除数字鸿沟""自由发表信息""网络造谣与传谣""发送不良信息""进入和攻击政府网站"等网络行为方式对社会是否普遍有益或有害的依据。在此基础上，那些符合网络客观规律的网络行为方式只在有维护这些基本价值的前提下，才能够被确立为网络规范，形成诸如"应当消除数字鸿沟的互联网计划""应当自由发帖的论坛规则""不得造谣与传谣的微博行为准则""不得发送不良网络信息的邮件礼仪""不得非法进入和攻击政府网站的网络技术行为准则"等合理的网络规范。因此，合理的网络规范与现实规范都应维护人类的基本价值，对人类基本价值的维护是合理的网络规范形成的必要条件之一。

（二）合理的网络规范与现实规范拥有某些相同的特征

"规范属于社会生活的应然领域"①，它告诉人们应该做什么、不应该做什么以及可以做什么。无论是道德伦理、法律法规、行政规章、组织纪律、风俗习惯，还是技术规则、科学规范、艺术规范、宗教戒律、礼仪礼节等，都属于规范，都是规范的组成部分。互联网出现后，网络法律、网络道德、网络习俗、网络技术规范、网络礼仪等网络规范也随之出现，它们也是规范的组成部分之一。因此，从组成规范总体的各个部分来看，合理的网络规范与现实规范拥有某些相同的特征，即形成的程序是公正的，表达是清楚明白的，内容是不断发展的。

首先，合理规范的形成程序是公正的，能够体现规范适用范围之内所有或大部分成员的意见。规范不是随意制定的，是经过一定的程序来制定的，规范制定程序必须能够体现规范适用范围之内所有或大部分成员的意见，通过这种程序制定的规范，才能被人们所接受和遵守。例如，立法程

① 徐梦秋：《规范通论》，商务印书馆2011年版，第14页。

序就是最典型的规范制定程序，立法程序必须体现法律适用范围之内所有或大部分社会成员的意见。因而，当今时代的法律，无论是现实世界中的法律，还是适用于互联网的网络法律，如美国的《千禧年数字版权法》、中国的《中华人民共和国电子签名法》、英国的《1990 年计算机滥用法》等，通常都是通过一系列的立法程序来制定的。这种立法程序能够在形式上代表所有或大部分社会成员的意见，体现了社会公平和正义。

其次，合理规范的表达是清楚明白的，不是含糊不清、不能被人们所理解的。一项规范只有是清楚明白的，能够被人们完全理解，才能调整和约束人们的行为，才能使人们接受和遵守这项规范，否则规范就失去了调整和约束人们行为的效力性。例如，交通规则是维护公共交通正常运行的基本规范，交通规则对于车辆驾驶员和路上行人而言必须是清楚明白的。在中国车辆红灯停、绿灯行，上行在右侧车道、下行在左侧车道之类的基本交通规则清楚明白地告诉车辆驾驶员在道路上应当如何驾驶车辆。如果交通规则意思含糊不清，驾驶员就可能因为不理解或误解交通规则而导致交通事故的发生。合理的网络规范也必须是清楚明白的，只有这样网络规范才能被网络用户完全了解，才能有效地调整和约束网络主体在互联网中的活动。例如，计算机操作规范是人们使用计算机的基本规范，计算机操作规范对用户而言必须是清楚明白的，否则就可能造成操作失误。如“关闭计算机之前要保存文件”这一网络规范就清楚明白地告诉了网民在关闭电脑之前要保存文件，否则文件就会丢失。如果网络规范的表达含糊不清，意思模糊，网络主体很有可能因为不理解或误解网络规范而造成不必要的损失。

最后，合理规范的内容是随着规范适用条件和适用范围的变化而不断发展的。这里的发展主要是规范内容的增加或删减，但规范的基本功能没有变化。例如，风俗习惯是人们在日常生活中经常遵守的规范，然而，一项风俗习惯的内容却是不断变化发展的。如，中国大部分地区在过春节的时候有燃放烟花爆竹的习俗，然而，随着人们环境保护和安全意识的逐渐提高，近年来这一习俗开始发生变化，人们开始以无烟电子爆竹来取代传统的火药爆竹，或者采取集中燃放的形式来取代单独燃放。因此，燃放烟花爆竹这一传统习俗的内容是随着时间和地点而发生变化的，但这一习俗的基本功能即人们表达对生活美好愿望的目的却没有变化。网络规范的内容也会不断发生变化，尤其是计算技术发展一日千里，新的情况和新的问题不断出现，网络规范绝不能僵化封闭，必须不断增加新内容或删减不符合实际情况的内容，这样才能继续起到调整和约束网络主体行为的作用。例如，早期的微博用户是被允许匿名申请账号和匿名发布信息的，然而，随着微博用户的增加和影响力的扩展，一些不法分子开始利用微博散布谣言和不良信息，微博逐渐成为网络谣言和不良信息的主要传播途径之一。因此，为了打击网络谣言和不良信息的传播，中国的微博服务提供商，如新浪微博就制定了微博实名认证的制度，在网络自由表达规范的内容里加入了网络实名表达的内容。

（三）合理的网络规范与现实规范能够实现某些相同的目的

人们生活的社会中充满了各种规范，这些规范是人类社会合理有序运行的必要条件。合理的规范是“引导人们趋利避害、向善去恶的指示，按照规范的要求去做，才能够在工作和生活中比较顺利地实现自己的愿望，获得相应的物质利益或精神价值，达到快乐和幸福的境界”①。因此，一方面，对于个人来说，合理的规范是达到个人行为目的，实现个人自由的条件。只有采取合乎规范的行为，人们才可能实现自己的目的，满足自己的物质和精神需要；否则就可能无法实现行为目的，或者即使实现了行为目的，也会耗费大量的成本，得不偿失。另一方面，对于社会来说，一些合理的规范也是实现社会有效治理的前提，是维护社会有序运行的必要条件。这些规范通过促成、禁止以及许可的方式指导和调控人们的行为，使得社会成员追求社会所倡导的行为，反对社会所禁止的行为。在此基础上，社会全体或大部分成员的行为才能指向同一个方向，即社会所倡导的方向，进而实现社会的有效治理，否则，社会治理就可能陷入无据可依的无序状态。因此，在现实世界中，合理的规范能够实现主体的行为目的，同时一些合理的规范还能实现社会有效治理的目的。

合理的网络规范也能够实现这两种目的，即网络主体的行为目的与网络社会有效管理的目的。

首先，互联网本质上是一种工具，它改变了人类的行为方式，使人们能够更加高效地行为，可以说“信息技术从形式上改变了人们之间的关系，用瞬时的、非纸化的交流代替人性的接触交往并使之非人格化”②。

---

① 徐梦秋：《规范通论》，商务印书馆 2011 年版，第 35 页。

② ［澳］汤姆·福雷斯特、佩里·莫里森：《计算机伦理学：计算机学中的警示与伦理困境》，陆成译，北京大学出版社 2006 年版，第 10 页。

然而，工具的进步并没有改变行为的性质和目的，网络行为仍属于人类的行为，网络行为的目的也包含于人的行为目的之内。互联网使得人类行为更加高效和便捷，合理的网络规范是人们正确使用互联网实现行为目的的必要条件，人们只有遵守合理的网络规范，他们的行为目的才能更加容易地实现。否则，即使使用了互联网，也会因违背网络规范而导致操作失误或行为成本增加，从而使行为变得低效或失败，导致行为目的无法实现。例如，电子邮件已经成为互联网时代人们交流的一种重要媒介，如果人们不遵守邮件礼仪规范，任意编写，随意转发，就会使邮件的接收者因邮件的编写不规范，以及无法及时处理大量的垃圾邮件而忽视邮件的内容，导致信息交流不畅，增加交流的成本，无法实现邮件本身的交流目的。

其次，互联网也是一种人类活动的场所，人们进入互联网彼此之间构成各种各样的关系，进而形成一个网络社会。麦克卢汉认为，新的交流媒介的出现，使得“空间作为社会安排的主要因素的功能随之结束”[①]。互联网使得传统的空间联系被看不见的网络联系所取代，空间作为基础的人际关系被网络人际关系所取代。“过去，地理位置相近是友谊、合作、游戏和邻里关系的一切基础，而现在的孩子们则完全不受地理的束缚。”[②] 邻里、乡亲、同胞等基于地理概念形成的人际关系逐渐开始消解，这些基于地理概念形成的人际关系被诸如网络好友、论坛成员、游戏玩家等网络人际关系所取代。然而，传统人际关系的消解并不意味着网络人际关系构成的网络社会处于无序状态，网络社会也需要管理。而合理的网络规范就是实现网络社会管理的必要条件，它们能够使得不同的网络主体结成社会所认可或倡导的关系，消除社会所反对的关系，从而使网络人际关系合理有序，实现网络社会的有效管理。例如，QQ 好友是中国网民最普遍的一种好友关系，根据相同的兴趣、职业、价值目标等，不同的网民结成不同的好友关系，形成不同的 QQ 群。然而，那些根据积极向上的兴趣爱好或价值目标形成的 QQ 好友或 QQ 群是我们所提倡和支持的；那些出于不良爱好或目的，甚至犯罪目的而形成的 QQ 好友或 QQ 群却是我们所反对的。因此，通过制定合理的 QQ 注册和

---

① ［加］马歇尔·麦克卢汉：《理解媒介：论人的延伸》，何道宽译，商务印书馆 2003 年版，第 133 页。

② ［美］尼葛洛庞帝：《数字化生存》，胡泳、范海燕译，海南出版社 1996 年版，第 271 页。

管理规范，就能够尽可能地减少那些出于不良目的或爱好的 QQ 群或 QQ 好友，从而实现 QQ 社区的有效管理。因此，合理的网络规范能够确立社会所提倡的网络人际关系，消除社会所反对的网络人际关系，从而实现网络社会的有效管理。

最后，互联网也是一种有助于实现现实社会治理的工具。合理的网络规范能够帮助人们正确使用互联网管理现实社会；同时也能够调整网络主体和现实世界的关系，促进人们的网络行为对现实社会产生积极的影响，消除其对现实社会产生的消极影响，进而维护现实社会的有序运行。首先，互联网以其较快的传播速度、多样便捷的传播形式使得互联网在社会治理方面发挥着巨大的作用。例如，网络议政已经成为当今各国人民参与国家事务，进行社会管理的主要途径之一，“网上沟通、网下解决已经成为业界专家的共识。网络互动亲民和线下实践都是一种重要的为民解忧的社会实践”①。因此，正确使用互联网就成为发挥互联网的社会管理功能的关键，人们只有遵守合理的网络规范，才能够正确地使用互联网管理社会事务，进而实现社会的有效管理。其次，网络主体的网络行为对现实社会也会产生影响，促进网络行为对现实社会的积极影响，消除网络行为对现实社会的消极影响就成为社会管理的主要内容之一，而这正是调整网络主体与现实世界之间关系的网络规范的功能。例如，网络谣言对现实社会的正常秩序有极大的破坏力，一条谣言经过互联网的传播能够使一个社会陷入混乱。因此，为了实现社会的有效管理就要杜绝网络谣言的传播，制定打击网络谣言的网络规范就成为社会管理的前提条件。

二　网络规范与现实规范的区别

（一）规范的主体不同

在现实社会中，制定规范、遵守规范的主体是现实社会中的个人或组织，他们是现实社会中看得见摸得着的物质实体，是立体的、活生生的人或组织；他们生活在物理空间中，时时刻刻都处于时间和空间的限制之中；他们是现实社会中各种社会关系的组成部分，时时刻刻都处于现实规范的调整和约束之下。然而，互联网诞生后，制定规范、遵守规范的主体却发生了变化，尽管他们仍然对应现实社会中实体的人或组织，但是互联

① 张音、于洋：《网络空间不是“独立王国”》，《实践》（党的教育版）2013 年第 4 期。

网却使得他们呈现出不同于现实规范主体的特征，即符号化、虚拟化以及两面性。

首先，网络规范主体的符号化指的是在互联网中交往的个人或组织呈现给对方的是一个ID[①]符号，如电子邮件地址、聊天工具账号、网络论坛用户名、网站地址等，除此之外，他们没有呈现给对方任何符号以外的特征，如相貌、身高、成员、结构等。他们在交往过程中确定对方存在的唯一依据就是对方网络ID的存在，这是因为“人们一旦进入网络便失却了肉身，失却了社会身份，只要拥有一个ID或一个与之对应的密码，就拥有了网络公民的身份证，就可以在网络中工作和生活。当你忘记ID或密码，你在网络中就等于失去了自我，没有ID或密码，你就难以回答‘我是谁’的问题”[②]。因此，在互联网中活动的个人或组织必须确保自己网络ID的存在，否则就无法在网络中活动；同时也要为使用自己的网络ID开展的活动负责，尽量避免自己的网络ID账号被他人使用，否则就要承担不必要的责任。

网络规范主体的符号化存在两个比较突出的问题。一方面，网民或网络组织丢失了自己的网络ID账号或密码。这意味着他们无法使用该ID所代表的网络身份进行活动，同时该网络身份所附带的权利和义务、网络关系以及虚拟财产都随之消失。例如，网络论坛成员的账号随着自己发帖数量和质量的增加，会逐渐升级，级别越高在论坛中拥有的权利越多，如删帖、置顶或审核其他人发表的内容。如果网民丢失了自己的账号或密码，不但无法进入该论坛，而且他的账号所拥有的权利也会随着账号的丢失而丧失。如果他想继续在该论坛活动，就不得不“换马甲”，即再申请一个账号，重新升级。另一方面，网民或网络组织要为使用自己的网络ID开展的网络活动负责。使用某个网络ID开展网络活动的个人或组织不一定是该网络ID的主人，任何一个知道了该网络ID账号和密码的人都可能使用该网络ID。最典型的例子就是网络游戏账号被盗，游戏玩家的游戏账号一旦被盗，不仅该游戏账号所附带的虚拟财产或游戏装备可能完全丢失，而且盗窃者还有可能使用该账号在网络游戏中开展活动，如交易、交

---

① ID是英文Identity的缩写，即身份标识号码，也称为序列号或账号，是某个体系中相对唯一的编码，如身份证号码。网络ID就相当于现实社会中的“身份证”号码，是网络主体在互联网中唯一的编码。

② 李伦：《鼠标下的德性》，江西人民出版社2002年版，第221页。

谈、发布内容等。因此，如果网民发现自己的账号丢失，就应立刻与网络服务商沟通，注销账号或取回密码，甚至还可以报警，以免别人使用自己的账号造成不良影响。

其次，网络规范主体的虚拟化指的是网民或网络组织在互联网中创建的虚拟角色所表现出的特征，他们通常通过这些虚拟角色进行网络活动。网民在互联网中活动时会创造出许多虚拟的角色，如网络游戏中的游戏角色、聊天室中的聊天对象、BBS 中的成员等。这些虚拟角色通常会被网民附加许多他自身所没有的特征，如性别、年龄、职业、爱好、拥有的财富等。你可能会发现，在角色扮演游戏中和你结婚生子的对象可能就是你斤斤计较的邻居，在聊天室中靓丽多姿的少女在现实世界中可能是一个行将就木的老头，在论坛中侃侃而谈的法律专家在现实世界中可能是一个每天忙于家务的家庭主妇，等等。因此，可以说“网络成为规模壮观的假面舞会，上网意味着去参加一场假面舞会”①。在互联网中活动的网民之间可能互不相识，各自通过语言进行交流，凭借文字和语言来感觉对方，而真实身份都被虚拟身份所附加的特征所遮蔽，他们彼此之间呈现给对方的就是自己想要表现给对方的特征，而这些特征有许多是自己添加的；那些不想表现的特征，如个人缺点、真实职业、真正相貌都隐藏在计算机屏幕背后。关于因特网生活的一幅早期的著名漫画画着两条狗坐在计算机旁。一条狗向另一条狗解释说：“因特网伟大的地方是没有人知道你是一条狗。”尽管技术的发展和网速的提升使得通过计算机面对面视频交谈成为可能，但是这种面对面交流也仅仅是消除了性别和相貌等身体方面的虚拟特征，其他诸如职业、爱好、财产等方面的虚拟特征却无法消除。因此，可以说在互联网中，“看到的并不一定是真实的”。

最后，网络规范主体的两面性指的是在互联网中活动的人表现出两种不同的，甚至相互矛盾的人格特征。这是“由于现实空间和网络空间交流的方式和状态不同，社会角色意识也不相同，使得人们在现实空间与网络空间角色转换过程中出现障碍，导致个体自我同一性的分解，形成‘双面人’：现实的人格和虚幻的人格”②。互联网作为一种新的人类活动场所，使得活动在其中的个人或组织的活动状态和活动方式与现实世界大

---

① 李伦：《鼠标下的德性》，江西人民出版社 2002 年版，第 219 页。

② 李伦：《鼠标下的德性》，江西人民出版社 2002 年版，第 224 页。

相径庭，同时他们所扮演的社会角色也发生了巨大的变化。人们在互联网与现实世界中的活动状态、活动方式以及社会角色的巨大差异，可能使得网络主体在互联网中表现出一种与现实世界不同的，甚至相互矛盾的人格特征。例如，许多沉溺于网络游戏的玩家在现实世界可能是一个不重生活细节、性格孤僻、人际关系糟糕、事业失败的人，但是在网络游戏中他们却可能摇身一变成为攻城拔寨的将军、身家亿万的富翁、呼朋唤友的社交达人。可以说，这正是互联网的魅力所在。互联网赋予了一个人在现实世界中所不具有的人格特征，如责任意识、沟通能力、团队协作精神等。互联网使身处网络世界与现实世界的同一个人表现出截然相反的两种性格特征。

同时，互联网也使得网络规范主体在道德层面显示出两面性特征。互联网的特性使得人们能够超越现实世界的一些限制，如地理阻隔、单一身份限制等，使得网络主体能够跨越地理距离，创造多重身份或进行匿名活动。这些特征使得在互联网中活动的个人或组织能够忽视或规避一些道德准则，使自己的行为在互联网和现实世界中表现出一种截然不同，甚至相互矛盾的行为模式。在现实世界中人们所赞颂或批判的行为，在互联网中可能被人们批判或追求，但这不是道德的逆转，归根结底在于网络规范主体自身在道德层面表现出了两面性。例如，“在道德层面，中国网民常常显示出矛盾的双重倾向，即开放性与保守性并存”①。可以说，互联网在道德层面将人们一分为二，但这种分裂绝不是由于道德本身造成的，归根结底是由于人们对网络道德的忽视和规避所造成的。

（二）规范的对象不同

网络规范与现实规范的对象也是不同的。现实规范调整和约束的对象是现实世界中人们的行为，现实行为以物理空间为基础，主体明确，指向对象单一，具有集体导向性。网络规范调整和约束的对象是网络行为，网络行为不同于现实行为，具有超地域性、匿名性、多层次性、去中心化等特征。

首先，所谓超地域性指的是网络行为摆脱了物理空间中的地理位置和空间距离的限制。互联网消除了地理位置和空间距离，它把“巨大的距

① 彭兰：《现阶段中国网民的典型特征》，载王正平《信息网络与文化传播》，上海三联书店 2011 年版，第 137 页。

离和时间的瞬即性彼此结合，既使说话人与听话人相互分离又使他们彼此靠拢”①。彼此交往的网络主体之间感受不到对方的地理位置，彼此之间即使身在千里之外仍感觉近在咫尺，即使面对面仍感觉天各一方；瞬息传达的网络速度也使得彼此交往的网络主体之间几乎感觉不到空间距离的存在，彼此之间即使身在万里之遥仍可以面对面地交谈。可以说，互联网时代的“数字化的生活将越来越不需要仰赖特定的时间和地点，现在甚至连传送‘地点’都开始有了实现的可能”②。因此正如麦克卢汉所言，“在机械时代，我们完成了身体在空间范围内的延伸。今天，经过了一个世纪的电力技术（Electric Technology）发展之后，我们的中枢神经系统又得到了延伸，以至于能拥抱全球。就我们这个行星而言，时间和空间差异已不复存在”③。如果说机械时代的地理大发现使得人类的行为在空间上得到了巨大的延伸，那么电力时代，特别是互联网时代，人们的行为已经超越了物理空间中的地理位置和空间距离的限制，地理位置与空间距离几乎完全消失。

其次，网络行为的匿名性指的是网络行为的主体是可以匿名的，可以不以现实世界中的真实身份在互联网中活动。网络主体之间的关系是通过互联网媒介形成的，通过互联网这种“电子媒介交流使说话者与听话者之间的关系变远，并且摆脱了阅读者或书写者与印刷或手写文本的可感可触的物质性之间的关系，因而它搅乱了主体与主体所传送或接收的符号之间的关系，并以极其新的形式对这一关系重新构建”④。通过互联网这种无形的、不可触及的交往使得人们在互联网中展现给对方的形象更具主观性，这使得人们的网络身份具有许多主观性特征。

一方面，人们能够重构自己的身份，为自己的网络身份增加许多虚拟特征，从而遮蔽自己的真实身份，实现匿名交往。从某种程度上说，网络

---

① ［美］马克·波斯特：《第二媒介时代》，范静哗译，南京大学出版社 2001 年版，第 87 页。

② ［美］尼葛洛庞帝：《数字化生存》，胡泳、范海燕译，海南出版社 1996 年版，第 194 页。

③ ［加］马歇尔·麦克卢汉：《理解媒介：论人的延伸》，何道宽译，商务印书馆 2003 年版，第 20 页。

④ ［美］马克·波斯特：《信息方式：后解构主义与社会语境》，范静哗译，商务印书馆 2000 年版，第 24 页。

行为就是一种戏剧行为，互联网是一个大舞台，网络主体的真实身份就掩盖在面具之下。网络主体在"'网络观众'面前网络交往行为的每一个行为角色（或虚拟角色）可以通过其行为向观众提供关于角色自身的某些形象"[①]，这些展现在"网络观众"面前的形象不一定是真实的，因为网络主体不一定是"本色出演"，他们可能只是戴上了面具，隐匿了自己的真实身份。

另一方面，网络行为的匿名性使得网络主体遮蔽了自身的一些外部特征，如表情、动作、身份、职业、地位等，使得网络主体在行为过程中不受如情景暗示、社会期望、人际关系等外部因素的影响，进而在互联网中展现真实的"自我"。如今，"网络成为潜意识'自我'的宣泄场所，没人知道'我'是谁，我可以将自己的真实身份隐藏起来，用一个面具（虚拟角色）代替自己，尽可以把心灵深处那个不加修饰的'本我'赤裸裸地释放出来"[②]。可以说，互联网已经成为网络主体表达真实自我的媒介。这也使得互联网成为人们表达最真实意见的有效途径，卡内基·梅隆大学的研究者萨拉·克斯勒和她的合作者调查了通过计算机和互联网交流中的社会心理，他们"发现计算机作为交流媒介，取消了情景暗示（比如坐在桌子的一头）、身体语言（点头、皱眉等），还具有匿名性，这改变了在群体决策中的方式，他们对一些计算机讨论和电子邮件的调查表明，用计算机进行决策讨论显示出更多的平等参与和更广泛的讨论范围"[③]。

再次，网络行为的多层次性指的是网络主体的交往互动是跨阶层的、平等的。现实世界中，人们的交往互动往往因知识背景、职业差异、身份地位、财富多寡等因素的不同而形成巨大的鸿沟，不同阶层的人形成不同的交流圈。互联网消除了社会附加在人们身上的外部特征，每一个进入互联网的人都以最真实的自我出现在其他人面前，人们因兴趣和爱好进行交往，结成不同的网络人际关系。可以说，"在网络上，没有金字塔式的社会等级结构，没有高高在上的'沙皇'，日常生活中的身份等级和权力全部失去了它以往的作用，计算机处理和传递信息并不根据传递信息者的社

---

① 张文杰、姜素兰：《论网络交往行为的新特点》，《自然辩证法研究》1998年第10期。

② 张文杰、姜素兰：《论网络交往行为的新特点》，《自然辩证法研究》1998年第10期。

③ ［澳］汤姆·福雷斯特、佩里·莫里森：《计算机伦理学：计算机学中的警示与伦理困境》，陆成译，北京大学出版社2006年版，第74页。

会身份是什么，在网络世界，人与人的平等可以说在一定程度上得到了体现”①。因此，互联网打破了现实世界中的一些不平等因素，形成了一种新的交往形式和新的人际关系模式。“从前，人们的交往更多地受制于血缘和地缘，人们更习惯于‘熟人社会’。在互联网上，不同文化背景、不同肤色和不同语言的陌生人交际模式在网络公民中非常流行，这是一种蕴含着新的文化意义的人际关系模式。”② 人们在互联网中的交往不再拘泥于社会地位、文化背景、财富等因素，这些在现实世界中划分交际范围的标准被互联网打得粉碎，共同的爱好、共同的兴趣等内部因素使不同阶层的人走出自己原来封闭的交际圈，彼此之间交往互动，结成平等的网络人际关系。

最后，所谓网络行为的去中心化指的是网络行为的个体化，即网络行为没有一个统一的控制中心，而是以各个网络主体自身为中心，使得整个互联网中网络主体的行为表现出一种个体化特征。

一方面，现实世界中那种受到集中调控的集体行为很少出现在互联网中，互联网也没有调控网络主体行为的控制中心。这一点从互联网的特点可以看得出来，在互联网中，信息是网络主体交往的媒介，控制了信息就控制了网络主体的行为。然而，互联网中的“信息没有中心储藏所，也没有任何中心”③。互联网中的信息可能就存在于无数个人计算机之中，这就意味着无法通过控制信息控制网络主体的行为。同时，“从技术上来说，如果存在任何中心控制点，它很快会成为限制万维网发展的一种瓶颈，而万维网也就不会成倍地增长。它的‘不受控制’是非常重要的”④。互联网是由无数个子网络联结而成的，每一个并入互联网的网络都是互联网的组成部分，任何人都无法控制互联网。这也符合互联网建立的理念：没有中心，却能相互联结。

另一方面，互联网没有中心，却有无数个终端使人们能够自由进入互联网进行网络活动，而人们一旦进入互联网，“身体已不再有效地限制主

---

① 鲁杰：《网络时代的信息安全》，中原农民出版社 2000 年版，第 17 页。

② 李伦：《鼠标下的德性》，江西人民出版社 2002 年版，第 14 页。

③ ［英］蒂姆·伯纳斯-李、马克·菲谢蒂：《编织万维网》，张宏宇、萧风译，上海译文出版社 1999 年版，第 182 页。

④ ［英］蒂姆·伯纳斯-李、马克·菲谢蒂：《编织万维网》，张宏宇、萧风译，上海译文出版社 1999 年版，第 99 页。

体的位置”①，通过互联网终端设备，每个人的行为可以瞬间延伸到全球互联网的任何一个角落。同时，以信息为媒介的交往方式使得每个网络主体都成为一个独立的信息中心，如一个电台或一份报纸，而“互联网络提供了全球性的交流通道，可以不受任何新闻检查的钳制”②，特别是互联网自媒体平台，如微博、微信、视频网站等的出现更是打破了传统媒体对信息的垄断特权，一个微博“大V”的关注量可能是几百万，甚至上千万，相当于一份报纸，甚至一个电视台的观众数量。可以说，随着全球互联网的兴起，现实世界中的中央集权式的信息控制必将被互联网去中心化的信息传播方式所取代。因此，正是网络行为的这种去中心化特征使得每个网络主体的网络行为的影响能够发挥至最大，甚至能够影响整个互联网，进而对现实世界产生巨大的影响。一定程度上可以说，“传统的中央集权的生活观念将成为明日黄花”③，取而代之的将是无中心的、分散的网络行为。

（三）规范的适用范围不同

现实规范与网络规范的适用范围也是不同的。凯尔森认为，“规范调整人的行为，而人的行为是在时间和空间中发生的，那么，规范也就对一定时间和一定空间是有效力的”④。一项规范并不能调整所有人的一切行为，它们必然是在一定的空间和时间范围内发挥作用，一旦超出其适用范围，规范就可能失去其效力。例如，一国的法律只能调整该国领土范围之内的所有社会成员的行为，一旦超出其国界，就会失去其效力；一项合约只能调整该合约有效期内签约各方的行为，一旦超出其有效期限，就会失去其效力。从行为发生的时间和空间来看，发生在互联网中的行为（如网络聊天、网络游戏等），以及与互联网相关的行为（如软件设计、硬件生产等）都是伴随着互联网的出现而产生的。因此，调整这些行为的网

① ［美］马克·波斯特：《信息方式：后解构主义与社会语境》，范静哗译，商务印书馆2000年版，第25—26页。

② ［美］尼葛洛庞帝：《数字化生存》，胡泳、范海燕译，海南出版社1996年版，第187页。

③ ［美］尼葛洛庞帝：《数字化生存》，胡泳、范海燕译，海南出版社1996年版，第270页。

④ ［奥］凯尔森：《法与国家的一般理论》，沈宗灵译，中国大百科全书出版社1996年版，第45页。

络规范的适用范围就是互联网构成的网络空间，以及现实世界中与互联网相关的一切领域，除此之外，发生在网络空间之外并且与互联网无关的行为，包括在互联网产生之前人们的行为，都在网络规范的适用范围之外。

现实规范调整的对象是某一时间内发生在现实空间的行为，这些行为也包括发生在现实空间但与互联网有关的研发、生产等行为。现实规范所适用的范围就是现实空间，发生于现实空间之外的行为都在现实规范的适用范围之外。尽管有时人们在互联网中的行为，如“利用网络盗窃财产”“利用网络伤害他人”等，似乎也能使用“不得盗窃”“不得伤害他人”之类的现实规范来调整，但是我们认为，人的行为一旦涉及互联网就属于网络行为的范畴，就属于网络规范的调整对象，应当通过“不得利用网络盗窃”“不得利用网络伤害他人”之类的网络规范来调整。因此，可以说，正是因为行为发生的时间和空间的差异，导致网络规范与现实规范的适用范围各不相同。

然而，全球互联网的兴起，使得互联网逐渐渗透到现实世界的各个角落，“数字世界全球化的特质将会逐渐腐蚀过去的边界”[①]，网络世界的扩展将会消解现实世界和网络世界之间的界线。正如美国麻省理工学院的科学社会学教授雪莉·特克尔（Sherry Turkle）所言，“我最能够肯定的是，我们不会被虚拟世界‘吞噬’，也不完全生活在实体世界中，将来要学习的是如何在这两个世界里生活。现在已经可以看到，人类在虚拟世界相会后，会在实体的世界里见面。……今天我们仍处于发展的初期，实体和虚拟世界间的交流将越来越频繁，两个领域的分界会越来越模糊”[②]。随着互联网对现实世界的渗透，现实世界和网络世界之间的界线将逐渐模糊，二者相间的区域将受到现实规范与网络规范的共同影响。这也意味着人们在互联网中的某些行为可能受到现实规范的影响，而现实世界中人们的某些行为也可能受到网络规范的影响。

因此，现实规范与网络规范的适用范围将不再是固定的，随着现实空间与网络空间之间边界的模糊，二者都可以延伸到对方的范围之内，影响对方适用范围之内人们的行为。例如，网络购物已经成为互联网时代的一

---

① ［美］尼葛洛庞帝：《数字化生存》，胡泳、范海燕译，海南出版社 1996 年版，第 279 页。

② ［美］约翰·布洛克曼：《未来英雄》，汪仲、邱家成、韩世芳译，海南出版社 1998 年版，第 301 页。

种新型商业模式，这种新型商业模式将现实世界中的商品实物与互联网紧密地结合在一起。在网络购物过程中，现实世界中商业交易的规范，如诚实守信、公平交易、按时发货、及时付款等都成为调整买卖双方网络交易行为的规范。再如，在中国的互联网中，一些网络用语如，“囧”“高富帅”“白富美”“神马”等备受广大网民的欢迎，许多网民不但在网络中使用这些词语，而且在现实世界中也大量使用。因此，人们想要在现实世界中使用这些网络用语，就不得不遵守这些网络用语的使用规范，否则就会词不达意，进而影响人们在现实世界中的交流行为。

（四）规范的实现方式不同

首先，网络规范相较于现实规范更多地依赖于网络主体的自律。现实世界中人们的行为具有“直接性”特征，即人们的行为是感官可触的，行为的过程和结果是有物质基础的。例如，“尊老爱幼”这一现实规范在现实世界中就表现为诸如“公交车上让座”之类感官可触的现实行为。正因如此，现实世界中人们的行为过程和行为结果才能处于诸如舆论赞扬或谴责、法律鼓励或刑罚、利益获取或丧失之类的外部因素的直接作用之下，进而使得人们遵守规范，按规范行为。因而，现实规范的实现更多地依赖于“他律”。

与现实规范相比，网络规范的实现更多地依赖于网络主体的“自律”。

一方面，人们在互联网中的行为的特性使得舆论赞扬或谴责、法律鼓励或刑罚之类的外部规范力量的作用力减弱，从而更加依赖网络主体的“自律”。与现实行为相比，人们在互联网中的行为具有“间接性”特征，即人们的行为是通过互联网发生的，行为的过程和结果表现为计算机屏幕上的信息符号。尽管互联网已经能够传输影像和声音，但是交往主体显示给对方的影像和声音依然是通过数字符号模拟出来的影像和声音，是间接的、虚拟的，甚至在现有技术条件下，这些影像和声音完全能够改变。例如，“不得利用互联网盗窃或传播他人的隐私”这一网络规范在互联网中就表现为“不攻击他人的计算机系统”“不传播包含他人隐私的信息”之类的网络行为，这些行为的主体隐藏在屏幕之后，行为的过程和结果表现为一串串信息符号，而舆论监督和法律惩罚很难对其起到相应的作用。正因如此，“与传统伦理相比较，信息伦理更为注重以‘慎独’为特征的道德自律。……在以信息技术为基础的现代社会中，由于以数字化的信息为中介，人与人之间的关系便凸显出间接的性质。在这种情况下，正面的道德舆论抨击难以进行，而个体的道德自律成了正常的伦理关系得以维系的主要保障。特别是在互联网中，由于不少网络行为主体的匿名性、面具化，道德舆论的承受对象就更是变得极为模糊，对于道德自律的强调就显得更为重要了”①。

另一方面，网络法律、网络道德、网络礼仪等网络规范形成的滞后，使得网络主体的“自律”在维护互联网合理运行的过程中显得尤为重要。人们在互联网中的行为发生在一个与现实世界完全不同的网络空间中，这使得通行于现实世界的传统规范逐渐出现水土不服的症状，同时调整和约束网络行为的法律、道德、规则等网络规范也尚未形成。在此情况下，人们在互联网中的行为就没有行为规范的调整和约束，从而使得人们只能向内寻求“自我”，凭“良心”行为。但是，当今时代的人们已经习惯了按照法律等外在规范力量来调整自己的行为，越是在这种情况下，人们越是表现出依赖外部力量的趋势，从而越来越放弃了对自我内在的道德追寻，放弃了自己本应有的道德责任，为自己一意孤行的失范行为寻找一个又一个借口，诸如“无法可依”“技术漏洞太多”等。如此下去，互联网必将陷入秩序混乱，因此，在传统规范逐渐失效，网络规范尚未形成或正在形成之时，网络主体的“自律”是维持互联网有序运行的必要条件，是维系网络社会的纽带，否则“网络社会将是一个‘原子’社会”②，身在其中的人们可能陷入无序的状态，最终导致网络社会分崩离析。

其次，网络技术是网络规范的有效手段。相较于现实世界，人们的网络行为大多是在互联网之中进行的，互联网本身的技术属性使得网络技术成为网络规范实现的有效手段。例如，在互联网中，过滤软件的使用能够阻断不良信息的传播，这些软件对于不良信息的传播可以说是一道很难逾越的墙。再如，在计算机中安装过滤软件已经成为许多家长控制儿童浏览成人网站的方法之一，过滤软件能够有效地将包含成人内容的网站屏蔽，将青少年的浏览行为导向健康网站。因此，利用网络技术来调整人们的行为，是互联网天生具有的优势。正是由于网络技术在调控人们行为方面的巨大作用，我们必须重视网络技术的作用，利用网络技术来实现网络

---

① 吕耀怀：《构建数字化生存的伦理空间》，《光明日报》2000 年 8 月 1 日第 3 版。

② 李伦：《鼠标下的德性》，江西人民出版社 2002 年版，第 135 页。

规范。

然而，技术的应用必然会产生积极和消极两个方面的影响，合理的技术和技术的合理使用是实现技术积极作用的关键。正如劳伦斯·莱斯格所言，在互联网中，技术的作用有时超过了法律的作用，由程序员打造的镣铐比起法律来更能限制人们。因而，我们必须正视网络技术的作用，创造合理的网络技术，并且合理使用网络技术，使其在调整网络主体行为的过程中发挥积极的作用，使人们的网络行为合理有序；避免网络技术的不合理应用，减少其消极作用的产生，防止网络技术成为控制人们的手段，使人们失去行为自由。

网络技术是实现网络规范的有效手段，网络技术本身的性质和网络技术的正确使用是关键。我们既要创制合理的网络技术，又要出于合理目的使用网络技术，避免使用不合理的网络技术和网络技术的不合理使用。

一方面，合理的网络技术是网络技术实现网络规范的基础，必须保证网络技术本身的合理性。以互联网中的软件程序为例，所有程序代码都是由程序员编写而成的，程序员的价值选择决定了程序是否合理。例如，编写一个座位分配程序，程序员对某个字母的偏好可能使得以该字母开头的人在分配座位的时候，能够分到更好的位置，而这种分配的不公正仅仅是因为程序员对字母的偏好。因此“曾经由法律保护的公共的善和道德价值现在将被开发或使用代码的人忽视或损害”①。为了避免程序员不合理的价值选择影响程序代码的合理性，在符合客观规律的前提下，程序员必须以公共利益、自由平等、公平公正等人类核心价值为指导，将这些价值嵌入代码的编写过程，从而保证程序的合目的性，这样才能保证程序本身的合理性。

另一方面，网络技术的合理应用是网络规范实现的条件。人们可能出于种种目的来使用一项合理的技术，但是只有出于合理目的使用网络技术，才能保证网络规范的实现，否则反而会影响网络主体的行为自由。例如，许多人认为人在互联网中的行为是匿名的，“上网意味着去参加一场假面舞会”②。但实际上，匿名交往只是一种表面现象，现有的互联网技

---

① ［美］理查德·A. 斯皮内洛：《铁笼，还是乌托邦：网络空间的道德与法律（第二版）》，李伦等译，北京大学出版社 2007 年版，第 4 页。

② 李伦：《鼠标下的德性》，江西人民出版社 2002 年版，第 219 页。

术完全可以记录人们在互联网中的每一次行为。人们访问每一个网页，登录每一个网站都会留下自己的足迹，并且这些足迹将被保存在个人计算机中，供网络管理者随时查看。因此，可以说每个网民对于网络管理者来说都是透明的。互联网的管理者，如网络服务提供商或政府等，如果将这些技术应用于帮助网民保存浏览记录，方便网民下次浏览，那么它发挥的就是积极的作用；如果它被使用于搜集网民的行为习惯和爱好，并将这些资料应用于商业目的或监控网民的行为，网民的隐私就会泄露，网民就会失去行为自由。因此，互联网的管理者在利用网络技术管理互联网的时候，“一定不能屈服于某些诱惑而强加过分的控制。管理者也必须接受最高道德标准的指导，尊重基本的人类价值，如隐私和自由”①。所以自由、隐私等人类核心价值应当成为“网络空间的终极管理者，为个人行为和组织政策划定边界”②。我们应当用这些人类核心价值来保证网络技术的合理使用，从而保证网络规范的实现。

最后，网络舆论监督是网络规范实现的有效途径。网络时代就是“自媒体”的时代。自媒体（We Media）又称公民媒体，指的是，“普通大众经由数字科技强化，与全球知识体系相连之后，一种开始理解普通大众如何提供与分享他们本身的事实、他们本身的新闻的途径”③。互联网为个人提供了发布和传播新闻的渠道和终端。随着移动互联网的发展，普通个人更是能够随时随地通过互联网向公众分享发生在自己身边的事情，表达自己的意见。例如，微博已经成为近几年中国最流行的互联网信息平台，个人可以随时随地通过微博平台发布信息，并且某一微博用户的关注度越高，其影响力越大。“网络上流传这样的话：粉丝数超过 1 万，你就像一本杂志；超过 10 万，你就是一份都市报；超过 100 万，你就是一份全国性报纸；超过 1000 万，你就是电视台。”④ 可以说，只要关注度足够

---

① ［美］理查德·A. 斯皮内洛：《铁笼，还是乌托邦：网络空间的道德与法律（第二版）》，李伦等译，北京大学出版社 2007 年版，第 7 页。

② ［美］理查德·A. 斯皮内洛：《铁笼，还是乌托邦：网络空间的道德与法律（第二版）》，李伦等译，北京大学出版社 2007 年版，第 7 页。

③ 美国新闻学会的媒体中心于 2003 年 7 月出版了由谢因·波曼与克里斯·威理斯两位联合提出的“We Media”（自媒体）研究报告，里面对“We Media”作出了这个十分严谨的定义。

④ 王超：《必须斩断“秦火火”背后的“造谣产业链”》，《中国青年报》2013 年 8 月 23 日第 8 版。

高，“在网络上，每个人都可以是一个没有执照的电视台”①。与传统媒体相比，自媒体受到的限制较小，传播的速度更快，信息发布更及时，在舆论方面的影响力更大。因此，相较于传统媒体，网络媒体在监督网络主体的行为方面，影响力更大，使得网络舆论监督成为约束网络主体行为的有效途径。

正如尼葛洛庞帝所说的，“大一统的大众传媒帝国正逐步瓦解，分割为许许多多的家庭工业”②。传统媒体独霸舆论的状态将被打破，大的传媒集团、政府控制的媒体被迫将舆论领地向个人开放，以微博、微信、视频网站等为代表的自媒体逐渐成为新的舆论高地。“当大众媒介转换成去中心化的传播网络时，发送者变成了接收者、生产者变成了消费者、统治者变成了被统治者。”③ 个人、组织、政府都成为网络舆论监督的对象，过去大型组织以及政府等舆论的控制者也成为被网络舆论监督的对象。特别是在中国，网络舆论监督已经成为反腐败的一个重要渠道，不断有腐败官员如“表哥”“房叔”“天价烟局长”等被广大网民拉下马。《2012 年微博年度报告》指出，“在 2012 年广受关注的 15 起真实的网络反腐案件中，通过微博举报的共有 6 起，占 40%。其余 9 起案件中，微博虽然没有直接充当举报平台，但是其产生的巨大转发量，对案情的推动也产生了不可忽视的作用”④。也许微博不是侦破案件的关键，但是微博用户对案件的关注却推动了案件的向前发展。正如马克·波斯特所言，“语言的高效率传输这一简单实用的优点，只是因为速度的提高而变成了一种新的社会现象，确如量变‘辩证地’转化成了质变”⑤。正是由于微博巨大的关注度和转发量，才使得事件发生了“质变”，得到了迅速的解决。对于网络主体而言，他们的行为随时随地都处于网络舆论的监督之下，他们在现实世界或互联网中的失范行为一经网络曝光，就会陷入网络舆论的“聚光

① ［美］尼葛洛庞帝：《数字化生存》，胡泳、范海燕译，海南出版社 1996 年版，第 205 页。

② ［美］尼葛洛庞帝：《数字化生存》，胡泳、范海燕译，海南出版社 1996 年版，第 74 页。

③ ［美］马克·波斯特：《第二媒介时代》，范静哗译，南京大学出版社 2001 年版，第 45 页。

④ 周凯：《微博反腐已进入“剥洋葱”式深度挖掘时代》，《中国青年报》2013 年 1 月 4 日第 3 版。

⑤ ［美］马克·波斯特：《信息方式：后解构主义与社会语境》，范静哗译，商务印书馆 2000 年版，第 11 页。

灯”之下，他们将承受巨大的舆论压力，这种压力将迫使他们改正自己的行为，或接受惩罚。因此，网络舆论监督对网络主体的行为具有巨大的约束力，是网络规范实现的有效途径。

然而，需要引起人们注意的是，网络舆论是一把双刃剑，在有效地实现监督作用的同时，也有被操纵的危险。一些人利用网络行为的特点操纵网络舆论借以达到不可告人的目的，这方面的例子在当前的中国网络舆论环境中时有出现，不仅损害了广大网民的利益，也破坏了社会的正常秩序。中国网民的行为表现出三种特点：一是“解构性”行为容易产生轰动效应，二是暴力行为容易被激发，三是群体感染性强。[①] 首先，“解构性”行为主要表现为对传统观念的颠覆，对传统观念的颠覆更加吸引人们的注意力。如“芙蓉姐姐”“凤姐”等网络事件和人物就通过对传统观念的颠覆来吸引人们的注意力，达到营造轰动效应的目的。网络事件背后的网络推手正是利用人们对“解构性”行为的关注，人为地制造了众多的网络事件，吸引人们的眼球，达到他们推动网络人物“走红”的目的。其次，网络暴力行为主要表现为语言暴力。这种暴力主要发生在网络论坛或公共信息平台上，人们经常对与自己观点相悖的人进行不假思索的语言攻击，并且这种攻击往往不是针对观点本身，而是人身攻击。例如，许多网络推手利用网络暴力行为容易被激发的特点，受雇于不法企业或个人，在网络上散布对手的不实信息，引导网民攻击某个企业或个人，达到打压对手的目的。最后，网络行为的群体感染性强主要是指网民的行为容易出现“一面倒”的现象，异议和理性的声音往往被淹没在网民非理性的集体声讨之中。“生活在网络世界的人，容易把网络声音当成‘多数民意’。”[②] 人们对网络事件的态度往往受到他人观点的影响，以为大多数人的意见就是正确的意见。然而，网络声音是容易受到引导和操纵的，例如，网络水军就是专门靠发帖引导舆论关注的一群人，他们人数众多，在经济利益的刺激下，不顾事实真相将网络舆论引向有利于雇主的方向。综上所述，网络舆论是容易受到操纵的，人们在通过互联网表达自己意见的同时，也要相信自己的理性判断，不能人云亦云。人们“一旦拱手将自己的感官和神经系统交给别人，让人家操纵——而这些人又想靠租用我们

---

① 彭兰：《现阶段中国网民的典型特征》，载王正平《信息网络与文化传播》，上海三联书店 2011 年版，第 127—132 页。

② 曹林：《别在被放大的网络舆情中误读中国》，《中国青年报》2013 年 5 月 3 日第 2 版。

的眼睛、耳朵和神经从中渔利，我们实际上就没有留下任何权利了”①。

第三节 网络规范的特征

一 网络规范由网络主体自己制定

现实规范都是由现实世界中的人或组织制定的，与现实规范不同，网络规范是由网络主体自己制定形成的，是由那些活动在互联网中或与互联网相关的人或组织制定出来的。这主要表现在两个方面。

一方面，网络规范是由了解互联网发展规律、与互联网紧密相关的人或组织制定的，那些不了解互联网运行规律、发展趋势的“外行”不可能制定出维护互联网合理运行，符合互联网发展规律的网络规范。网络规范应当由掌握互联网运行规律的网络主体来制定，否则制定出的网络规范就可能不符合互联网的发展规律，不具有可行性。例如，无线网络是互联网发展的趋势，因此在制定互联网发展规划的时候，必须将发展无线网络作为互联网发展的重要内容。所以互联网发展规划必须是由掌握或了解互联网发展趋势的人或组织，如互联网技术专家、互联网管理和经营者、万维网联盟（W3C）、国际电信联盟（ITU）以及中国互联网络信息中心（CNNIC）等制定的，这些个人或组织了解互联网的发展趋势，能够将发展无线网络作为互联网发展的重要内容。否则，如果将互联网发展规划交由不了解互联网发展趋势的人或组织来制定，就可能违背互联网发展的规律与趋势，制定出不符合互联网发展规律的网络规范，使其不具有可行性，导致一个国家或网络企业在互联网时代落伍。再如，网络法律的制定也是由了解和掌握互联网发展和运行规律的人或组织，如网络技术专家、网络行业组织、互联网管理机构等制定和提交并通过国家立法机构审议通过的，而不是依据那些不了解和掌握互联网运行和发展规律以及与互联网无关的人或组织，如传统行业中的、没有进入互联网中活动的人和组织来制定和提交，他们制定和提交的网络法律不可能符合互联网的运行和发展

① ［加］马歇尔·麦克卢汉：《理解媒介：论人的延伸》，何道宽译，商务印书馆 2003 年版，第 5 页。

规律，不可能具有可行性，即使被立法机构审议通过也将成为一种不合理的网络法律。

另一方面，网络规范是由网络主体自己制定的，人们不应将制定网络规范的主动权交到那些没有进入互联网或与互联网无关的人或组织手中，否则他们制定出的网络规范可能无法维护全体或大多数网络主体的利益，不能被其适用范围内的人们所认可和接受，不具有可接受性。因此，网络主体自身才是互联网的主人，每一个与互联网有关的或在互联网中活动的人或组织才是网络规范的制定者，只有他们自己制定的网络规范才可能维护他们自身的利益。例如，腾讯公司的微信是拥有数亿用户的网络通信软件，微信以其低廉的通信成本和多样的通信方式受到广大网民的喜爱，但由于其对传统的移动通信方式造成了很大的冲击，使得移动运营商和网络运营商曾一度探讨对用户使用微信收取费用，这引起了广大网民和腾讯公司的强烈反对。我们知道，互联网比现实世界更高效，这也是人们选择互联网的最大理由，如果对微信等互联网通信软件的用户收费，那就将这些网络通信软件降低到与现实世界中的通信方式相同的水平，这样也就抹杀了网络通信软件的高效性特征。因此，关于微信这类网络通信软件的使用和管理规范必须由其用户和经营者制定，而不应由现实世界中的移动运营商和网络运营商来制定，他们制定的微信收费规范也不可能被广大用户所认可和接受，不可能具有可接受性。再如，为了更好地规范搜索引擎服务行业，2012 年 11 月 1 日，百度、即刻搜索、盘古搜索、360、盛大文学、搜狗、腾讯、网易、新浪、宜搜、易查无限、中搜 12 家搜索引擎服务提供商共同签署了《互联网搜索引擎服务自律公约》，该公约就是规范中国互联网搜索引擎行业，明确各方权利和义务，约束各方行为的行业自律规范。若该规范的制定交由其他行业或与互联网无关的人或组织来制定，可能就无法保证搜索引擎行业各方的利益，不能被搜索行业的从业成员以及广大网民所认可和接受，不具有可接受性，进而影响网络搜索行业的发展。因此，在互联网中“每一个人都既是参与者，又是组织者；或者说既是演员，又是导演。也正因为网络是人们自主自愿建立起来的，人们必须自己确定自己干什么、怎么干，自发地‘自己对自己负责’‘自己为自己做主’‘自己管理自己’，自觉地做网络的主人”①。

① 孙伟平、贾旭东：《关于“网络社会”的道德思考》，《哲学研究》1998 年第 8 期。

二 网络规范以道德舆论为主要支撑

互联网营造了一个全新的人类交往环境。在互联网中，人们的交往环境从熟人社会变成陌生人社会；同时互联网也使人们的行为突破了地理环境的制约，使人们的交往形式从直接接触变为间接接触。因此，网络行为在一定程度上说是“匿名行为”，这种“匿名性”使得某些外部强制力量，如法律、政策等的强制力在互联网中逐渐失去了作用。在这种更少人干预、过问、管理和控制的交往环境中，互联网逐渐表现出一种相较于现实世界更加自由的特征。甚至很多早期的互联网先行者，如电子前线基金的创始人之一，发表了《网络空间独立宣言》的约翰·P. 巴洛就认为互联网是一个完全自由的空间，人们在其中自由活动，不受任何外在强制因素的约束。尽管我们认为巴洛的“自由空间”有些理想化，但是不可否认，人们在互联网中的行为确实少了一些外部强制力量的约束，互联网确实呈现出一种“自由空间”的特质。

然而，“规范是调控人们行为的、由某种精神力量或物质力量来支持的、具有不同程度之普适性的指示或指示系统”①。在互联网这种“自由空间”中，在失去了一些外部强制力量支撑的情况下，想要使网络规范具有实效性，能够有效地发挥调整和约束人们网络行为的作用，使人们的网络行为合理有序，那么只能将道德舆论作为支撑网络规范的主要力量，依靠道德舆论的精神力量来支撑网络规范以调整和约束人们的网络行为，从而维护互联网的有序运行。例如，在现实世界中，盗版行为是版权和专利权法禁止的行为，盗版行为一旦被查处，严重者可能有牢狱之灾。因此，在现实世界中，法律的强制力量是版权和专利权法的主要支撑。然而，互联网的出现却使得网络盗版行为呈现出直线上升的势头，盗版软件、盗版文学作品、盗版音乐等充斥着互联网。这主要就是由于人们的网络行为具有“匿名性”，如不断有人将 Windows 操作系统软件破解后匿名发布在互联网中，供人们下载安装，即使微软公司发现产品被盗版也根本发现不了谁在盗版，谁在传播，只有望洋兴叹。因此，以法律强制力量为支撑的网络版权和专利权法在互联网中的实效性就被削弱了。在此情况下，唯有依赖那些以道德舆论力量为支撑的网络版权和专利权制度，利用

① 徐梦秋：《规范通论》，商务印书馆 2011 年版，第 15 页。

道德舆论谴责和教育盗版者和盗版产品使用者，使其认识到盗版行为的危害，即软件盗版会导致互联网创新停滞，危害互联网的发展，从而自觉地减少盗版行为或不下载安装盗版软件，逐渐杜绝网络盗版行为。

因此，在互联网中，尽管外部强制因素较少，但这并不意味着人们在互联网中的行为失去了控制，毫无约束。道德舆论的精神力量将成为网络规范的主要支撑，通过道德舆论的教化与监督，可以使网络主体的行为逐渐从外部约束和强制的他律状态逐渐转向自我约束、自我管理的自律状态。所以，在外部强制和他律因素失效的网络社会，或许最初人们还不太适应，然而“这种社会必将是人们的主体意识，特别是权利、责任与义务意识逐步觉醒的社会，一个主体的意志与品格得到更充分锤炼的社会，一个真正的道德主体地位得以确立的社会，一个人们自主自愿进行活动和管理的社会”①。

三　网络规范以维护互联网的高效率为基本价值取向之一

互联网的魅力之一就在于大大地提升了人们的行为效率，降低了行为的成本，而这也是互联网在短时间内覆盖全球的原因。从互联网的产生过程来看，它一开始是用于军事领域的，随着它在通信方面的优势逐渐显现，才逐渐被应用于商业领域，而商用互联网的出现标志着互联网的真正兴起，商用互联网的出现使得互联网得以在社会其他领域内应用和渗透。通过互联网，人们可以更高效、更快捷地实现现实世界中的一些行为目的，并且随着互联网功能的不断完善与增加，现实世界中越来越多的行为都能通过互联网高效地、快捷地完成。可以说，互联网的高效率特征是互联网优于现实世界的最大特点。例如，网络即时通信软件，如 MSN、QQ 等的出现提升了人们的通信效率；网络搜索引擎技术和网站，如 Yahoo、Google、百度等的出现提升了人们检索和搜集资料的效率；网络信息交流平台，如 BBS、博客、微博等的出现提升了人们信息交流与获取的效率；以 C2C、C2B、B2B 等交易模式为主的网络商城或网络交易平台的不断出现提升了商品交易活动的效率；网络交友网站，如 Facebook、人人网、开心网等的出现提升了人们交往活动的效率；甚至还出现了 Google 地图、百度地图等将 GPS 技术与互联网结合在一起的网络应用，以提升人们对

① 孙伟平、贾旭东：《关于“网络社会”的道德思考》，《哲学研究》1998 年第 8 期。

地理位置定位、路线查询等方面的效率。

因此，那些能够指导和约束人们网络行为，维护互联网合理运行的网络规范必须维护互联网的高效率特征，把维护互联网的高效率特征作为基本价值取向之一，否则就会限制或阻碍互联网的高效率特征，使得人们无法高效地实现行为目的，造成互联网用户不断流失，最终将影响互联网的发展。例如，互联网为人们提供了一种更高效、更方便的交流途径，使得人们通过互联网可以结识更多的朋友，使人们随时随地可以与身在异地的朋友进行交流。因此，一些网络交友网站，如微信等的管理规范就要维护网络交友的这种高效率特征，如允许所有人注册这些网站，允许人们随时随地进入这些网站活动，允许人们通过这些交友网站结识不同的朋友，允许朋友之间通过视频或文字交流，以及允许朋友之间相互关注对方的动态，这样才能维护网络交友的高效特征，使得网民的交友范围更加广泛，使网友之间的交流更加方便和快捷。再如，互联网为人们提供了一种高效快捷的表达意见和发表内容的途径，使人们能够避免现实世界中的内容审查、发表渠道少等方面的限制，使人们能够在互联网中畅所欲言，并且可以将他们的意见传播到整个互联网世界。因此，一些网络信息平台，如博客、BBS、微博等的管理规范就必须维护互联网信息发布和传播的高效特征，如允许所有人注册和进入网站，允许所有人发表内容和表达意见，允许其他网民阅读和转载网民发布的信息内容，不得随意删除和修改人们发表的内容，等等，只有这样才能维护网络发表内容的高效特征，使得人们表达意见和发表内容更加方便快捷。因此，作为调整和约束人们网络行为的网络规范，必须将维护互联网的高效率特征作为基本的价值取向，只有这样才能使人们更好地使用和选择互联网这种高效率、低成本的工具，才能将更多的人吸引到互联网中，促进互联网的发展，否则只能降低互联网的效率，使互联网失去其魅力，将更多的人挡在互联网之外，阻碍互联网的发展。

四 网络规范具有开放性

首先，网络规范应当具有开放性，这样才能维护互联网的开放性特征。互联网自诞生之日起就是一个开放的平台，任何人或组织都能随时随地进入互联网开展活动，享受互联网带来的快捷方便。正如尼葛洛庞帝所言，“数字化生存所以能让我们的未来不同于现在，完全是因为它容易进入、具备流动性以及引发变迁的能力”①。互联网设计的初衷就是提供一个面向所有人的信息交流空间，不同国家、地区、民族、宗教信仰的人们都通过互联网联系和沟通；同时随着互联网在人类生活中的应用不断扩展，互联网逐渐渗透到人类生活的各个领域、各个行业，不同职业、爱好、知识背景、生活方式的人们都通过互联网交往和互动。因此，对于所有网络主体而言，互联网是开放的。

因此，为了使所有人都能自由地进入互联网开展活动，维护所有人使用互联网的权利，网络规范必须具有开放性，这样才能够包容人们各式各样的利益追求和价值选择，既降低了人们进入互联网的门槛，又符合全体或大部分网络主体的利益。比如，一项互联网政策必须能够满足所有人使用互联网的需求，应当以消除“数字鸿沟”为目的，保证低收入人群和发展中国家人民也能够享受信息时代的福利；而不应当只维护高收入人群和发达国家人民的利益，将世界上大部分人口挡在互联网之外。此外，作为互联网基础的网络技术规范是最典型的开放性规范，网络技术规范必须保证所有用户都能使用计算机和互联网，而不遭受技术垄断和技术歧视。以计算机操作系统的技术规范为例，计算机操作系统技术规范应当保证一个计算机操作系统能够满足不同语言国家的网络主体的语言习惯，保证其具有不同语言版本的操作系统，而不能只开发适合某种语言的版本，否则必然会限制其他语言国家网络主体的使用；同时也要保证操作系统能够兼容不同的软件，不对某项软件封闭，禁止其安装使用。

其次，合理的网络规范应当具有开放性，这样才能包容传统规范，使互联网的应用与传统规范结合起来。互联网作为工具的使用，使得互联网的应用覆盖了人类生活的各个部分，使得人们传统的生产方式、生活方式发生了巨大的变革。然而，互联网的兴起过程相较于人们传统的生产和生活方式的形成只是很短的一段时间。因此互联网远没有发展到完全改变人们传统生产和生活方式的程度，更多地表现为传统生产和生活方式与互联网的结合，形成各种各样新的生产方式、生活方式以及新的行业。例如，互联网在传媒行业的应用，形成了网络传媒；互联网在商业领域的应用，形成了电子商务；互联网在教育行业的应用，形成了网络教育；等等。对

---

① ［美］尼葛洛庞帝：《数字化生存》，胡泳、范海燕译，海南出版社 1996 年版，第 271 页。

于这些传统的生产和生活领域而言，互联网本身并没有与其割裂，随着互联网的发展，互联网的应用必将覆盖人类生产和生活的每一领域。

互联网在传统生产和生活领域的应用逐渐扩大，使得传统的生产和生活方式发生了巨大的变革。然而，传统生产和生活方式的变革并不意味着传统规范的失效。相较于新的生产方式和生活方式，在传统的生产和生活领域早就形成了一套行之有效的规范，而这些传统的规范并不一定随着生产和生活方式的变革而失效。随着互联网在这些领域的应用，这些传统的规范必将继续指导人们在新的生产、生活领域的行为。因此，网络规范必须是开放的，这样才能够与传统的规范相互包容，使其与互联网的应用更好地结合起来，能够更好地调整和约束人们在新的生产、生活领域的行为。例如，网络传媒行业的行为规范应当包括诚实报道、立场中立等传统媒体行业的行为规范；网络电子商务行业的行为规范应当包括诚实守信、公平买卖等传统商业交易规范；网络教育行业的行为规范应当包括尊师重道、达者为先的传统教育规范。

第二章　网络规范的功能、类型与意义

当今时代，互联网的发展日新月异，人们在互联网生活中面临的问题层出不穷。网络规范是人们网络行为的调控机制，是包含了众多类型网络规范的规范系统，网络道德、网络法律、网络政策、网络技术规范、网络风俗习惯、网络礼仪、网络职业规范，以及各种网络机构和组织内部的规章制度等都包含其中。不同类型的网络规范具有不同的性质和功能，但同时又具有一些共同的性质和功能。如今，互联网已经成为人们生活中不可或缺的一部分，对于不同的网络主体而言，构建不同类型的网络规范是规范、引导和判断他们的行为，保护和实现他们在互联网生活中的合法权利，促进互联网创新发展的必要条件。因此，揭示各种网络规范的共同功能及各自的具体功能，阐述它们对人类网络生活的作用和意义，有着重要的理论价值和实践价值。

第一节　网络规范的功能

网络规范是保证人们的网络行为合理有序和互联网健康运行的必要条件。网络规范的规范功能指的是网络规范能够指导人们的网络行为，为人们的网络行为提供评价标准，为预测人们的网络行为提供依据，引导网络创新与网络风气。除了基本的规范功能外，网络规范还具有保护功能，既能够保护网络主体的权利和义务，也能够保护互联网的安全、健康和可持续发展。

一　规范功能

规范是调整和约束人们行为的必要条件，规范告诉人们“如何行为”

（如，车辆红灯停、绿灯行）、“什么样的行为是不正确的”（如，公共场合大声喧哗）、“将要发生什么样的行为”（如，损毁公私财物要赔偿）。因此，“规范的基本功能有三：一是指导行为，二是评价行为，三是为行为预测提供依据”①。网络规范也属于规范的一种，因而也具有规范的基本功能，即指导网络行为、评价网络行为、预测网络行为，在以上三个基本功能的基础上，网络规范还能够进一步引导网络创新与网络风气。

（一）指导网络行为的功能

网络规范的基本功能之一是指导网络主体的网络行为，调整网络主体之间的各种关系，维护网络行为合理有序和互联网健康发展，为人们在互联网中的生存与生活服务。网络规范告诉网络主体“应该做什么”（如，应该保护个人信息安全）、“不应该做什么”（如，不应该传播网络谣言）、“可以做什么”（如，可以匿名发布内容）。当人们面临多种行为可能性的时候，网络规范指导网络主体选择或拒绝某种行为，这种行为是网络规范所期待、反对和许可的行为，从而为网络主体提供一种行为模式。因此，网络规范的指导功能就是指导网络主体选择行为模式的功能。网络规范提供了三种不同行为背景下的行为模式，网络主体在此三种行为情境下只要选择相应的行为模式，他们的行为就能既符合互联网运行的基本规律，又符合网络主体的行为目的，达到合规律性与合目的性的统一，而行为“合规律性与合目的性的统一就是自由，所以遵守一定的规范是进入自由境界的门户”②。

首先，当网络规范期待某种网络行为时，网络主体应当遵守网络规范的指导，主动促进这种行为的实现。例如，网络购物已经成为一种时尚，人们上网购物的时候，网络电子商城的交易规范期待网络交易各方都能诚实守信，卖家应该诚实经营，买家应该及时付款，第三方交易中介应该维护双方的信息与财产安全。因此，对于网络交易各方来说，他们想要实现自己的行为目的，就必须遵守网络交易规范，做出网络交易规范期待的行为，卖家保证产品质量，及时发货；买家及时付款，诚实点评；第三方交易中介保持中立，不泄露买卖双方的个人信息。一旦网络交易各方没有做出网络交易规范所期待的行为，即没有遵守网络规范，或者网络商家产品

① 徐梦秋：《规范通论》，商务印书馆 2011 年版，第 55 页。

② 徐梦秋：《规范通论》，商务印书馆 2011 年版，第 34 页。

质量差、没有及时发货，或者买家不及时付款、不诚实点评，或者第三方交易中介泄露商家或消费者的个人信息，这些都将使得网络交易无法完成，即使完成了，也成了“一锤子买卖”，或者光顾网络商家的消费者逐渐减少，或者网络消费者信用降低，或者第三方交易中介的使用者逐渐减少。因此，如果网络交易规范所期待的行为没有实现，会影响网络主体行为目的的实现，网络商家利润减少，甚至亏本；消费者买不到自己想要的产品；第三方交易中介失去客户。

其次，当网络规范反对某种行为的时候，网络主体应当遵守网络规范，主动选择拒绝这种行为的施行。例如，网络主体在 BBS 中发帖时，BBS 管理规范反对 BBS 用户发布不良信息。因此，对于 BBS 用户来说，想要实现自己发帖的目的，就要遵守 BBS 管理规范，避免出现 BBS 管理规范所反对的行为，即不发布不良信息。一旦 BBS 用户施行了 BBS 管理规范所反对的行为，在 BBS 中发布了淫秽色情信息、网络谣言等不良信息，必将破坏 BBS 的信息环境，引起其他用户的反感，导致用户之间的语言攻击，进而导致 BBS 秩序混乱。因此，如果网络主体选择施行 BBS 管理规范所反对的行为，不遵守 BBS 管理规范，不但会导致 BBS 用户无法实现自己的交流目的，而且会破坏 BBS 的交流环境，影响其他用户的交流目的的实现。

最后，当网络规范对某项行为既不支持也不反对的时候，网络规范就将是否遵守网络规范的主动权交给了网络主体，网络主体应当认真分析自己的实际情况，结合自己的实际情况，做出是否遵守网络规范的决定，选择施行或不施行某项网络行为。在这种情况下，网络主体是否遵守网络规范取决于网络主体的行为目的。例如，网络聊天是广大网民喜欢的网络交流方式，网络规范并没有规定网络聊天的双方必须以真实身份与对方交流，人们既可以告知对方自己的真实身份，以取得对方的信任，也可以隐藏自己的真实身份与对方匿名交流。因此，对于网络聊天者而言，如果他们想要通过网络聊天结识不同的人，并且与对方交朋友，甚至进行网恋，那么他们就要选择向对方公开自己的真实身份，否则不可能取得对方的信任，更谈不上网恋。如果他们只是想通过网络聊天一吐心声，发泄一下自己在工作和生活中的压力，或者分享一下自己的快乐，那么他们就没有必要向对方公开身份，而且在某种情况下，匿名交流更容易使网络聊天的双方放开自我，不受现实世界中身份、性别、职业等外部特征的约束。因此，对于网络聊天者来说，他们是否遵守匿名交往的网络规范，完全取决于他们自己的交往目的。

（二）评价网络行为的功能

网络规范还具有评价网络行为的基本功能，它能够为网络行为提供评价标准。“作为人们行为指导的规范在人们的行为过程中和行为完成之后，会转化为评价行为及其结果的标准。”① 例如，计算机硬件生产商必须遵守的技术规范（如，计算机的USB接口通常是4针接口），在计算机质检员的工作中就变成了产品合格与否的标准；网络用户发布信息必须遵守的法律规范（如，中国法律规定“同一诽谤信息实际被点击、浏览次数达到五千次以上，或者被转发次数达到五百次以上的”，应当认定为诽谤行为“情节严重”），在法庭上就成为发布诽谤信息者的量刑标准；网民在交流的时候应遵守的网络礼仪（如，发送电子邮件时应当格式规范，行文简洁），就是评价网民是否礼貌交往的标准；网民在交往的时候应遵守的道德规范（如，不应传播或偷窥别人的隐私），就是网民行为的道德评价标准。

网络行为的评价有两种。一种是网络规范适用范围内对网络行为的评价，网络规范受到了行为者和评价者的共同认可，根据此类规范的评价所达成的共识较容易实现。例如，不同的网络游戏具有不同的游戏规范，某一游戏的游戏规范（如，升级模式、虚拟物品交易规则）是该游戏的所有玩家都认可的，因而它就是该游戏所有玩家的游戏行为评价标准。另一种是某一网络规范适用范围之外的人依据其他规范对网络行为的评价，这种“作为‘圈外人’的评价者把行为者所不认同的规范作为评价标准来指指点点。由于评价的根据不同，评价者和行为者要达成一致殊为不易”②。从对网络行为的评价来看，这种“圈外人的指点”有两个方面。一方面，人们用其他网络规范来评价某一网络规范适用范围之内网络主体的行为。例如，不同网站的管理规范是不同的，有些网站要求收费下载资源；有些网站下载资源则是免费的，网民可以在其中自由下载使用其资源。如果网民用收费网站的规范来评价免费下载资源的网民的行为，就会引起争论。另一方面，人们通常会用现实世界的规范来评价网民的网络行

① 徐梦秋：《规范通论》，商务印书馆2011年版，第57页。

② 徐梦秋：《规范通论》，商务印书馆2011年版，第57页。

为。例如，网络交友或网恋已经成为互联网时代网民之间交友的一种新形式，与传统的交友方式相比，网络交友具有一定的虚幻性。如果以现实世界中的规范来评价网络交友或网恋，必然会得出网络交友或网恋不真实，没有结果或可能导致对某一方的危害等评价。但是，我们不能过于强调差异。不同网络规范之间、现实规范与网络规范之间虽然存在差异，但是我们在评价某种网络行为的时候，应当站在更高的高度上，承认不同规范之间的共性。我们要坚信普世伦理或道德金规的存在，因为不同的网络规范与现实规范具有共同的价值目标，如公共利益、国家安全、自由公平等，在此高度上，对网络行为的评价就容易达成共识。例如，站在维护个人行为自由的高度来评价“网恋”，只要尽量避免社会经验少和识别能力不强的未成年人“网恋”，“网恋”这一网络交友方式就容易在评价者和行为者之间达成共识。

(三) 预测网络行为的功能

网络规范的预测功能能够为预测网络行为提供相应的依据，“规范具有普适性，而普适性的含义就是普遍的适用性和普遍的有效性。规范的普遍有效性是以相关范围内社会成员的普遍遵守为前提的”①。如果一项网络规范具有普遍有效性，那么在其适用范围内，所有网络主体的行为都应按照该网络规范规定的要求去做，因而根据该网络规范，人们就能够预测该网络规范使用范围之内所有网络主体将要进行的行为活动。例如，在网络交易中，消费者在收到货物之前将货款打给第三方支付中介，是因为消费者相信第三方支付中介会按照其行为规范来活动，能够预测到第三方支付中介会担保交易的完成，保证他们的财产安全；人们之所以按时向网络运营商缴纳网费，是因为根据网络运营商的行为规范能够预测到它们可以及时为缴纳网费的人们提供网络接入服务。因此，网络规范规定了遵守网络规范所达到的结果和违反网络规范所应遭受的惩罚，出于趋利避害的本性，人们深信网络主体遵守网络规范是常态，所以人们才根据网络规范来预测并期待某种网络行为的发生或避免。

网络规范的预测功能是一种事前判断或预防，这种预测包括两种，一是判断网络行为的发生，二是预防网络行为的发生。首先，网络规范规定了网络行为发生的条件，根据这些条件，人们可以预测将要发生的行为。

---

① 徐梦秋：《规范通论》，商务印书馆 2011 年版，第 58 页。

例如，《互联网域名管理办法》第十二条："申请设立域名注册服务机构的，应当具备以下条件：（一）在境内设置域名注册服务系统、注册数据库和相应的域名解析系统；（二）是依法设立的法人，该法人及其主要出资者、主要经营管理人员具有良好的信用记录；（三）具有与从事域名注册服务相适应的场地、资金和专业人员以及符合电信管理机构要求的信息管理系统；（四）具有进行真实身份信息核验和用户个人信息保护的能力、提供长期服务的能力及健全的服务退出机制；（五）具有健全的域名注册服务管理制度和对域名注册代理机构的监督机制；（六）具有健全的网络与信息安全保障措施，包括管理人员、网络与信息安全管理制度、应急处置预案和相关技术、管理措施等；（七）法律、行政法规规定的其他条件。"网络主体想要从事域名注册服务活动，就必须满足上述网络规范规定的条件。因此，根据以上七个条件，他人或网络主体自身就能预测从事域名注册服务活动将要实施的网络行为。其次，网络规范规定了违反网络规范的行为所应接受的惩罚，人们为了避免惩罚就应当预防这种网络行为的发生。例如，中国《互联网信息服务管理办法》第十九条："违反本办法的规定，未取得经营许可证，擅自从事经营性互联网信息服务，或者超出许可的项目提供服务的，由省、自治区、直辖市电信管理机构责令限期改正，有违法所得的，没收违法所得，处违法所得 3 倍以上 5 倍以下的罚款；没有违法所得或者违法所得不足 5 万元的，处 10 万元以上 100 万元以下的罚款；情节严重的，责令关闭网站。"该办法规定了网络主体违反其规定所承受的处罚，因而网络主体想要从事互联网信息服务，就要预防自己的行为违反该办法的规定。根据这些处罚，他人或网络主体自身就能够预测到网络主体的行为将避免未取得经营许可证就擅自从事互联网信息服务，或提供超出许可的项目服务，否则将受到严重的惩罚。

另外，网络规范具有预测网络行为的功能，但"行为规范只是影响行为的一种因素，影响人们行为的其他因素还有许多"①。因此网络规范只是网络行为发生的一个条件，人们并不能只根据网络规范就准确预测网络行为，只有在网络主体遵守网络规范的前提下，才能够预测其行为。然而，在实际网络生活中，网络主体不遵守网络规范的情况时有发生，在这种情况下人们就无法预测行为的发生。这种情况的发生主要有两方面原因。一

---

① 徐梦秋：《规范通论》，商务印书馆 2011 年版，第 58 页。

方面，网络规范不具有普遍有效性，即网络规范是不合理的，人们会选择违反该网络规范，进而使得人们无法预测网络行为。例如，网络实名制的实行在某种情况下会泄露个人信息，在没有更好的技术保障或法律保障时，它的有效性就很弱。因此在一些情况下，网民就会选择违背网络实名制，进而使得人们无法预测所有网民是否都遵守网络实名制。其次，即使在网络规范具有普遍有效性的前提下，网络主体受利益、情感以及不可抗拒因素的影响而不遵守网络规范的现象也时有发生，在此情况下，人们就无法准确预测网络行为。例如，网络运营商为网民提供网络服务是它们的责任，然而如果发生自然灾害使得网络传输线路中断，网络基站损毁，那么网络运营商就无法提供网络服务，而这种情况是无法根据网络规范预测的。

（四）引导网络创新与净化网络风气的功能

网络规范在指导人们的网络行为的过程中能够达到一种引导网络创新和净化网络风气的目的。换句话说，网络规范也具有引导功能。互联网是科技进步的结果，互联网不同于现实世界的地方就在于互联网是由计算机和互联网技术支撑发展的，创新是互联网发展的动力，健康的、积极向上的网络创新环境是互联网可持续发展的必要条件。然而，当前网络环境中网络盗版的行为却屡见不鲜，网络盗版不但会使互联网创新者失去创新的热情，更会严重地破坏网络创新环境，使更多的创新者逃离互联网行业，破坏互联网创新气氛，从而导致互联网丧失发展的动力，停步不前。因此，合理的网络规范应当能够引导网络创新，通过制定保护和鼓励网络创新的政策和法律，提供网络创新的条件，指明网络创新的方向，营造一个充满生机的、可持续发展的互联网创新环境。同时，合理的网络规范也应当能够净化网络风气，通过制定相应的标准和鼓励政策，引导网络主体追求积极向上的价值，使网络主体的行为以促进自由平等、公共利益等人类核心价值为目标，营造一种积极向上的、充满“正能量”的网络风气，而这对于互联网的创新与可持续发展同样具有相当重要的意义。

1. 引导网络创新

互联网的发展一日千里，“网络上具有价值的东西，乃是可以落实想象力，可以迅速创作新内容的创造能力”①。在某种程度上，互联网发展

---

①［美］约翰·布洛克曼：《未来英雄》，汪仲、邱家成、韩世芳译，海南出版社1998年版，第38页。

的尽头就是人类创新的尽头，创新不止，互联网的发展就不会停下脚步，唯有创新才是互联网发展的生命力所在。因此，要保持互联网的可持续发展，“信息产业面临的首要问题是如何奖励创新”①。只要创新得到鼓励，互联网创新的脚步就不会停，互联网就能继续快速发展下去。

网络规范是引导和鼓励网络创新的重要途径，通过制定引导和鼓励网络创新的政策、标准和方针，引导网络创新的方向，使网络技术的发展符合公共利益；提供网络创新的条件，使创新得到物质和资金的支持；保护网络创新者的权益，激发创新者的创新动力。在引导和鼓励网络创新的网络规范中，最主要的就是关于计算机和互联网技术的版权法和专利权法。计算机伦理学家黛博拉·约翰逊（Deborah G. Johnson）指出，“版权法和专利权法二者都旨在营造一种激励发明创造的环境”②。版权法和专利权法一方面授予发明者的发明所有权，保护发明所有者通过发明获取收益的权利，激发发明者创新的动力；另一方面通过规定新发明受保护的范围和年限，保证科学技术发展的“建筑材料”没有永久的所有者，为后来者的创新大开方便之门。

然而，传统的版权法和专利权法在面临计算机和互联网的版权和专利保护时，却面临着水土不服的问题。美国法律界专业性在线会议系统“法律顾问连线”（Counsel Connect）董事长大卫·约翰逊（David Johnson）指出，“适用于实体的、市场导向的传统版权法，无法适用于电子世界”③。版权法和专利权法的目的是促进创新，为了实现这一目的，必须在什么可以申请专利和什么不可以申请专利之间划出明确界限。然而，“这条界线在计算机软件领域特别难以界定，因为对于软件以及其他计算机技术来说，用来划分界限的传统区分标准变得极其模糊了”④。例如，传统的版权法中，文学作品的思想与表达形式二者之间，只有表达形

① ［澳］汤姆·福雷斯特、佩里·莫里森：《计算机伦理学：计算机学中的警示与伦理困境》，陆成译，北京大学出版社2006年版，第10—11页。

② ［美］特雷尔·拜纳姆、［英］西蒙·罗杰森：《计算机伦理与专业责任》，李伦、金红、曾建平等译，北京大学出版社2010年版，第229页。

③ ［美］约翰·布洛克曼：《未来英雄》，汪仲、邱家成、韩世芳译，海南出版社1998年版，第38、127页。

④ ［美］特雷尔·拜纳姆、［英］西蒙·罗杰森：《计算机伦理与专业责任》，李伦、金红、曾建平等译，北京大学出版社2010年版，第230页。

式才能申请版权，而思想却是公有的，任何人都能借鉴。但是计算机软件程序的表达形式很难与注入其中的知识成果区分开来，版权法注重的是一个思想的表达形式，而不是思想本身，程序的思想与表达形式之间，如果其思想不能申请专利，就意味着程序能够被他人随意地改头换面，进而损害程序开发者的权益，损害他们对程序开发的热情。正如尼葛洛庞帝所言："著作权法（Copyright Law）已经完全过时了。它是古登堡时代的产物。"①

因此，黛博拉·约翰逊指出："版权法和专利法的目标和策略似乎正是在于营造促进发明创造的环境。就此而言，它们是不坏的法律。但是，尽管它们的目标是好的，但它们似乎缺乏解决计算机技术问题的概念工具。由此看来，为了与计算机相关的发明创造，必须修改版权法和专利权法，甚至予以废除。"② 每一时代科技的进步总是站在前人的肩膀上，通过借鉴和吸收前人的知识和经验，才能推动科技的进步。我们不能沉浸于眼前的利益，对计算机和互联网技术进行过于宽的或强的保护，这样必然阻碍后来者对已有知识和经验的借鉴，进而限制整个行业的创新。因此，整个计算机和互联网行业与整个社会的规范的制定者所面临的中心问题是如何恰当地鼓励创新，但又不阻碍互联网和计算机的可持续发展。网络规范，特别是网络专利权法和版权法必须明确专有和公有之间的界线，进行恰到好处的保护，这样才能正确引导和鼓励网络创新。目前业界对引导和鼓励网络创新的专利权法和版权法的具体内容有着两方面的意见，二者应当吸收业界的意见，修改、增加或删除其具体内容。

一方面，二者应当保护网络创新者和发明者的权益，使他们能够从自己的发明中获取自己所应得到的利益，从而保持他们创新的动力。例如，一个公司或个人在软件开发过程中投入了时间、金钱和精力，那么他们就应当拥有通过努力得到的最终成果。如果他们的软件被其他人复制或盗版使用，那么从道德层面来说，无异于盗窃。因而"为了公平和平等的缘故和作为对人们创造性劳动所付出的艰辛的报偿，人们应该保有其对知识产权的控制权，在他们认为合适时出售这种产权或为他人的使用发放许

① ［美］尼葛洛庞帝：《数字化生存》，胡泳、范海燕译，海南出版社 1996 年版，第 75 页。

② ［美］特雷尔·拜纳姆、［英］西蒙·罗杰森：《计算机伦理与专业责任》，李伦、金红、曾建平等译，北京大学出版社 2010 年版，第 231—232 页。

可，这样做的前提是他们用不着担心某人会为了自己的利益而盗用”[①]。但是，“问题的关键是研发者能否证明，发明者从用户和竞争者那里所获得的是合理的”[②]。研发者的权益需要保护，他们应当拥有他们所研究和发明的成果的所有权，并从中获取利益。但是这种所有权不是完全私有的，他们从中所获取的利益也不是完全没有限度的，将一项知识或技术完全私有绝对不利于整个行业知识和技术的进步。因为，任何发明创造都立足于已有的知识和技术基础之上，私有不利于知识和技术的进步。正如莲花公司的创始人米奇·卡普尔（Mitch Kapor）所言，“在软件行业禁止从别的软件开发者那里借鉴任何技术和思路的话，会扼杀创造性”[③]。

另一方面，二者应当保护中小企业或个人的利益，引导中小企业和个人的网络创新。美国《连线》杂志前主编克里斯·安德森（Chris Anderson）曾提出一套著名的长尾理论（The Long Tail）[④]。根据该理论，我们应当重视和尊重中小企业和个人的任何创新成果，尽管在短期内它们的创新可能没有多大市场，但是在互联网中只要有创新就会有市场，随着互联网的发展这些创新成果可能创造出不可限量的价值。然而，知识与技术创新不是无源之水、无根之木，必须从已有的知识和技术中汲取养料，对于没有更多知识和技术积累的中小企业与个人而言更是如此。但是对网络版权或专利权进行过宽或过强的保护“对小公司而言进场交易的门槛提高了，而这些小公司常常就是靠增量进步生存的”[⑤]。过度的专利和版权保护只能让中小企业和个人的创新越来越难，导致网络创新陷入恶性循

---

① ［美］理查德·A. 斯皮内洛：《世纪道德：信息技术的伦理方面》，刘钢译，中央编译出版社 1999 年版，第 235 页。

② ［澳］汤姆·福雷斯特、佩里·莫里森：《计算机伦理学：计算机学中的警示与伦理困境》，陆成译，北京大学出版社 2006 年版，第 61 页。

③ ［澳］汤姆·福雷斯特、佩里·莫里森：《计算机伦理学：计算机学中的警示与伦理困境》，陆成译，北京大学出版社 2006 年版，第 61 页。

④ “长尾理论”由美国《连线》杂志前主编克里斯·安德森（Chris Anderson）提出。安德森发现，传统商业认为企业界 80%的业绩来自 20%的产品，但长尾理论却认为互联网的崛起已打破这项铁律。长尾理论认为，只要产品的存储和流通的渠道足够大，只要有人卖，都会有人买，需求不旺的产品的市场份额可以和少数热销产品的市场份额相匹敌甚至更大，即众多小市场汇聚起来可与主流市场相匹敌。

⑤ ［美］理查德·A. 斯皮内洛：《世纪道德：信息技术的伦理方面》，刘钢译，中央编译出版社 1999 年版，第 230 页。

环，越是保护越是难以创新。因此，专利权和版权制度必须防止过宽或过强的软件专利或版权保护，防止软件专利和版权的泛滥，“软件专利的泛滥会给软件行业带来过度的负担。这对小公司的打击最大，也会让专利方面的律师不堪重负。而最让人忧虑的则是专利的增加将打击开发者的信心，从而延缓行业创新的步伐”①。

此外，也有人主张计算机软件完全自由，认为只有这样才能真正促进网络创新。自由软件基金（Free Software Foundation）的创始人理查德·斯托曼（Richard Stallman）认为，所有的软件都应该允许人们自由复制，他指出“只有当每个人都能自由地拷贝和交换软件时，信息技术的全部成果才能成为现实”②。斯托曼认为，对软件程序进行版权或专利权保护会对软件的使用造成一定的阻碍，这将导致三个不同层次的物质损害：一是使用该程序的人数较少，二是使用者无法改写或修正该程序，三是其他开发者不能学习该程序，或不能以它为基础编写新程序。③ 电子前线基金（Electronic Frontier Foundation，EFF）的创始人之一约翰·P. 巴洛（John Perry Barlow）也指出：“著作权概念的目的在于增进言论和行销的自由，反观我们现在的情况，著作权的概念却压抑了言论自由。”④ 他认为，专利权或版权的目的在于促进知识增长和进步，但是当作者与使用者之间有了有效的沟通渠道（网络空间）后，这种传统的知识产权就成为压制知识增长和进步的手段。因此，对计算机软件的专利权或版权的保护，无论是它们造成的软件使用障碍，还是它们压制知识增长与进步，都是有一定道理的。但是，从市场竞争与人性的角度来看，对计算机软件的专利权或版权保护是不能没有的，否则必定会导致网络创新的停步不前。我们的目的是一致的，即网络的可持续发展。因此，对网络创新而言，网络规范特别是专利权和版权制度应当为这一目的服务，对其具体内容进行必要的修

---

① ［澳］汤姆·福雷斯特、佩里·莫里森：《计算机伦理学：计算机学中的警示与伦理困境》，陆成译，北京大学出版社 2006 年版，第 59 页。

② ［澳］汤姆·福雷斯特、佩里·莫里森：《计算机伦理学：计算机学中的警示与伦理困境》，陆成译，北京大学出版社 2006 年版，第 62 页。

③ ［美］特雷尔·拜纳姆、［英］西蒙·罗杰森：《计算机伦理与专业责任》，李伦、金红、曾建平等译，北京大学出版社 2010 年版，第 236—237 页。

④ ［美］约翰·布洛克曼：《未来英雄》，汪仲、邱家成、韩世芳译，海南出版社 1998 年版，第 11 页。

改、删除和增加是被允许的，但并不是完全取消这种制度。

2. 引导网络风气

在现实社会中，总有一些人或一些事让我们感动，这些人或事反映了一个社会所追求的价值，体现出高于一般道德层次的道德水准，激起社会其他成员内心的感动与向往，从而为他们树立起一个个鲜明的道德榜样，这就是积极向上的社会风气的作用。一个社会中人们追求和学习的榜样是否是积极向上的，评价人们行为的社会评价体系是否肯定和鼓励这些榜样的行为，是一个社会的风气是否积极向上的标志。例如，我们曾经以雷锋为榜样，以学习雷锋助人为乐为荣，整个社会宣传雷锋精神，鼓励人们学习雷锋好榜样。这样的社会风气就是一种积极向上的风气，这种社会风气不仅是人们自发形成的，一些肯定和鼓励人们学习雷锋精神的政策和制度也起到了主要作用。这些政策和制度能够引导人们追求积极向上的价值，营造出积极向上的社会风气。

互联网是现代人活动的主要场所，其传播力量使得网络主体受到网络风气的影响更大。一件事或一个人的事迹经由互联网传播能够快速覆盖整个网络，几乎能够传达到全部网民的面前，引起整个网络的关注和讨论，能够产生极大的影响。在互联网中，人们关注的人与事，以及向往与追求的价值是否积极向上决定了网络风气是否积极向上。然而，在实际的网络生活中，我国的网络风气已经处于一种扭曲状态，出现了数不清的负面的“网络事件”和“网络人物”，这些人和事无不传递着一种病态的、腐朽的力量。一件件“网络炒作”事件使得广大网民对网络新闻形成一种不信任感，即使出现了真正感动人心的人或事，广大网民也怀着一种将信将疑的态度，使得这种积极向上的力量在传递的过程中产生的影响力大打折扣。

因此，网络风气必须要有所改变，在实际的网络生活中，我们应当主动追求美好，崇敬高尚。在面对一系列“网络事件”时，我们不应首先想到它们是否触及“底线”，如道德底线、价值底线、法律底线等。底线只是社会成员最起码的行为规范，况且众多“网络炒作事件”大多不会越过雷池一步，它们挑战的是人类社会中那些美好的东西，如高尚的人格、崇高的理想等。若只凭底线评价和行事，我们的社会就只剩下冷漠和旁观，就会让美德、高尚、正直等人类美好的品质消失殆尽，使整个社会变成一部冷冰冰的机器。在我们的生活中，道德模范、英雄人物等具有高尚人格与品质的人都应当受到社会的赞美和歌颂，社会规范包括网络规范都应当引导公众赞美高尚人格，歌颂高尚行为，鼓励公众向道德模范或英雄人物等榜样学习。

因此，互联网作为一种巨大的传播力量，尤其要在传递社会正能量方面做出更大的成绩。最重要的就是通过网络规范来引导人们的追求目标和价值取向，使广大网民追求美好的事物，鼓励和肯定广大网民积极向上的行为，弘扬那些感动人心的人和事，树立一个个鲜明的道德榜样，引导网络风气积极向上。例如，第十三届网络媒体论坛肯定了主流新闻网站和重点商业网站作为推动互联网事业健康发展的中坚力量，作为传播正能量的主力军，要充分发挥引领示范作用，做到“八个带头”，即带头把方向、带头抓管理、带头扬正气、带头树新风、带头守法纪、带头探规律、带头谋发展、带头建队伍。因此，合理的网络规范应当具有引导积极向上的网络风气、传递社会正能量的功能。通过制定具体的网络规范标准或内容，鼓励网络主体以德行事、以德为荣，树立崇高的价值目标，引导网络主体在遵守网络规范的基础上更进一步，以追求高尚的人格、实现高尚的行为为荣，从而营造和谐、高尚的网络风气，而积极向上的网络风气反过来又能够促进互联网的创新，推动互联网的可持续发展。

二　保护功能

一些网络规范除了基本的规范功能外，也具有保护功能。一些合理的网络规范既能保护网络主体的权利与义务，为网络主体营造一个自由的活动空间；也能保护互联网生态环境，维护互联网的可持续发展。

（一）保护网络主体权利与义务的功能

互联网自诞生以来，就被认为是一个自由的空间，劳伦斯·莱斯格认为“对于自由的力量，因特网已向世界做了最好的展示”[①]。任何人都能自由进入互联网，通过互联网与全球沟通；任何人都能表达自己的意见，通过互联网向世界传递自己的声音；任何人都能走出传统的活动空间，通过互联网接触到一个丰富多元的生活世界。互联网已经成为实现人类自由的新型空间，而自由是权利和义务的统一，因此人们在互联网中享有的权

① ［美］劳伦斯·莱斯格：《思想的未来》，李旭译，中信出版社2004年版，第15页。

利与义务是人们实现网络自由的前提，网络规范应当保护网络主体在互联网中的权利与义务。

与现实世界一样，人们在互联网中享有各种权利，如言论表达、交往沟通、财产安全以及个人隐私安全等权利，这些权利需要规范，特别是网络法律规范的保护。以言论表达权为例，美国电子前线基金会（EFF）法律顾问麦克·戈德温（Mike Godwin）就指出："我们需要一种共识，认定互联网是言论自由保障的对象，享有宪法上一切的保障，认定它有资格享有与报纸杂志同样的法律和宪法保护。"[①] 因此，人们制定的网络规范，特别是网络法律规范应当具有保护人们网络言论权利的功能。以个人隐私权为例，中国《全国人民代表大会常务委员会关于加强网络信息保护的决定》就以立法的形式保护网络信息安全，规定了"任何组织和个人不得窃取或者以其他非法方式获取公民个人电子信息，不得出售或者非法向他人提供公民个人电子信息"。中国《网络商品交易及有关服务行为管理暂行办法》第二十五条也规定，"提供网络交易平台服务的经营者应当采取必要措施保护涉及经营者商业秘密或者消费者个人信息的数据资料信息的安全。非经交易当事人同意，不得向任何第三方披露、转让、出租或者出售交易当事人名单、交易记录等涉及经营者商业秘密或者消费者个人信息的数据"。以著作权为例，中国《计算机软件保护条例》就是保护计算机软件著作权人的权益的法律规范，它规定了计算机软件著作权人享有的发表权、署名权、复制权、发行权等相关权利，还规定盗版、破坏、非法使用有版权的计算机软件应当承担的法律责任，从而保护计算机软件著作权人的权利不受侵害。此外，人们接入互联网的权利、保护网络财产安全的权利、网络交往自由的权利等也需要网络规范的保护。

人们使用互联网，在互联网中活动，也应承担相应的义务，互联网"在赋予个人强大权力的同时，也要求个人为他们自己的行动以及他们所创造的世界担负起更大的责任"[②]。因此，网络规范特别是网络法律规范应当包含网络主体所应承担的义务和责任等内容，应当明确规定网络主体所应履行的义务和不履行义务所承担的法律责任，应当具有保护网络主体

① ［美］约翰·布洛克曼：《未来英雄》，汪仲、邱家成、韩世芳译，海南出版社1998年版，第109页。

② ［美］埃瑟·戴森：《2.0版数字化时代的生活设计》，胡泳、范海燕译，海南出版社1998年版，第7页。

履行网络义务的功能。例如，维护国家安全是每个公民的义务，中国《计算机信息网络国际联网安全保护管理办法》第四条规定："任何单位和个人不得利用国际联网危害国家安全、泄露国家秘密，不得侵犯国家的、社会的、集体的利益和公民的合法权益，不得从事违法犯罪活动。"再如，维护用户个人信息安全是电信企业的义务，任何组织或个人泄露、传播互联网用户的个人信息，就要承担一定的法律责任。中国《电信和互联网用户个人信息保护规定》第二十四条规定："电信管理机构工作人员在对用户个人信息保护工作实施监督管理的过程中玩忽职守、滥用职权、徇私舞弊的，依法给予处理；构成犯罪的，依法追究刑事责任。"此外，消除数字鸿沟、维护互联网安全、保护互联网环境等也是人们应当承担的网络义务，网络规范应当包含这些内容，应当促进人们履行这些义务。

（二）保护网络生态环境的功能

互联网已经渗透到人类生活的每一个角落，人类通过互联网行为，互联网已经成为人类生活不可缺少的组成部分。在某种程度上，互联网决定了现代人的生存。网络生态环境也是人类的生存环境，网络生态环境是否安全、健康和可持续发展决定了人们能否在互联网中生存和发展。因此，正如尼葛洛庞帝所言："计算不再只是和计算机有关，它决定我们的生存。"① 然而，实际上，互联网发展到现在，已经出现了网络生态危机，其中包括网络信息污染、网络安全危机、网络监控危机、网络个人信息泄露、信息膨胀与信息资源短缺以及文化多样性危机等，这些网络生态问题时刻威胁着互联网的发展，威胁着人们在互联网中的生存。

网络生态危机的出现主要有两方面原因。首先，缺乏网络生态观念。一些人将互联网当作技术或工具，没有将其视为人的生存空间；一些人却将互联网的"虚拟性"与"虚幻性"等同起来，认为互联网是一个虚幻的活动空间，对其进行破坏不会影响人的生存。然而，"网络空间是一个数字化的空间，是一个虚拟的环境，在其中出现的网络环境问题也具有虚拟性。它不像现实中的自然环境问题，它破坏的是虚拟的环境，属于数字破坏。但这又不同于虚幻性，它是实实在在的破坏"②。这种破坏同样会

---

① ［美］尼葛洛庞帝：《数字化生存》，胡泳、范海燕译，海南出版社 1996 年版，第 15 页。

② 唐一之、李伦：《"网络生态危机"与网络生态伦理初探》，《湖南师范大学社会科学学报》2000 年第 6 期。

造成严重的后果，甚至影响到现实世界中的人。其次，网络生态伦理还没有形成。互联网的工具属性却使得人们有时会忽视在其中活动的人，将其当作一种冷冰冰的机器。实际上，人的活动构成了互联网的全部内容，人的因素是网络生态系统的核心。人们必须坚持相应的网络生态伦理，才能维护人类的这一生存空间。

因此，我们必须树立正确的网络生态观念，构建合理的网络生态伦理，制定合理的网络规范来保护网络生态环境。

首先，网络规范具有保护网络信息环境的功能。“信息环境问题，从本质上说，是由于信息资源的不合理开发和不充分利用造成的。”① 信息是网络之水，“网络之水被污染将导致网络生态系统的失调，影响网络的可持续发展。发掘网络之水，净化网络之水已成为维持网络生态平衡的关键措施之一。”② 因此，网络规范应当能够指导人们合理开发和充分利用网络信息，在防止和治理信息污染等方面发挥积极的作用。例如，中国《互联网信息服务管理办法》第十五条规定：“互联网信息服务提供者不得制作、复制、发布、传播含有下列内容的信息：散布谣言，扰乱社会秩序，破坏社会稳定的；散布淫秽、色情、赌博、暴力、凶杀、恐怖或者教唆犯罪的；侮辱或者诽谤他人，侵害他人合法权益的。”

信息膨胀和短缺也是人们在网络生活中面临的问题，互联网中有海量的信息，“随着信息数量的急剧膨胀，现有交流渠道越来越拥挤，这就有可能堵塞某些信息交流渠道”③。一方面，虚假信息、垃圾信息等不请自来，塞满了人们的信息传播通道；另一方面，真实有效的信息被堵塞在信息传播通道外，导致信息短缺。因此，网络规范应当维护互联网信息通道的畅通。例如，为了管理广告邮件的发送，保持信息通道畅通，中国《互联网电子邮件服务管理办法》第十三条规定：“任何组织或者个人不得发送或者委托发送，未经互联网电子邮件接收者明确同意接收的包含商业广告内容的互联网电子邮件；未在互联网电子邮件标题信息前部注明‘广告’或者‘AD’字样的包含商业广告内容的互联网电子邮件。”

其次，网络规范具有保护网络生态系统健康运行的功能。“网络系统

① 岳剑波：《信息环境论》，书目文献出版社 1996 年版，第 226 页。

② 李伦：《鼠标下的德性》，江西人民出版社 2002 年版，第 292—293 页。

③ 岳剑波：《信息环境论》，书目文献出版社 1996 年版，第 137 页。

是一种生态系统，是网络环境诸要素及其相互关系所构成的具有一定社会功能的有机整体，是由网络主体、网络信息、网络技术与基础设施以及网络政策法规、网络文化等要素构成的复杂系统。”① 因此，网络规范能够指导网络主体的行为符合互联网运行规律，协调互联网各个组成部分的关系，使网络主体的行为合理有序，使互联网生态系统的各个组成部分有序运行，使互联网生态系统发挥积极的社会功能。例如，互联网上网服务经营场所（如，网吧、电脑休闲室）是网络主体进入互联网，网络信息传播，网络技术推广与应用，网络政策法规实施的重要场所。互联网上网服务经营场所作为网络生态系统的重要组成部分之一，它们的合法经营是保证互联网生态系统健康运行的重要一环。因此规范互联网上网服务经营场所的网络规范就应具有保护网络生态系统健康运行的功能。例如中国《互联网上网服务营业场所管理条例》第十五条规定：“互联网上网服务营业场所经营单位和上网消费者不得进行下列危害信息网络安全的活动：（一）故意制作或者传播计算机病毒以及其他破坏性程序的；（二）非法侵入计算机信息系统或者破坏计算机信息系统功能、数据和应用程序的；（三）进行法律、行政法规禁止的其他活动的。”

最后，网络规范也具有保护网络生态环境可持续发展的功能。互联网不仅仅是一种技术，更是一个人类生活空间，它关系人类的生存和发展。因此，在互联网技术发展日新月异的同时，网络规范也要跟上技术的脚步，与互联网技术一起营造一个更加人性化、更具可持续性的互联网。因此，“在充分享受网络带来的美好生活的同时，我们应树立一种网络生态观，树立一种网络生态伦理意识：‘善待网络’”②。“善待网络”不是简单地保持互联网的正常运行，保持网络主体行为的合理有序，而是要使互联网的发展符合人类的根本利益，符合人们对美好生活的追求，同时也不损害我们的后代使用互联网的权利。“一般地，我们会认为生命和健康要‘胜过’（trump）简单的舒适。”③ 我们不能沉浸在互联网带来的舒适便利

① 郭建国、李伦：《网络问题：伦理文化的诠释》，《湖南大学学报》（社会科学版）2002年第3期。

② 唐一之、李伦：《“网络生态危机”与网络生态伦理初探》，《湖南师范大学社会科学学报》2000年第6期。

③ ［美］戴斯·贾丁斯：《环境伦理学》，林官明、杨爱民译，北京大学出版社2002年版，第88页。

的生活中，我们应当更加关注互联网发展的生命力和我们的后代使用互联网的权利。例如，网络创新是保持互联网发展的生命力所在，只有保护创新者的权益，才能激发他们创新的动力，保持互联网的可持续发展。因此，对网络创新的鼓励和保护就是保护互联网可持续发展的重要部分。中国《计算机软件保护条例》第八条规定："软件著作权人享有发表权、署名权、修改权、复制权、发行权、出租权、信息网络传播权、翻译权，以及应当由软件著作权人享有的其他权利；软件著作权人可以许可他人行使其软件著作权，并有权获得报酬；软件著作权人可以全部或者部分转让其软件著作权，并有权获得报酬。"

此外，随着越来越多的人使用互联网，计算机硬件和网络基础设施的生产规模越来越大，计算机和互联网衍生的电子产品种类和数量也越来越多，因而对资源的消耗、对自然环境的破坏也越来越严重。"目前的消费方式，尤其是在消费驱动的工业经济中的消费方式，正是导致环境恶化的元凶，现在的消费情形正是要改变的东西。"① 因此，网络规范也必须具有保护自然生态环境的功能，通过制定相应的规范来指导网络主体的行为，以保护和预防生态破坏为目的，改变人们的消费方式，促进自然生态环境的可持续发展，使得互联网发展不因资源消耗或环境破坏而停顿。例如，计算机等电子产品的废弃物如果不及时处理会破坏自然环境，应当制定相应的标准规范这些废弃物的生产与回收。中国《电子信息产品污染控制管理办法》第十四条规定："电子信息产品生产者、进口者制作并使用电子信息产品包装物时，应当依据电子信息产品有毒、有害物质或元素控制国家标准或行业标准，采用无毒、无害、易降解和便于回收利用的材料。"

第二节　网络规范的类型

对于网络规范系统，可以从不同的角度，按照不同的依据进行划分，形成不同的类型，并且不同类型的规范具有不同的功能。

---

① ［美］戴斯·贾丁斯：《环境伦理学》，林官明、杨爱民译，北京大学出版社 2002 年版，第 96 页。

一　网络社会规范与网络技术规范

根据网络规范调整的对象不同，网络规范可以分为调整网络主体之间关系的网络规范（包括调整网民之间、网民与网络组织之间、网络组织之间关系的网络规范）和调整网络主体与互联网之间关系的网络规范。

调整网络主体之间关系的网络规范，如“在 BBS 中禁止用语言攻击他人”“网民上网需缴纳网费”等，调整的都是人或社会组织之间的关系，因而可称为网络社会规范。然而，调整网络主体与互联网之间关系的规范却没有现成的名字。徐梦秋教授将调整人与自然之间关系的规范界定为“自然规范”[①]。但是如果我们用“网络自然规范”来命名调整网络主体与互联网之间关系的网络规范，却有外延太大的问题，互联网只能说是属于人化自然的一部分，用自然来命名人化自然的一部分，显然是不合适的。互联网是科技进步的成果，在某种程度上讲就是一种技术，因此我们可以试着用“网络技术规范”来命名调整人与互联网之间关系的规范。“技术规范是调整劳动者与自然力、劳动对象、劳动工具、劳动成果的关系的规范。”[②] 互联网可以被看作一种劳动对象、劳动工具、劳动成果以及一种被改造过的自然力，因而用网络技术规范来命名调整人与互联网之间关系的规范可以说是恰当的。在实际的网络生活中，“技术设计和社会原则的平行在整个万维网历史中反复出现”[③]。技术原则和社会原则本身就是贯穿整个互联网发展过程的两条基本原则，它们左右着人们在互联网中的行为。因此，将网络技术规范与网络社会规范并立起来作为调整网络主体行为的网络规范也是合适的。

网络主体包括网民和网络组织，按网络主体之间关系的不同，我们可以将网络社会规范细分为三种，即调整网民之间关系的网络规范（如，网民不得发送包含不良信息的邮件，不得通过互联网泄露别人的隐私信息，未经同意不得在互联网中转载他人的文学作品），调整网民与网络组织之间关系的网络规范（如，网民不应攻击学校或企业的网站，不应安装使用盗版软件，不应利用互联网盗窃国家和企业的机密），调整网络组

---

① 徐梦秋：《规范通论》，商务印书馆 2011 年版，第 59—60 页。

② 徐梦秋：《规范通论》，商务印书馆 2011 年版，第 61 页。

③ ［英］蒂姆·伯纳斯-李、马克·菲谢蒂：《编织万维网》，张宏宇、萧风译，上海译文出版社 1999 年版，第 201 页。

织之间关系的网络规范（如，公司或企业设立网站应当向域名注册机构注册网站域名，网站不得复制或盗用其他网站的内容和形式）。

网络主体与互联网之间的关系可以分为操作关系、研发关系、保护关系，因而相应的网络技术规范可以分为操作规范（如，接入互联网要安装路由器，关闭电脑前要保存文档）、研发规范（软件设计要与系统程序兼容，USB 接口要与电脑端口设计一致）和保护网络的规范（如，不应该制造和传播计算机病毒，不应该发送垃圾邮件）。网络技术规范在一定条件下也可以转化为网络技术标准和网络技术守则。网络技术标准能够指导和预测网络主体作用于互联网的行为，确立评价某种网络行为合理与否的标准。一方面使得事前能够指导和预测网络主体为达到某种目标和结果所要采取的行为，另一方面使得事后能够评价网络主体的行为是否合理。例如，中国《电信服务规范》规定："国内 64kbit/s 专用电路，端到端数据传输时间≤40 毫秒。"对于国内 64kbit/s 专用电路，该规范就成为数据传输技术标准，成为指导和预测网络运营商行为的依据，以及评价其行为合理与否的标准。网络技术守则能够为网络主体作用于互联网的行为提供具体的步骤和方法。以网民接入无线网的操作守则为例，首先，网民要在个人电脑上设置 TCP/IP 协议，将其设置为自动获取 IP 地址；其次，要查看可用无线网络信号，主要通过打开网络连接对话框，然后刷新网络列表查看有无无线网络信号；最后，连接用户已开通的无线网络，接下来网民只需要登录账号就可以享受网络服务了。该规范就是指导网民接入无线网络的行为守则，提供了网民接入无线网络应当采取的具体方法。

网络社会规范与网络技术规范的基本功能蕴含于它们划分的基本依据中，网络社会规范是调整网络主体之间关系的规范，它的基本功能是调整网络主体之间的关系，使其协调有序，从而营造一个和谐的网络环境；网络技术规范是调整网络主体与互联网之间关系的规范，它的基本功能是调整二者之间的关系，使网络主体能够合理使用互联网，促进互联网的合理运行与健康发展。

二 网络用户规范与网络服务规范

根据网络主体在互联网中扮演的角色不同，网络主体可以分为两类，一类是提供网络服务的网络主体；一类是享受网络服务的网络主体。扮演不同角色的网络主体遵守不同的网络规范，因此，按照遵守网络规范的角色的不同，可以将网络规范分为调整提供网络服务的网络主体行为的网络规范，以及调整享受网络服务的网络主体行为的网络规范。

享受网络服务的网络主体是互联网的用户，因此调整他们行为的规范就可以称为网络用户规范。网络用户规范的功能是规范网络用户的行为，使网络用户的行为合理有序，同时也使网络用户在享受网络服务的同时履行相应的网络义务。例如，网络用户接入互联网时，应当付费上网，不得盗用别人的网络；网络用户在享受互联网的海量信息资源时，应当维护互联网环境，不发布淫秽色情信息，不制造和传播网络病毒；网络用户应当维护互联网的安全，不得攻击和侵入个人或企业的网站；网络用户在安装使用互联网中的各种软件时，应当注意保护软件的专利权和版权，不得下载使用和传播盗版软件；网络用户在互联网中活动时，应当维护国家利益，不得利用互联网发布和传播有损国家稳定、社会安宁的信息，不得利用互联网泄露国家机密；等等。

网络服务的提供是众多网络主体共同行为的结果，我们可以称这些网络主体为网络服务的提供者。对于调整网络服务提供者行为的网络规范，尚没有一个现成的称呼，我们可以试着将其命名为网络服务规范。在这里，调整网络服务提供者行为的网络规范调整的不仅是直接提供网络服务的网络主体的行为，如提供网络邮件服务的网站、提供聊天工具的软件公司、提供网络发表内容的 BBS、提供检索资料的搜索引擎等；还包括那些能够保障网络服务提供的网络主体的行为，如提供互联网接入的网络运营商、提供互联网软件与硬件的软件开发商和计算机生产商、制定和实施网络政策法规的政府机构等。由于所有这些网络主体的目的是一致的，即网络服务的提供，因而我们认为将调整提供网络服务的网络主体的行为的网络规范命名为网络服务规范是恰当的。

按照网络服务提供者工作类型的不同，网络服务的提供者可以分为网络生产者、网络经营者、网络管理者。因此，相应的网络服务规范就可以细分为网络生产者规范、网络经营者规范、网络管理者规范。网络生产者规范调整的是网络服务生产者（如，互联网软件与硬件制造商、互联网基础设施建设机构或组织）的行为。例如，软件开发公司不得为获取利益而开发有损客户利益的软件；计算机制造商应当生产符合人体生理特征的计算机操作界面；电信企业应当及时在偏僻的地方架设网络线路，满足当地人们使用互联网的需求。网络经营者规范调整的是网络服务经营者

（如，网络运营商、网站企业）的行为。例如，网络运营商应当制定合理的网络费用，不能收取过高的网费；网站应当及时更新网站内容，不得发布虚假和不良信息。网络管理者规范调整的是网络服务管理者（如，制定和实施网络规范的各种组织或机构）的行为。例如，网站的管理者（如，学校、企业）应当保护用户的信息，不得泄露和散布网民的个人信息；域名分配机构（如，中国互联网络信息中心）应当合理分配互联网域名，解决域名分配争端。

网络服务规范还可以分为网络行业规范和网络职业规范。网络行业规范调整的是互联网各个行业的网络主体的行为。例如，软件开发行业的网络主体应当主动维护互联网的创新，保护创新；计算机生产行业的网络主体应当保证计算机硬件的质量和水平，维护技术的快速发展；网络商务行业的网络主体应当维护消费者的利益，诚实守信，公平交易；网络信息平台行业应当维护公共利益和国家安全，不发布和传播有损公共利益和国家安全的信息；网络运营行业应当维护公平和正义，主动缩小数字鸿沟，保障低收入者和偏远地区人们享受网络服务的权利。网络职业规范调整的是互联网各个行业中从业人员的行为。例如，美国计算机伦理协会（AMC）就给互联网行业的专业技术人员制定了计算机专业人员应当遵守的职业规范①。第一，不论专业工作的过程还是产品，都应当实现最高的品质、效能和尊严；第二，获得并保持专业能力；第三，熟悉并遵守与业务有关的现有法规；第四，接受和提供适当的专业化评价；第五，对计算机系统和它们的效果做出全面彻底的评估，包括分析可能存在的风险；第六，遵守合同、协议和分配的任务；第七，促进公众对计算机技术及其影响的了解；第八，只在授权状态下使用计算机及通信资源。

三 正式网络规范与非正式网络规范

诺贝尔经济学奖获得者、“制度变迁理论”的创立者道格拉斯·C.诺斯（Douglass C. North）认为“制度是人们发生相互关系的指南”②。他将制度分为正式制度（如，宪法、成文法、合同）和非正式制度（如，

---

① ［澳］汤姆·福雷斯特、佩里·莫里森：《计算机伦理学：计算机学中的警示与伦理困境》，陆成译，北京大学出版社 2006 年版，第 249—250 页。

② ［美］道格拉斯·C. 诺斯：《制度、制度变迁与经济绩效》，刘守英译，上海三联书店 1994 年版，第 4 页。

伦理、习俗、行为准则)。网络规范也是一种制度，它也是网络主体发生关系的指南。这些作为网络主体之间关系指南的网络规范，有的是人们专门设立的，如网络政策、网络法律、网络规章制度以及网络主体之间订立的契约等；有的则是道德原则、风俗习惯、文化传统以及网络主体自发形成的行为规则等。因此，根据诺斯对制度的划分，按照一种网络规范是否由人们专门设立，我们可以将网络规范分为正式网络规范与非正式网络规范。

正式网络规范是人们专门设立的网络规范。诺斯指出，“正式规则包括政治（及司法）规则、经济规则和合约。这些规则可以做如下排序：从宪法到成文法与普通法，再到明确的细则，最终到确定制约的单个合约；从一般规则到特定的说明书”①。因此，正式网络规范应当包括网络法律，如《中华人民共和国电子签名法》《全国人民代表大会常务委员会关于加强网络信息保护的决定》；网络政策，如《网络游戏管理暂行办法》《计算机软件保护条例》《海南经济特区公共信息网络管理规定》；网络规章制度，如《新浪微博社区管理规定（试行）》《网络交易平台服务规范》《互联网搜索引擎服务自律公约》；网络主体彼此之间订立的契约，如电子商务双方签订的电子合同、消费者与商家在网络交易平台上签署的订单；等等。此外，网络技术规范也是一种正式网络规范，它是人们根据计算机与互联网的运行规律总结制定出来的，通常会形成说明书或操作守则，如计算机使用说明书、计算机维修操纵守则、个人计算机联网规范等。

诺斯认为，“制度的存在是为了降低人们相互作用时的不确定性”②。而“正规法律体制的创立为处理更为复杂的争端提供了方便”③。因此，正式网络规范的功能就是明确网络主体之间的关系，为解决他们之间的复杂争端提供依据和办法，从而减少网络主体在互联网中行为的不确定性，降低他们行为的成本。例如，中国《第三方电子商务交易平台服务规范》

---

① ［美］道格拉斯·C. 诺斯：《制度、制度变迁与经济绩效》，刘守英译，上海三联书店1994年版，第64页。

② ［美］道格拉斯·C. 诺斯：《制度、制度变迁与经济绩效》，刘守英译，上海三联书店1994年版，第34页。

③ ［美］道格拉斯·C. 诺斯：《制度、制度变迁与经济绩效》，刘守英译，上海三联书店1994年版，第63页。

就界定和明确了网络交易平台上交易双方的身份，以及他们各自享有的权利和应当履行的义务，并且提供了网络交易双方发生纠纷时的解决办法。如果没有这种正式网络规范，网络交易双方发生纠纷时，必然会出现公说公有理，婆说婆有理的状况，从而不但不利于解决争端，而且会增加人们的交易成本。

非正式网络规范是网络主体自发形成的网络规范。诺斯将非正式制度分为三个方面①，一是对正规规则的拓展、阐明与修正，二是社会公认的行为准则，三是内部实施的行为标准。因此，我们也可以将非正式网络规范也分为三类。首先，一些非正式网络规范来源于网络主体对正式网络规范的理解和阐释，它们是网络主体在正式网络规范的基础上自发形成的。例如，“不应当在 BBS 中发表和传播制作网络病毒的技术”就是一条非正式网络规范，它来自网络主体制定的关于禁止和打击网络病毒制作和传播的网络法律，如中国《计算机病毒防治管理办法》的理解和阐释。其次，一些非正式网络规范是社会公认的网络行为准则，“它们来源于社会所流传下来的信息以及我们称之为文化的部分遗产”②。尽管互联网是人类活动的新型空间，但是现实世界中的道德伦理、风俗习惯和文化传统仍将影响网络主体的行为。因此，那些来源于现实世界的道德伦理、风俗习惯和文化传统的网络规范仍将成为网络主体公认的行为准则。例如，“网络卖家应当及时发货，网络买家应当及时付款”就是约束网络交易双方的非正式网络规范，该规范就来源于“诚实守信”的道德原则，是人们公认的交易行为准则。最后，还有一些非正式网络规范是网络主体自身内部的行为标准。人们的行为不仅受到外部规范的约束，而且还受到自身的性格、思想、偏好的影响，这些因素会影响甚至决定人们的行为选择，诺斯将其称为内部实施的行为标准。因此，在这里我们将影响网络主体行为选择的性格、偏好、思想等内部因素也归为非正式网络规范，这些因素也将会约束网络主体的行为，影响网络主体的行为选择。例如，对某些数字或字母的偏好会使得网民在设置网络账号与密码时使用这些数字；一名天主教徒绝不会经常访问宣扬佛教教义的网站。

---

① ［美］道格拉斯·C. 诺斯：《制度、制度变迁与经济绩效》，刘守英译，上海三联书店 1994 年版，第 55 页。

② ［美］道格拉斯·C. 诺斯：《制度、制度变迁与经济绩效》，刘守英译，上海三联书店 1994 年版，第 50 页。

尽管正式网络规范在人们的网络生活中起到非常重要的作用，但是正式网络规范只是人们行为选择中的一部分。“我们日常在与他人发生相互作用时，无论是在家庭，在外部社会关系中，还是在商业活动中，控制结构差不多主要由行为规范、行为准则和习俗来确定的。”① 因此，非正式网络规范绝不是正式网络规范的补充。非正式网络规范渗透到了网络主体行为所及的每个方面，它能够影响网络主体做出的每一个具体行为选择。例如，网民经常浏览的网站一般只受网民兴趣的影响；网民之间发送电子邮件遵守的只是作为非正式网络规范的网络礼仪；网民在进行网络交易的时候，在遵守网络法律的基础上还需要遵守诚实守信的行为准则。

四　强制性网络规范与非强制性网络规范

根据一种网络规范是否受到某种强力支撑，我们可以将网络规范分为强制性网络规范与非强制性网络规范。在这里，强力指的是某种强制力量，典型的如法律惩罚、经济制裁、肉体和精神惩罚等。对于网络主体而言，被禁止接入互联网和被拒绝访问网站也可以算是一种惩罚。趋利避害是人类的本性之一，强制性网络规范能够迫使网络主体选择某种行为，否则就会受到惩罚；而非强制性网络规范则没有这种功能，它们只能期待网络主体选择某种行为，即使网络主体不遵守这种网络规范，他们可能只是承受一些精神压力（如，良心不安、舆论谴责），但不会受到任何实质性的惩罚（如，经济损失、肉体伤害）。

强制性网络规范是受到某种强制性力量支撑的网络规范。首先，网络法律是强制性程度最高的网络规范，它以国家的强制力为支撑。网络主体的行为一旦违背网络法律，就要受到来自国家暴力机关的惩罚，如监禁、没收财产等。例如，《中华人民共和国电子签名法》第三十二条规定：“伪造、冒用、盗用他人的电子签名，构成犯罪的，依法追究刑事责任；给他人造成损失的，依法承担民事责任。”

其次，网络政策也是具有强制性的网络规范，它以各级行政机关的行政制裁为支撑，网络主体的行为一旦违反网络政策，就要受到来自各级行政机关的行政处罚，如罚款、吊销执照等。例如，《互联网信息服务管理办

---

① ［美］道格拉斯·C. 诺斯：《制度、制度变迁与经济绩效》，刘守英译，上海三联书店1994年版，第49—50页。

法》第二十二条规定："违反本办法的规定，未在其网站主页上标明其经营许可证编号或者备案编号的，由省、自治区、直辖市电信管理机构责令改正，处5000元以上5万元以下的罚款。"网络政策以网络法律为后盾，是各级国家行政机关依据网络法律制定出来的。因此，网络政策的强制性低于网络法律。

最后，一些网络机构或组织内部的规章制度也具有一定程度的强制性，这些网络组织或机构自身的管理权是这些规章制度的支撑，如果违反网络组织或机构的规章制度就要受到相应的惩罚。例如，网络论坛的用户如果在论坛上发表和传播网络谣言，就违反了网络论坛的管理规范，可能被禁止发表内容，或被注销账号。网络组织或机构必须遵守网络法律和网络政策，它们的规章制度也必须符合网络政策与法律，因而它们的强制性低于前两者。此外，网络技术规范从某种程度上讲也具有强制性。例如，国家技术监督局颁布的关于互联网技术的各种标准就是互联网行业必须遵守的强制性规范，违反这些技术标准，就会受到相应的行政处罚；还有一些网络技术规范尽管没有受到国家机关的强制认定，但是合理使用互联网和避免不合理操作造成的严重后果却迫使网络主体遵守网络技术规范，否则就可能造成严重的损失。

强制性网络规范的功能在于迫使网络主体采取或放弃某种网络行为，这种网络行为是强制性网络规范所认可或制裁的行为。一般而言，"符合既定秩序的行为是由秩序本身所规定的认可与制裁来达到的"①。也就是说，为了使网络主体的行为符合强制性网络规范规定的行为秩序，一方面通过鼓励网络主体的合规范行为，使网络主体选择强制性网络规范所认可的行为；另一方面通过惩罚网络主体的违规行为，避免强制性网络规范所制裁的行为再次发生。但是，从强制性网络规范实施的目的来看，对违规网络行为的惩罚是使网络主体的行为符合既定秩序的首要条件。正如凯尔森所言，"惩罚技术优于奖赏技术"②。网络主体可能不会实施强制性网络规范所鼓励的行为（如，保护个人隐私、维护网络环境），但是他们绝对会尽量避免实施强制性网络规范所制裁的行为（如，制作电脑病毒、传

---

① ［奥］凯尔森：《法与国家的一般理论》，沈宗灵译，中国大百科全书出版社1996年版，第15页。

② ［奥］凯尔森：《法与国家的一般理论》，沈宗灵译，中国大百科全书出版社1996年版，第18页。

播网络谣言)。因此，对于强制性网络规范而言，对违规网络行为的惩罚才是其实现的条件。

非强制性网络规范是没有强制力量支撑的网络规范。非强制性网络规范主要以网络主体的内心世界和外部舆论为支撑力量，通过对网络主体的精神世界造成一定的压力来驱动网络主体做出符合规范的行为选择。然而，虽然非强制性网络规范可能对网络主体造成很大的精神压力。但是这种精神压力不同于物质性的强制力，违反非强制性网络规范也不会导致实质性的惩罚。特别是网络主体在互联网中的行为具有虚拟性、匿名性和超时空性等特征，这就使得网络主体不会受到过多的物质性强制，而更多地受到网络舆论和良心的约束。因此，即使违背了非强制性网络规范，互联网的特性也会使网络主体避免承受过多的实质性惩罚。

网络道德是最典型的非强制性网络规范。网络道德对网络行为的约束就是在网络主体的内心世界和外部舆论的驱动下实现的，网络主体即使违反了网络道德也不会承受实质性的惩罚，有的可能只是良心的不安和舆论的谴责。例如，在网络中编造虚假身世，博取网民同情的人，即使被揭开了假面具，除了遭受一些道德谴责之外，是不会受到任何实质性惩罚的。网络风俗习惯也属于非强制性网络规范，也没有强制力的支撑。例如，在公众场合不谈论性是中国人的传统观念，在网络论坛中不谈论性也是中国网民的一种习惯。但是对于那些想通过在网络上散布自己的艳照而出名的人，网络风俗习惯根本不起作用，相反人们对他们的谴责正好符合他们博取眼球的目的。网络礼仪也是一种非强制性规范，网络礼仪能够使网络主体表明自己的身份，表达自己的情感。网络主体是出于自己的本心而遵守网络礼仪的，但是不遵守网络礼仪对网络主体也不会造成实质性的伤害。例如，电子邮件书写格式规范、简洁明了是邮件发送者应当遵守的网络礼仪，但是即使不规范书写电子邮件也不会对发送者造成任何实质性的影响，只可能导致邮件接收者阅读困难或无法体会到发送者的情感。

非强制性网络规范无法通过强制力迫使网络主体采取或放弃某种网络行为，但是非强制性网络规范却能通过对网络主体内心世界的作用，驱动网络主体采取或放弃某种网络行为。因此，尽管非强制性网络规范无法迫使网络主体必须做出某种行为选择，但是非强制性网络规范却可以将网络规范，特别是强制性网络规范内化，使网络主体从他律走向自律。例如，中国的网络法律打击制造和传播网络谣言的行为，而“不造谣、不传谣”也是网络道德的内容，通过网络道德对网络主体内心世界的作用，就能够将“不造谣、不传谣”的网络规范内化。这样“在法律起作用的地方，伦理作为主体的一种自律机制，可以辅助法律作用的有效发挥，大大降低法律的执行成本”①。

五 扩展性网络规范与自发性网络规范

在互联网中活动的人们经常面对一些现实规范的影子，但同时也面对许多互联网出现后才产生的规范。互联网作为人类活动的新型空间，调整人们行为的网络规范有的是现实世界中的规范扩展到互联网，与互联网结合起来形成的（如，不得利用互联网盗窃财物，不得利用互联网传播谣言）；有的则是互联网出现后，人们根据互联网和网络行为的特征制定的（如，不得非法入侵网络系统，不得传播计算机病毒，网络实名制）。因此，根据网络规范的形成方式的不同，我们可以将网络规范分为扩展性网络规范和自发性网络规范。

互联网并没有将进入其中的网络主体一分为二，进入互联网中的网络主体仍然是具有物质实体的个人或组织。调整和约束人们行为的现实规范也不会因人们进入互联网就失效，相反一些现实规范会和互联网结合起来，重新成为调整人们在互联网中行为的网络规范。例如，“切勿偷盗”“诚实守信”这类现实规范与互联网结合就形成了“切勿利用互联网偷盗”“网络交易要诚实守信”这样的网络规范。从某种角度来说，我们可以把这一类网络规范的形成方式看作现实规范从现实世界到互联网的扩展。因此，我们认为将这种网络规范称为扩展性规范是恰当的。还有一类网络规范是互联网出现后，人们根据互联网和网络行为的特征制定出来的。例如，互联网的互相联结特征，使得互联网容易被非法入侵和感染病毒。因此，人们据此制定了“不得非法入侵网络系统”“不得制作和传播网络病毒”之类的网络规范。再如，网络行为的匿名性特征使得网络犯罪数量呈上升趋势，因此有些国家或管理机构就开始探讨实施网络实名制，要求网民接入互联网进行实名登记。这一类规范都是互联网出现后人们根据互联网和网络行为的特征制定出来的，受到现实规范的影响较小。

---

① 李伦：《鼠标下的德性》，江西人民出版社 2002 年版，第 163 页。

从一定角度来讲，这一类网络规范是人们根据互联网和网络行为的特征自主制定出来的，由于没有现成的名称，根据其形成方式具有自发性特征，我们暂且将其称为自发性网络规范。

扩展性网络规范是现实世界中的现实规范与互联网结合起来形成的，是现实规范的扩展。首先，一些网络法律是现实法律的扩展。例如，关于互联网专利权和版权的法律就是以现实世界中的专利法和版权法为蓝本的，甚至关于互联网专利权和版权的法律就是现实世界中专利法和版权法的一个条目。如《计算机软件保护条例》就是根据《中华人民共和国著作权法》制定出来的，而且《中华人民共和国著作权法》也明确将计算机软件作为保护的对象。其次，大部分网络道德都是由现实世界中的道德伦理扩展而来的。例如，“不得利用互联网偷窥和传播他人的隐私”“网络交易不得违背诚信原则”“不得利用互联网对他人进行语言攻击”等网络道德就是扩展性网络规范。它们都是由诸如“尊重他人隐私”“诚实守信”“避免伤害别人”之类的现实规范与互联网结合起来形成的，是现实世界中的道德伦理规范的扩展。最后，现实世界中的一些风俗习惯和礼仪也很容易扩展到互联网之中成为网络规范。例如，中国人通过电视机收看春节联欢晚会已经成为一种过年风俗，互联网出现后，越来越多的网民开始通过互联网观看春节联欢晚会。这样通过互联网观看春节联欢晚会也就逐渐成为中国人的一种过年风俗。另外，初次见面的人彼此问候是基本的社交礼仪，在网络中也是一样，陌生网友之间的交往都是通过互联网传递一句“你好”或一个笑脸图像开始的。

自发性网络规范是互联网出现后，人们根据互联网和网络行为的特征自主制定出来的。互联网和网络行为的特征使得现实规范无法有效调整人们的网络行为，因此符合互联网和网络行为特征的网络规范必须制定出来，这样才能保证人们在互联网中的行为合理有序，才能维护互联网的健康发展。

首先，一些网络法律是人们结合互联网和网络行为的特征制定的，属于自发性网络规范。例如，网络行为的匿名性特征使得网络犯罪增多。为了打击网络犯罪，就要制定相应的网络法律，而《全国人民代表大会常务委员会关于加强网络信息保护的决定》就是一项从源头上消解网络行为匿名性特征的网络法律，其中第六条规定：“网络服务提供者为用户办理网站接入服务，办理固定电话、移动电话等入网手续，或者为用户提供信息发布服务，应当在与用户签订协议或者确认提供服务时，要求用户提供真实身份信息。”

其次，一些网络道德和网络习惯也属于自发性网络规范。例如，互联网的全球联结使得网络病毒一旦传播开来可能感染全球无数台计算机，危害性极大。这样就需要网络主体结合互联网的这一特征制定相应的网络规范，如“不发送包含病毒的电子邮件”“不制作网络病毒”之类的网络道德；“不浏览非法网站”“不点击来源不明的文件”“经常查杀电脑病毒”之类的网络习惯。

最后，网络技术规范也属于自发性网络规范。网络技术规范的基础是互联网的运行规律，是人们结合互联网的运行规律制定出来的，是专门针对互联网本身特征的网络规范。例如，为了实现互联网资源的共享，万维网之父蒂姆·伯纳斯-李（Tim Berners-Lee）制定了统一资源标志符（Uniform Resource Identifier，URI）规范，该规范就是专门用来标志互联网中的全部资源的地址和目录，帮助全球互联网用户访问互联网资源的网络规范。

总之，根据不同的划分标准可以将网络规范划分为不同的类型，且不同类型的网络规范各自具有不同的功能。当然，除以上五种划分方法外，还有其他的划分方法，如可以将网络规范划分为网络法律、网络道德、网络风俗习惯、网络礼仪和网络技术守则；还可以根据网络规范对行为的要求的强弱，将网络规范划分为授权性网络规范和提倡性网络规范；根据网络规范使谁受益，将网络规范划分为双益性网络规范和独益性网络规范；等等。

第三节　网络规范构建的意义

互联网构建了一个人类活动的新型空间，在其中人类可以跨越地理疆界的阻隔，超越时空限制进行交往活动；但同时，网络犯罪、网络暴力、网络监控、信息泄露、网络谣言、网络沉溺等网络问题的出现也使得人们逐渐意识到互联网并非人们想象的那么美好，它在赋予人类行为自由的同时，也有可能成为一种制约人类生存和发展的工具。互联网是科技进步的结果，它的本质是一种工具。因此，对于人类而言，互联网是福音还是灾难，关键在于人类自身。互联网的兴起是时代潮流，人们只能顺应这种历史潮流而不是逆流而上，互联网为人类的生存和发展描绘了美好的未来，但如何实现这种美好的未来关键在于人类如何对待和使用这种工具。因此，互联网时代的人们面临的首要问题是如何使用互联网，人们必须就如何使用互联网达成一致意见，将互联网纳入人类可以控制的范围。这就意味着人们必须制定出一套得到普遍认可的网络规范系统，从而端正人们对待互联网的态度，规范人们使用互联网的行为，进而使互联网的发展与人类社会的进步统一起来，使其真正造福于人类。

然而，在现实的互联网生活中，由于对互联网本质的模糊认识，以及网络主体之间的利益竞争，人们大多出于各自的立场与利益对互联网的当下状态与未来发展各抒己见，人们尚未清晰地意识到一套具有普遍约束力的互联网规范系统的重要性和意义。在这里，我们的态度是明确的，互联网并非法外之地，互联网法律、互联网规章制度、互联网技术规范等互联网规范是人们在互联网中进行活动的必要条件，没有它们互联网必然陷入混乱，必然阻碍互联网的发展。对理论问题的回答，现实的答案往往更有说服力。目前来看，相对于互联网日新月异的发展，规范人们网络行为的互联网规范系统的构建整体上处于滞后状态，大多数情况下，人们在互联网中的行为处于无法可依、无规可循的状态，这也是出现种种互联网问题的根本原因。因此，针对人们对互联网当下状况与未来发展的普遍疑虑，我们有必要进一步阐述构建互联网规范对人类的互联网生活以及互联网发展的重要意义。

一　网络规范是应对网络问题的必要条件

互联网的出现改变了人类的生活，人类生活的全部内容几乎被囊括其中，人类正享受着一种以往时代从没有过的便捷、快速与多元的网络生活。然而，人类在享受互联网发展带来的巨大红利的同时，网络犯罪、信息泄露、网络监控、网络盗版、网络暴力、网络沉溺、不良信息传播、网络谣言等一系列网络问题也困扰着生活在网络时代的人们。可以说，网络问题已经成为制约互联网发展的巨大桎梏。

网络问题是随着互联网的发展而不断出现的。总体而言，网络问题大致上可以分为以下三类。一类是互联网独有的问题，如网络监控、信息泄露、网络安全威胁、网络攻击等，此类问题是随着互联网的发展而出现的，只存在于互联网中；一类是现实问题在互联网中的延伸，如网络犯罪、不良信息传播、网络侵权等，此类问题是现实世界中的相应问题借助互联网显现出来，可以说是现实问题的变种，但产生的消极影响更大、更严重；最后一类是对互联网的不合理使用产生的问题，如网络沉溺、网络暴力、网络异化等，此类问题主要是由于人们不合理地使用互联网或过度依赖互联网产生的，导致互联网对人的现实生活产生了极大的消极影响。

互联网是科技进步的产物，尽管互联网使得人类能够在某种程度上超越物理空间限制，增强自身的行为活动能力，但是网络问题的存在却表明，互联网也有可能逐渐异化为制约人类发展的一种异己力量。正如马克思所言："人越是通过自己的劳动使自然接受自己的支配，神的奇迹越是由于工业的奇迹而变成多余，人越是会为了讨好这些力量而放弃生产的乐趣和对产品的享受。"① 作为工具的互联网不应成为支配和制约人的力量，成为人类崇拜、迷信甚至畏惧的对象，否则人类必然迷失在互联网中。不断出现的网络问题预示了互联网并非早期的互联网先行者预期的那么完美无缺。网络问题的不断出现一方面增加了互联网管理的难度，制约了互联网的发展，扭曲了互联网的真正价值；另一方面侵犯了人们的合法权益，扰乱了社会的正常秩序，危害了国家的主权安全。

网络问题的出现源于人们对互联网的不合理使用。因此，如何应对网络问题实质上就是如何合理使用互联网的问题，即人们以理性的态度对待和使用互联网。人们应当规范自己使用互联网的行为，为自己的网络行为提供正确的指导、合理的评价标准，使其有理有据、合情合理，从而达到解决网络问题的目的。实现这一目的的关键在于必须构建一套使用互联网的规范系统，特别是要加快互联网立法。"网络立法是指以法律形式保护公民个人及法人信息安全，确立网络身份管理制度，明确网络服务提供者的义务和责任，并赋予政府主管部门必要的监管手段。"② 网络空间并不是一个平行世界，互联网对现实社会的渗透越深，对现实世界的影响就越大，可以说人们在互联网中的一举一动随时都影响着现实世界中人们的生存和发展。因此，互联网并非法外之地，必须加快互联网立法，通过互联网法律规范人们的网络行为，以法律的强大效力保证人们在互联网中的行为合理、合法，从而促进网络问题

① 马克思：《1844 年经济学哲学手稿》，人民出版社 2002 年版，第 59—60 页。

② 陈纯柱、王露：《我国网络立法的发展、特点与建议》，《重庆邮电大学学报》（社会科学版）2014 年第 1 期。

的解决。当然，网络问题的解决也离不开政府之外的其他网络主体的努力，网民或网络组织在国家法律和政策的基础上制定一定的网络行为规范或网络公约并自觉遵守，同样是解决网络问题的有效途径之一。

二 网络规范是实现网民网络权益的前提条件

互联网为人类创造了一个新的活动空间，互联网以其独特的魅力吸引着现实世界中的人不断加入其中。据统计，截至 2021 年年底，仅中国的网民规模就达到 10.11 亿，互联网普及率为 71.6%。[①] 数量庞大的网民在互联网中生活、学习、工作、咨询、购物以及交往；海量的个人信息，包括财产与健康信息、家庭工作单位信息、电子邮件、购物信息、交往信息等都保存在个人电脑或计算机系统中。可以说，网络活动的正常进行与个人信息的保护是网民关心的首要问题，是人们选择进入互联网进行网络活动的前提，是网民在互联网中享有的基本权益。同时，由于互联网的发展也是以网民的网络活动为基础的，互联网发展到今天的规模源于数量庞大的网民在其中的网络活动，如果人们出于对网络权益无法实现的担忧而选择不使用互联网，或减少对互联网的使用，那么反过来也制约了互联网的发展。因此，网民网络权益的实现既是人们不断加入互联网的动力，也是互联网健康发展的前提条件。

网络权益的实现是网民的基本权利，具体而言网络权益应当包括两个方面。一是网民接入互联网的权利，接入互联网是人们成为网民，使用互联网的前提。完善的互联网基础设施、合理的互联网资费标准、较低的互联网接入门槛是人们接入互联网的基础和前提，只有这样才能消除网民与非网民之间的数字鸿沟，才能不断吸引更多的人进入互联网中活动。二是网民在互联网中活动的权利，其中最主要的就是网民活动过程中保护信息安全的权利。互联网是个信息空间，信息在互联网中可以匿名、跨距离传输，“如此设计网络正是为了使任何人都能够不受任何干涉地发送任何形式的数字内容到世界任何地方”[②]。互联网的这种特性是吸引人们不断加

① CNNIC：《第 48 次中国互联网络发展状况统计报告》，中国互联网络信息中心，2021 年 9 月 15 日，http：//www.cnnic.net.cn/NMediaFile/old_attach/P020210915523670981527.pdf，2022 年 1 月 8 日。

② ［美］理查德·A. 斯皮内洛：《铁笼，还是乌托邦：网络空间的道德与法律（第二版）》，李伦等译，北京大学出版社 2007 年版，第 50 页。

入和使用互联网的主要原因之一。网民在互联网中的活动都是通过信息传输实现的，信息是网民网络活动的媒介，信息安全关系到网络活动的成败。然而，“在一个网络化的社会里，信息像闪电一样快速地流动，可能会产生刚被输入电脑时所无法预料的后果”①。人们在互联网中的一举一动都被转化成数据存储在计算机或互联网服务器中，信息一旦被保存就可能流动，可能被泄露或篡改，而那些关乎个人隐私、名誉以及财产等的信息一旦被泄露或篡改，就可能对网民产生不利的影响。

网络权益的实现是网民进行网络活动的前提。然而在实际的互联网生活中仍然存在着诸多因素，制约着网民网络权益的实现。在接入互联网方面，根据世界银行发布的研究报告《数字鸿沟》显示，2005—2015 年的十年间，互联网用户数量从 10 亿人发展到 32 亿人。尽管如此，世界上还有超过一半的人口不知互联网为何物，存在着巨大的数字鸿沟。世界上有一半人口被排除在互联网之外，成为信息穷人。在互联网时代，信息资源的匮乏意味着远离创造财富的机会，数字鸿沟的存在最有可能导致互联网时代贫富差距的拉大。在网民的互联网活动方面，互联网信息安全是威胁网民活动最主要的问题。《2013 年中国网民信息安全状况研究报告》显示②，截至 2013 年 12 月，74. 1%的网民在过去半年内遇到过信息安全问题，总人数达 4. 38 亿。在遭受安全事件的人群中，50. 4%的人认为“花费时间和精力”，有 28. 2%的人学习或工作受到了影响，13. 1%的人重要资料或联系人信息丢失，8. 8%的人经济受到了损失。在遭受经济损失的人群中，平均每人损失了 509. 2 元，过去半年全国因信息安全遭受的经济损失达到了 196. 3 亿元。此外，一些互联网管理部门或互联网企业也在网民不知情的情况下收集网民的网络活动信息且不告知其用途。在互联网中，“个人行为处处留下数字化信息的踪迹，被有系统地收集在电脑数据库中，并且以光速或音速在不同电脑间来回传输”③。通过收集和分析网

① ［美］乔尔·鲁蒂诺、安东尼·格雷博什：《媒体与信息伦理学》，霍政欣、罗赞、陈莉等译，北京大学出版社 2009 年版，第 234 页。

② CNNIC：《2013 年中国网民信息安全状况研究报告》，中国互联网络信息中心，2013 年 12 月 19 日，http：//www.cnnic.cn/NMediaFile/old_attach/P020131219359905417826.pdf，2016 年 6 月 20 日。

③ ［美］马克·波斯特：《第二媒介时代》，范静哗译，南京大学出版社 2001 年版，第 93 页。

民的网络活动信息，如网购记录、往来邮件、网页浏览记录等信息完全可以分析出网民的偏好、习惯、住址、健康状况甚至财产状况，而这些信息一旦泄露，对网民产生的消极影响是不可估量的。

网络权益的实现离不开对网络权益的保护，只有通过互联网规范把网民的网络权益确定下来，规定网络权益的内容和破坏网络权益所要遭受的惩罚，才能为网民网络权益的实现创造条件。

首先，在保护网民的互联网接入权方面，通过制定鼓励和支持落后地区的互联网发展政策，加强落后地区的互联网基础设施建设和资金扶持，才能缩小数字鸿沟。因此，政府部门或互联网企业应当制定合理的互联网发展规划，加强落后地区互联网基础设施的建设；制定合理的互联网资费标准，降低互联网资费水平，努力提高互联网普及率。例如，2013 年公布的“宽带中国”战略实施方案，部署了未来 8 年宽带发展目标及路径，把互联网宽带上升为国家战略性公共基础设施，意味着中国政府意识到数字鸿沟的消极影响，开始提高互联网普及率，消除信息穷人。

其次，在保护网民的网络活动方面，只有通过制定保护网民信息安全的互联网规范，特别是互联网法律，才能保护网民的信息安全，才能进行正常的网络活动。一方面，应当把网络信息安全纳入法律保护的范围，如《全国人民代表大会常务委员会关于加强网络信息保护的决定》就是以立法的形式把信息安全纳入法律保护的范围，规定保护任何能够识别公民个人身份和涉及公民个人隐私的电子信息；另一方面，互联网管理部门或互联网企业应当制定合理的关于网民信息收集和使用的规章制度，应当在网民知情同意的前提下进行对网民网络活动信息的收集、管理和使用，只有这样才能避免信息收集对网民造成的不良影响，消除网民的担忧。如《杭州市计算机信息网络安全保护管理条例》就规定，“任何单位或者个人不得擅自增加、修改、删除、复制他人计算机信息网络的数据；不得擅自利用计算机信息网络收集、使用、提供、买卖他人专有信息等。”

三　网络规范是促进互联网创新发展的重要手段

互联网的出现拓展了人类生存的空间，大大缩减了人类交往的时空距离，改变了传统的人类思维模式，创造出一种全新的人类生存与生活方式。可以说，互联网改变了人类的生活与生存状态，而互联网的发展关系着人类的未来。

具体而言，互联网的发展包括两个方面。一方面，互联网的发展离不开互联网的创新。在某种程度上说，“网络上具有价值的东西，乃是可以落实想象力，可以迅速创作新内容的创造能力”①。互联网发展的动力是互联网的创新，创新不止，互联网的发展就不会停下脚步，唯有创新才是互联网发展的生命力。因此，为了保持互联网的发展，“信息产业面临的首要问题是如何奖励创新”②。只要创新得到鼓励和保护，互联网发展的脚步就不会停，互联网就能为人类的生存和发展做出更大的贡献。另一方面，互联网的发展离不开互联网生态环境的健康与安全。随着互联网对人类社会的渗透，它已经成为人类生存与生活不可缺少的组成部分，互联网生态环境也就是人类的生存环境。一些人将互联网的“虚拟性”与“虚幻性”等同起来，认为互联网是一个虚幻的活动空间，对其破坏不会影响人的生存。然而，“网络空间是一个数字化的空间，是一个虚拟的环境，在其中出现的网络环境问题也具有虚拟性。它不像现实中的自然环境问题，它破坏的是虚拟的环境，属于数字破坏。但这又不同于虚幻性，它是实实在在的破坏”③。这种破坏同样会造成严重的后果，甚至影响到现实世界中的人。正如尼葛洛庞帝说：“计算不再只是和计算机有关，它决定我们的生存。”④ 因此，互联网生态环境是否安全、健康决定了人们能否在互联网中生存和生活，而人们在互联网中的生存和生活构成了互联网的全部内容，是互联网发展的动力之一。因此，想要维护互联网的发展，必须维护互联网生态环境的健康与安全。

互联网创新与互联网生态环境的健康安全是互联网发展的两个必要条件，但是当前互联网的发展过程中，仍然存在不少问题制约着互联网创新和互联网生态环境的健康安全。在制约互联网创新的问题中，最主要的问

---

① ［美］约翰·布洛克曼：《未来英雄》，汪仲、邱家成、韩世芳译，海南出版社 1998 年版，第 33 页。

② ［澳］汤姆·福雷斯特、佩里·莫里森：《计算机伦理学：计算机学中的警示与伦理困境》，陆成译，北京大学出版社 2006 年版，第 10—11 页。

③ 唐一之、李伦：《“网络生态危机”与网络生态伦理初探》，《湖南师范大学社会科学学报》2000 年第 6 期。

④ ［美］尼葛洛庞帝：《数字化生存》，胡泳、范海燕译，海南出版社 1996 年版，第 15 页。

题是互联网盗版和侵权问题。以软件盗版为例，据统计，在中国，按全部安装计算机软件计算，2012 年盗版率为 11.8%，各类盗版软件按市值折算的价值总额为 2722.77 亿元。[①] 数据表明，计算机软件盗版已经严重地威胁到了互联网的创新发展，造成的巨额经济损失是对软件行业的沉重打击。一个公司或个人在软件开发过程中投入了大量的时间、金钱和精力，那么他们就应当拥有通过自己所开发软件获利的权利。如果他们的软件被其他人复制或盗版使用，那么无异于盗窃，必然会挫伤开发软件的积极性，从而窒息互联网的创新。在互联网生态环境健康安全的方面，信息污染、网络安全漏洞、网络监控危机、信息膨胀与信息资源短缺等问题时刻威胁着互联网生态环境的健康与安全。以信息污染为例，导致其发生的主要因素是不良信息的发布与传播。据统计，仅 2016 年 5 月，中国各地网信办举报部门、各网站共受理的有效举报为 248.9 万件，其中，淫秽色情类有害信息举报占比 60.4%，政治类有害信息举报占比 12.9%，诈骗类有害信息举报占比 8.2%，侵犯网民权益类有害信息举报占比 5.7%，暴恐类有害信息举报占比 2.1%，赌博类有害信息举报占比 1.3%，网络敲诈和有偿删帖类有害信息举报占比 0.1%，其他有害信息举报占比 9.3%。[②] 信息是网络之水，“网络之水被污染将导致网络生态系统的失调，影响网络的可持续发展”[③]。

互联网是人类的生存空间之一，互联网的发展关系人类的未来。因此，人们必须维护互联网的创新发展，构建互联网规范是维护互联网创新发展的有效途径之一。在保护和鼓励互联网创新方面，通过制定引导和鼓励互联网创新的政策和法律是实现互联网创新的重要途径。在引导和鼓励互联网创新的政策和法律中，最主要的就是关于计算机和互联网技术的版权法和专利权法，“版权法和专利权法二者都旨在营造一种激励发明创造的环境”[④]。版权法和专利权法一方面授予发明者的发明所有权，保护发

① “中国软件盗版率调查”课题组：《2012 年中国软件盗版率调查报告》，豆丁网，2013 年 5 月 21 日，https://www.docin.com/p-822400471.html，2020 年 3 月 5 日。

② 中国互联网违法和不良信息举报中心：《2016 年 5 月全国网络举报受理情况》，搜狐网，2016 年 6 月 8 日，https://www.sohu.com/a/81963153_116897，2016 年 6 月 20 日。

③ 李伦：《鼠标下的德性》，江西人民出版社 2002 年版，第 292—293 页。

④ ［美］特雷尔·拜纳姆、［英］西蒙·罗杰森：《计算机伦理与专业责任》，李伦、金红、曾建平译，北京大学出版社 2010 年版，第 229 页。

明所有者通过发明获取收益的权利，激发发明者创新的动力；一方面通过规定新发明受保护的范围和年限，保证科学技术发展的“建筑材料”没有永久的所有者，为后来者的创新大开方便之门。互联网规范制定者所面临的首要问题是如何恰当地鼓励创新，但又不阻碍互联网和计算机的可持续发展。“专利和所有权制度的合理性在于这些制度的初衷是让所有权产生良好的效果。”① 专利权法和版权法必须明确专有和公有之间的界线，进行恰到好处的保护，这样才能正确引导和鼓励网络创新。

在保护互联网生态环境方面，树立正确的网络生态观念，构建合理的互联网规范是保护互联网生态环境的有效途径之一。“在充分享受网络带来的美好生活的同时，我们应树立一种网络生态观，树立一种网络生态伦理意识：‘善待网络’。”② 人们要意识到互联网生态环境是人类的生存环境，不能随意破坏。人们应当通过构建合理的互联网规范保护互联网生态环境，惩罚破坏互联网生态环境的行为，在防治信息污染、信息膨胀与短缺、信息监控等方面做出贡献。以防治信息膨胀与短缺为例，互联网中有海量的信息，“随着信息数量的急剧膨胀，现有交流渠道愈来愈拥挤，这就有可能堵塞某些信息交流渠道”③。一边是虚假信息、垃圾信息等不请自来，塞满了信息通道；另一边是有效信息被堵塞在信息通道外或淹没在垃圾信息中，导致信息短缺。

四　网络规范是维护网络主权安全的必要条件

“网络空间具有非中心化、开放性、国际性、虚拟性和无界性等特点。”④ 这些特点使得早期许多互联网先行者把互联网看作一个自由的、与现实世界完全不同的空间。电子前线基金的创始人之一，约翰·P. 巴洛在其著名的《网络空间独立宣言》中就宣告：“工业世界的政府们，你们这些令人生厌的铁血巨人们，我来自网络世界——一个崭新的心灵家园。作为未来的代言人，我代表未来，要求过去的你们别管我们。在我们

---

① ［美］乔尔·鲁蒂诺、安东尼·格雷博什：《媒体与信息伦理学》，霍政欣、罗赞、陈莉等译，北京大学出版社 2009 年版，第 354 页。

② 唐一之、李伦：《“网络生态危机”与网络生态伦理初探》，《湖南师范大学社会科学学报》2000 年第 6 期。

③ 岳剑波：《信息环境论》，书目文献出版社 1996 年版，第 137 页。

④ 郭玉军：《网络社会的国际法律问题研究》，武汉大学出版社 2010 年版，第 13 页。

这里，你们并不受欢迎。在我们聚集的地方，你们没有主权。”① 可以说，在互联网的早期发展过程中，无政府主义思想曾受到许多人的追捧，打着这一旗号的人们认为国家与政府应当被隔绝在互联网之外，传统的地理边境、政府治理、国家主权等都应当在互联网中消失，互联网应当是一个完全自治的空间。

然而，随着全球互联网的兴起，围绕互联网控制权的竞争却日趋激烈，各国政府都不断加大在互联网领域的投入和研发，都把互联网作为未来国际竞争的主战场。互联网的控制权实质上是国家主权在互联网空间的延伸，也就是“网络主权”。2013 年联合国信息安全政府专家组报告明确地提出了网络主权原则，指出国家主权和由国家主权衍生出来的国际准则与原则，适用于国家开展的信息通信技术相关活动，也适用于各国对本国领土上信息通信技术基础设施的司法管辖。2013 年北约卓越合作网络防御中心发布《网络战国际法手册》，也确立了网络主权原则。中国政府也在官方文件中多次提及网络主权，2010 年《中国互联网状况》白皮书指出，互联网是国家重要基础设施，中华人民共和国境内的互联网属于中国主权管辖范围，中国的互联网主权应受尊重和维护。因此，互联网并没有独立于现实世界之外，相反却对现实世界的渗透越来越深、影响越来越大；生活在互联网中的人也不是虚幻的、超脱于现实世界的人，而是活生生的、现实的人。可以说，互联网并不是法外之地，“网络空间是由人创造的，其自身特点决定了其必然会存在诸多法律问题，而这些问题的解决需要国家介入，网络空间要想持续健康地发展离不开国家的规则和调整，这样一来，必然导致的一个结果就是国家主权向网络空间的客观延伸和网络主权概念的诞生”②。因此国家主权应当包含网络主权，在这一点上世界各国已初步达成共识。“一般认为，网络主权是国家主权在网络空间的延伸，即一国独立自主不受他国干涉地进行网络空间活动、处理网络空间事务并对网络攻击行为实施自卫的权利，它包括对本国网络系统的管辖权、对网络空间信息跨境流动的管理权和控制权、平等享有网络空间资源

① ［美］约翰·P. 巴洛：《网络空间独立宣言》，IdeoBook，2004 年 6 月 27 日，http：//www.ideobook.com/38/declaration-independence-cyberspace/，2016 年 5 月 8 日。

② 杜志朝、南玉霞：《网络主权与国家主权关系辨析》，《西南石油大学学报》（社会科学版）2011 年第 6 期。

的权利以及防范和打击网络攻击行为的权利等。”①

“网络时代国家主权的有效行使和维护离不开网络主权。”② 一方面，互联网对国家的政治、经济、文化和环境等各个方面的渗透越来越深，已经成为实现国家主权其他部分的必要途径；另一方面，网络主权已经成为国家主权不可分割的一部分，网络主权是人们享受网络时代的红利，追求幸福生活的必要条件，网络主权的完整是国家主权完整的重要标志。目前世界各国都在法理上确定了网络主权的内容和地位，都把网络主权安全提升到战略层面。2011 年美国政府出台的《网络空间行动战略》明确地提出“美国将使用一切必要手段防御至关重要的网络资产，像对待其他任何威胁一样，对网络空间的敌对行为做出反应并保留诉诸武力之权利”，美军的任务在于“有效慑止、击败针对美军网络系统的任何入侵和其他敌对行为”；中国成立了中央网络安全与信息化领导小组，对我国在新的历史条件下维护网络主权安全具有重大的战略意义。

“没有网络安全就没有国家安全。”③ 维护网络主权安全最重要的是“加强互联网领域立法，完善网络信息服务、网络安全保护、网络社会管理等方面的法律法规，依法规范网络行为”④。加快互联网规范的构建，特别是加快互联网立法，让活动在互联网中的网络管理机构、网络企业以及网民的行为有法可依是维护网络主权安全的必要条件。只有以立法的形式，把网络主权安全纳入法律规制的范围内，才能明确网络主体在互联网中的权利与义务，特别是明确各类网络主体在维护网络主权安全方面所承担的责任和义务。例如，维护国家利益的义务，不通过互联网泄露和传播危害国家利益的信息；维护互联网系统安全的义务，不制作和传播网络病毒和木马，不得非法进入和攻击计算机系统；维护互联网空间正常秩序的义务，不得发布和传播网络谣言，不得利用互联网实施监控等。

在这里，特别需要注意的一点是，不能把网络自由与网络主权对立起

---

① 汪重纶：《倡导网络主权极其重要》，《光明日报》2012 年 4 月 28 日第 3 版。

② 杜志朝、南玉霞：《网络主权与国家主权关系辨析》，《西南石油大学学报》（社会科学版）2011 年第 6 期。

③ 中共中央宣传部编：《习近平新时代中国特色社会主义思想学习纲要》，学习出版社、人民出版社 2019 年版，第 182—183 页。

④ 《中共中央关于全面推进依法治国若干重大问题的决定》，《人民日报》2014 年 10 月 29 日第 1 版。

来，网络自由与网络主权是统一的，网络主权安全是网络自由实现的必要条件，只有首先维护网络主权安全才能为网络自由的实现创造良好的条件。网络自由是有边界的，互联网法律应当明确网络主权安全是网络自由的边界之一，任何人、任何组织都不能以网络自由的名义，实施破坏网络安全，扰乱网络系统，传播不良信息等威胁网络主权安全的行为。同时，任何国家也不能打着网络自由的旗号，对其他国家的网络主权事务说三道四，侵犯别国的网络主权。例如，美国政府一边打着网络自由的旗号抨击中国的互联网政策与法律，另一方面却对全球互联网实施监控，通过种种手段向他国的互联网植入监控装置，其中 2013 年曝光的“棱镜”项目，以确凿的证据证实了美国正在对全球互联网实现高度进攻性的全面监控。

因此，面对日趋激烈的互联网国际竞争，在当下和未来的国际互联网舞台上，想要更多地发出中国声音，阐述中国主张，体现中国意志，维护中国网络主权、安全和发展利益，推动建设一个和平、安全、开放、合作的网络空间，任重而道远。其中的关键在于构建合理的互联网规范，特别是要加强互联网立法。互联网法律、互联网规章制度、互联网伦理规范、互联网技术规范等互联网规范是维护网络主权安全的必要条件，网民、互联网企业、互联网管理机构等网络主体对互联网规范的自觉遵守是实现网络安全的前提。目前来看，我国互联网立法与其他规范的构建尚处于起步阶段，直到 2016 年 11 月 7 日，第十二届全国人民代表大会常务委员会第二十四次会议通过《中华人民共和国网络安全法》，才使我国在维护网络主权安全，应对多重网络安全威胁等方面有了法律依据。但是，多领域多方面的网络立法仍需加快。因此，加快构建适合我国国情和网情的互联网规范，特别是互联网法律刻不容缓，这也是维护我国网络主权安全的必由之路。

第三章　网络规范的形成

网络规范的形成问题，也就是“网络规范形成的充分必要条件是什么”。现实世界中的“规范要么是约定俗成的，要么是权力机构制定的”[①]。厦门大学徐梦秋教授分析了决定人们“约定”或“制定”规范的因素或力量，指出“对与行为相关的客观规律或客观的因果联系的把握，对行为及其后果之利弊或价值的评价，共同构成规范形成的充分而且必要的条件”[②]。因此，我们要回答网络规范的形成问题，就要分析与网络行为相关的客观规律或客观因果联系，以及对网络行为及其后果的利弊或价值的评价，这二者构成了使网络规范从无到有的充分必要条件。在此基础上，我们才能进一步探讨网络规范形成的模式，以及人们“约定”或机构“制定”网络规范时应当注意的几个原则。

第一节　网络规范形成的条件和模式

一　网络规范形成的充分必要条件

（一）对与网络行为相关的客观规律或因果联系的把握

我们生活世界中的种种规范，无不显示出人类对与自己行为相关的客观规律或客观因果联系的把握，如“种瓜得瓜，种豆得豆”“朝霞不出门，晚霞行千里”之类的自然规范就反映了人们对自然规律的把握；而“禁止杀人”“切勿盗窃”之类的社会规范则反映了人们对行为的联系的

① 徐梦秋：《规范通论》，商务印书馆 2011 年版，第 17 页。

② 徐梦秋：《规范通论》，商务印书馆 2011 年版，第 25 页。

把握。人们对自然规律的把握形成自然规范相对容易理解，人们正是在生产或生活实践（如种植庄稼）中，认识和把握了自然的某种规律（如植物生长规律），将其应用到实践过程中，才形成相应的技术规范（如“种瓜得瓜，种豆得豆”）。然而对于后者，我们认为，正是由于人们在社会生活中认识到杀人行为剥夺了他人的生命，对他人的生命安全造成威胁，如果不加阻止，必然会导致人们对自身生命安全的担忧，使得社会成员之间相互猜忌提防，导致社会秩序崩溃。因此，正是对杀人行为与其结果的因果联系的认识使得全体或大部分社会成员形成禁止杀人的共同意向，从而形成“禁止杀人”的法律规范。因此，我们可以说，对与行为相关的客观规律或因果联系的把握是人们制定合理规范的必要条件。如果没有对与行为相关的客观规律或因果联系的把握，人们不可能制定出合理的规范。然而，网络规范是否与现实规范一样也反映出人们对与网络行为相关的客观规律或因果联系的一种把握呢？人们想要构建合理的网络规范，是否也必须认识和把握互联网的运行规律或网络行为及其后果之间的因果联系呢？接下来我们将展开具体的分析。

按照网络规范调整关系的不同，我们可以将网络规范分为调整网络主体与计算机或互联网之间关系的网络技术规范，调整网络主体之间关系的网络社会规范。从网络技术规范的形成来看，它主要是人们在生产和使用互联网的过程中逐渐建立起来的。一般而言，“技术的来源有两个基本途径，即生产经验的总结和科学原理的转化”①。

一方面，互联网是作为一种工具被人类认识和使用的，人们正是在使用互联网的过程中，逐渐认识和总结了互联网的一些运行规律，然后根据这些规律建立起了关于互联网使用的技术规范。例如，人们在使用电脑的过程中，由于眼睛长时间注视电脑屏幕，屏幕的闪烁对人的眼睛健康造成很大的影响，屏幕越闪烁，对人的眼睛伤害越大，可能造成视力下降、眼部不适、头晕眼花。而电脑屏幕的刷新率就是屏幕闪烁的指标，屏幕刷新率越高，屏幕闪烁越低，反之，屏幕闪烁就越高。因此，正是人们在使用电脑的过程中，认识到了屏幕闪烁对眼睛的影响，掌握了屏幕刷新率高低与屏幕闪烁的关系，人们才形成了应当尽量调高电脑屏幕刷新率的使用规范。一般来说，如果想要降低屏幕闪烁，保护眼睛健康，CRT 纯平显示

① 徐梦秋：《规范通论》，商务印书馆 2011 年版，第 558 页。

器的屏幕刷新率应调整到 85 赫兹，LCD 液晶显示屏的屏幕刷新率只需要 60 赫兹就可以了。

另一方面，计算机互联网是人类科技进步的成果，一些与计算机互联网相关的科学理论和技术原理就是互联网的基础，它们构成了计算机互联网的运行规律。因此，在某种程度上我们可以说，计算机互联网就是由这些科学理论和技术原理转化而来的。对于网络技术规范而言，大多数网络技术规范的构建都是以人们对计算机互联网运行规律，即与计算机互联网相关的科学理论和技术原理的把握为前提的。人们通过对相关科学理论和技术原理的把握，将其应用到计算机互联网发明与发展过程中，最后才形成了一些相应的网络技术规范。例如，为了更加方便地使用和操作计算机，人们发明了鼠标和键盘，为了使它们达到使用起来舒适、顺手、便捷以及有效等要求，就需要人们掌握人体工程学、运动生理学、材料学、光电学等一些学科的理论知识，并且将其运用到鼠标和键盘的研发和生产过程中，进而制定一些关于鼠标和键盘的技术规范或技术标准，为了使人们舒适地使用鼠标和键盘，鼠标和键盘的设计应当符合人的手形和手指间距离等。

因此，我们可以说，人们对计算机和互联网运行规律的把握是网络技术规范形成的前提之一，是使网络技术规范从无到有的一个必要条件。人们只有认识和把握了互联网的运行规律，才能将互联网的运行规律从“自在的必然性”转化为“为我的必然性”，才能形成指导网络主体行为的网络技术规范。

随着互联网的普及，人们在使用互联网的过程中，也逐渐制定了一些网络政策和网络制度，形成了一些网络习惯和网络礼仪。但是，这些网络社会规范的形成是否也必须以认识和把握互联网运行规律或网络行为及其后果之间的因果联系为前提？为此，我们可以先考察几种典型的、认同度较高的网络社会规范的形成，进而总结出一些具有普遍性的结论。

以网络法律规范的形成为例。全国人大常委会将“散布和传播网络谣言”的行为纳入刑法的处罚范围之内，使得“禁止散布和传播网络谣言”成为一条网络法律规范。这一网络法律规范实际上就反映了某种网络行为与其结果之间的联系。在互联网时代，互联网巨大的传播力量使得谣言的影响力和破坏力超出以往，导致混淆视听，掩盖事实真相，如果进一步发展将造成民众情绪的恐慌和社会秩序的混乱。正是因为对“散布和传播网络谣言”行为与其后果之间的联系的把握，全国人大常委会才通过立法形成了“打击散布和传播网络谣言”的决定，进而制定了“禁止散布和传播网络谣言”的网络法律。这一网络法律的制定过程就体现了，人们首先通过对网络行为与其后果之间的联系的把握，进而形成共同的意志，最后才通过共同意志制定了相应的网络法律。

以网络道德规范的形成为例。“不应当发送垃圾邮件”就是一项网民在发送电子邮件时应当遵守的网络道德规范。这一网络道德规范是如何形成的呢？每个网民都收到过垃圾邮件，也都为处理这些“不请自来”的邮件头疼不已。一方面，网民的电子邮箱会被各式各样的垃圾邮件侵入，占去不少的邮箱容量，同时这些垃圾邮件中包含了许多虚假、欺诈和病毒内容，网民一旦点击就可能中招；另一方面，人们在处理这些邮件时也会花去不少时间，据中国互联网协会发布的《2013 年第一季度中国反垃圾邮件状况调查报告》[①] 显示，中国电子邮箱用户平均每周处理垃圾邮件的时间为 8.7 分钟，这就导致了网民时间成本的增加，而且即使删除这些垃圾邮件，也得提防一不小心删掉私人信件，这就可能导致网民更大的损失。因此，发送垃圾邮件不但会导致邮件接收者的邮箱容量被占，计算机感染病毒；还会导致邮件接收者耗费时间，增加误删信件的风险等。如果任由这种状况发展，电子邮箱用户的权益就会遭受更大的损失，更可能导致整个电子邮箱行业发展受阻（如减少电子邮箱的使用）。所以，网民在互联网活动的过程中，逐渐地认识到了发送垃圾邮件及其后果之间的联系，因而达成一种共识，即不发送垃圾邮件，最后形成“不发送垃圾邮件”的网络道德规范。

以网络规章制度的形成为例，一些大的企业或机构一般都有供企业或机构内部成员沟通和交流的局域网，该局域网只供企业或机构内部成员沟通和交流，外人是不允许进入的。然而，无规矩不成方圆，为了更好地促进内部成员之间的交流和沟通，保护企业或组织的机密，维护局域网的安全，每个局域网都制定了相应的规章制度来管理内部成员在局域网中的行为，但是这些网络规章制度并不是随意制定的，而是参考了某种网络行为的客观因果联系。例如，如果企业或机构的内部成员擅自使用企业的计算

① 中国互联网协会：《2013 年第一季度中国反垃圾邮件状况调查报告》，2013 年 7 月 1 日，https：//www. 12321. cn/Uploads/pdf/2013Q1-anti-spam. pdf，2013 年 11 月 27 日。

机连接互联网，访问网页、收发邮件、聊天等，就可能使企业的计算机感染病毒，进而使企业的商业机密泄露或企业的局域网被破坏，造成巨大的经济损失。正是认识到了使用企业电脑擅自连接互联网与其造成的严重后果之间的联系，企业或机构的局域网管理员才制定了企业内部人员“不得使用企业电脑连接互联网”“不得使用企业电脑收发邮件”“不得使用企业电脑与外部人员聊天”等网络规章制度。

以上我们对三种典型的网络社会规范的形成进行了考察，从而得知，人们首先通过认识和把握网络行为与其后果之间的联系，形成一定的事实判断（如网络谣言导致民众恐慌，垃圾邮件导致网民耗费时间处理邮件，使用企业电脑连接互联网导致机密泄露、局域网被破坏），然后对这种后果进行评价，形成一定的价值判断（如民众恐慌不利于社会稳定，网民时间被耗费侵害了网民的权益，企业机密泄露、局域网遭到破坏造成了巨大的经济损失），最后才做出一定的规范判断，形成了网络社会规范（如禁止发布网络谣言，不得发送垃圾邮件，不得擅自使用企业电脑连接互联网）。由此可见，“规范判断是事实判断和评价判断相结合的产物，是真和善的统一”[①]。这些网络社会规范的形成都是在人们认识和把握网络行为及其后果之间的客观联系的基础上，形成了一定的价值判断，最后才制定出来的。从某种程度上说，这些网络社会规范的形成模式和条件具有一定的普遍性，对于我们考察其他网络社会规范的形成也是具有参考价值的。因此，我们可以说，对网络行为及其后果之间的客观联系的认识和把握是网络社会规范得以形成的必要条件。

综上所述，我们可以得出结论，对与网络行为有关的客观规律或因果联系的认识和把握是网络技术规范和网络社会规范得以形成的一个必要条件。正是因为对与网络行为有关的客观规律和因果联系的认识和把握，人们制定出来的网络社会规范才具有合规律性，这样的网络规范指导下的网络行为才具有可行性和达到预期目的的可能性。因此，人们要制定合理的网络规范，必须首先认识和把握与网络行为有关的客观规律或客观因果联系，只有这样，人们制定出来的网络规范才是可行的，能够达到预期效果。如果人们任意制定一条网络规范，且该规范不符合与网络行为有关的客观规律或客观因果联系，那么在它指导下的网络行为要么达不到行为目

① 徐梦秋：《规范通论》，商务印书馆 2011 年版，第 21—22 页。

的；要么就是耗费了大量成本，即使实现了行为目的也达不到应有的效果。这样的网络规范就失去了效力和存在的意义。

（二）对网络行为及其后果之利弊的评价

人们对与网络行为有关的客观规律或因果联系的认识和把握是网络规范形成的必要条件之一。规范是真和善的统一，“对规律的认知和对行为的价值评价，共同构成了规范从无到有的充足而且必要条件”①。一种符合规律的行为只有得到了人们普遍认可或否定，才能被人们提倡或禁止，进而成为一项规范。而一种行为能否得到人们的普遍认可或否定则取决于这种行为及其后果对社会有益或有害的价值评价，若对社会有益，则肯定之，使其形成提倡性或命令性规范；若对社会有害，则否定之，使其形成劝诫性或禁止性规范；若对社会无害，对个人有益，则将选择作为或不作为的权力赋予个人，形成授权性规范。因此，人们对某种网络行为及其后果之利弊的评价也就成为一种网络行为能否被确立为网络规范的另一个必要条件。

对一种网络行为及其后果之利弊的评价，属于网络行为的价值评价，评价的主体是包括网络主体在内的全体或大部分社会成员及其代表，他们根据网络行为对整个社会包括互联网的价值有无、高低或损益来进行评价。“只有那些经常出现的对社会普遍有益或有害的行为方式，才会被社会所广泛地提倡或禁止，从而转化为相应的行为规范。”② 因此，这里所说的价值只能是公共价值而不是对个人或少数人的价值，也不是对互联网有利而对现实社会有害的价值。对于前者的理解相对容易，我们不能把个人利益或价值置于公共利益或公共价值之上。然而，对于后者的理解却有一定的难度，因为互联网已经与现实社会有了相当程度的重合，越来越多的人也正在使用或即将使用互联网这种工具实现自己的行为目的。但是，互联网毕竟只是一种工具，工具本身的价值应当与公共价值一致，我们不能创造一种有损于公共价值的工具（如网络监控就与公共价值相悖）；同时互联网生活只是人类生活的一部分，人们在现实世界的生活仍然占据主要地位（如，许多网络成瘾的网民沉溺于互联网不能自拔，从而使其身心受损）；再加上仍有许多人由于知识匮乏或收入低下等原因被挡在互联

① 徐梦秋：《规范通论》，商务印书馆 2011 年版，第 23 页。

② 徐梦秋：《规范何以可能》，《学术月刊》2002 年第 7 期。

网的大门之外，互联网的使用不能损害他们的利益。所有这些原因都使得人们评价一种网络行为的依据只能是整个人类社会的公共价值，在此基础上，一些与公共价值一致的互联网的价值才能成为评价人们网络行为的依据。因此，在这里，我们可以说，对网络行为及其后果之公共价值的评价，构成了网络规范形成的必要条件之一，它和人们对与网络行为有关的客观规律或客观因果联系的认识和把握，共同构成了网络规范形成的充分必要条件。

对于一种合规律的网络行为而言，如果人们对这种行为及其后果的公共价值普遍认可或否定，即达成一致意见，那么就可以广泛地提倡或禁止这种行为，使其成为相应的网络规范；然而如果人们对其公共价值的评价无法达成一致意见，那么就无法广泛地提倡或禁止这种行为，也就无法将其确立为网络规范。因此，对于合规律的网络行为而言，它能否被确立为网络规范取决于人们能否对这一网络行为及其后果的公共价值达成一致的评价意见。

以软件盗版为例，禁止软件盗版行为能否被确立为一项网络规范，不仅取决于禁止软件盗版行为是否符合互联网运行规律或网络行为的因果必然性，还取决于人们对禁止软件盗版行为及其后果的公共价值能否达成一致的评价意见。如果所有或大多数人对禁止软件盗版行为及其后果的公共价值做出了一致性评价，即人们一致认为禁止软件盗版行为及其后果对社会有益、有害，或者对社会无害、对个人有益，那么人们就可以广泛地提倡、禁止或允许这种行为方式，使之成为一种肯定性网络规范、否定性网络规范或授权性网络规范。① 反之，如果人们对于禁止软件盗版行为及其后果的公共价值持不同评价意见，一些人认为禁止软件盗版行为对公共价值有害，而另一些人则持相反观点，并且二者争执不下，这就意味着人们对禁止软件盗版行为及其后果之公共价值无法做出一致性评价，这样人们就无法广泛地提倡、禁止或允许这种行为，从而无法将其确定为网络规范。因此，一项网络行为能否被广泛地提倡、禁止或允许取决于人们对该网络行为及其结果之公共价值的评价能否达成一致性意见，只要人们对网

---

① 依据规范对行为的态度，我们可以将规范分为肯定性规范、否定性规范以及授权性规范三种不同类型，肯定性规范告诉人们“应该如何”，否定性规范告诉人们“不应该如何”，而授权性规范则将行为的选择交给行为者自己，由他自己决定做或不做，并以授权的形式来表达。参见徐梦秋《规范通论》，商务印书馆 2011 年版，第 66—67 页。

络行为及其结果之公共价值的评价达成了一致性意见，那么该网络行为就能被确定为网络规范。

我们认为，在实际的互联网生活中，人们对某种网络行为及其后果的公共价值做出一致性评价有两个途径。一是人们对社会主流价值体系的认识和把握。一个社会的主流价值体系是一个社会的所有或大部分成员共同认可的价值体系，它是所有社会成员共同的行为指向标，那些符合或违背社会主流价值体系的网络行为及其后果之公共价值必然就是被社会成员共同认可或否定的，因而社会主流价值体系能够引导人们对某种网络行为及其后果的公共价值做出一致性的评价。二是所有或大部分人对网络行为及其结果的公共价值做出的一致性评价。一般来说，按照当今时代的民主传统，只要多数人对一种网络行为及其后果的公共价值做出了一致性的评价，那么就意味着这种网络行为被人们普遍认可、禁止或允许。因此，如何对一种网络行为及其后果的公共价值做出一致性的评价，就成为该网络行为能否被确立为网络规范的关键。这里我们将对上述两个方面展开具体阐述。

一方面，人们对社会主流价值体系的认识和把握是人们对网络行为及其后果的公共价值做出一致性评价的途径之一。一个有序运行的社会必须具有一个主流价值体系，这个主流价值体系是被社会成员共同认可和遵守的。只有这样才能使人们的行为具有共同的方向，使人们能够评价和预测自身及他人的行为。否则，人们对行为的指导、评价和预测就可能各执一词，互不相让，这样不仅无法规范人们的行为，而且会使人们之间矛盾尖锐，无法促进社会的有序运行，反而使社会陷入一种无序的混乱状态。互联网的出现使得人类活动扩展到网络空间，人们在互联网中结成的各种关系也属于人类社会的一部分，因而人们在互联网中的行为也需要主流价值体系的引导。人们所追求的价值体系并没有因人们进入互联网而发生变化，互联网只是提供了一种人们实现这些价值的工具。

一个社会的主流价值体系包含了这一社会中人们所追求的基本价值，它们是人们评价一种行为及其后果之利弊或价值的依据。例如，公平原则是人们追求的基本价值之一。在软件开发过程中，程序员很容易在编写过程中偏向某些特殊的人群，如某种性别、某种肤色、某种职业，甚至某种爱好的人群，使得他开发的整个软件偏向于某一群人或损害某些用户的利益。这种行为必然有悖于公平的原则，因而，依据公平原则，人们就很容易对上述这种开发软件的行为及其后果之公共价值做出一致的否定评价，即否定这种偏向于某些用户或损害某些用户的软件开发行为，进而反对或禁止这种行为，形成相应的网络规范，如《美国计算机协会（ACM）伦理与职业行为规范》[①] 就规定其每一名正式成员都应“做到公平而不歧视”的道德守则，避免对信息和技术的应用或错误应用可能导致的不同群体之间的不平等。再如，维护民族团结是中国社会的主流价值之一，那些通过互联网发表分裂民族、破坏民族团结的言论的行为是违背维护民族团结的主流价值的。因而，依据维护民族团结的主流价值，人们必然对通过互联网发表分裂民族、破坏民族团结的言论的行为之公共价值形成一致的否定评价，进而否定这种网络行为，形成打击通过互联网传播分裂民族、破坏民族团结的言论的网络规范，如《互联网信息服务管理办法》第十五条规定：“互联网信息服务提供者不得制作、复制、发布、传播含有煽动民族仇恨、民族歧视，破坏民族团结的信息。”因此，我们可以说，通过对社会主流价值体系的把握和认识，人们就能够对网络行为及其后果的公共利益或公共价值形成一致的评价。

另一方面，在民主社会里，只要全部或大多数人对网络行为及其后果的公共价值做出了一致性评价，那么就意味着这种网络行为被人们普遍认可、禁止或允许。在这里，评价的主体是所有社会成员，包括全体网民及其代表（如网络技术专家、意见领袖、网站经营者、网络管理机构等），只要所有或大部分人对一种网络行为（如不得使用盗版软件）及其后果的公共价值达成一致的评价意见（如不使用盗版软件有利于互联网创新），人们就能广泛地提倡或禁止这种网络行为（如不得使用盗版软件），进而形成相应的网络规范（如不得在网络论坛内发布盗版软件，不应在计算机中安装盗版软件）。

在这里，对网络行为及其结果的公共价值的评价标准还应当包含“效用性”原则，不能单纯地根据公共价值或公共利益的增加或减损来做出判断，而应当更加注重其效用，实践过程中的高效用性应当成为一条重要的评价标准。特别是在网络技术方面，互联网技术的发展日新月异，一种技术在很短时间内就可能处于落后状态，“在技术的评价和选择中，我

---

① 王正平：《美国计算机伦理学研究与计算机职业伦理规范建设》，《江西社会科学》2008年第12期。

们不仅要讲技术的合规律性，在此基础上更要讲技术的实用性、效益性”①。因而，对于一种网络技术而言，我们对其公共价值的判断标准应当包含“效用性”。以计算机数据端口的设计技术规范为例，早期人们使用磁盘进行存储，因而计算机必须设计磁盘插口；然而随着数字存储技术的发展，体积更小的移动 U 盘逐渐成为人们存储资料的工具，因而计算机就无须硬性规定设计磁盘插口，取而代之的是更小的数据插口；如今随着无线存储技术（如蓝牙技术）的发展，计算机的数据端口正在逐渐减少，也许最终会消失。因此数据存储从磁盘到 U 盘，再到无线存储的发展是技术不断进步的过程，与技术相关的计算机数据端口的设计技术规范也必须随之改变，这样才能适应技术的发展，保持技术的不断创新，否则只会阻碍技术的进步。因此，随着网络技术的进步，我们对一种网络技术的价值评价必须包含高效用性的标准，这样才能形成适应技术发展情况的网络技术规范。

另外，人们对一种网络行为及其后果的公共价值的评价过程是人们在全体网络主体利益的基础上协调彼此意见，最后达成一致意见的过程。我们认为，这一过程是一个民主商谈的过程，达成的一致意见的合理性来自民主商谈过程中的“自决”概念，即自己决定自己服从，而不是来自某种专制意见或神秘启示。哈贝马斯曾指出“现代法律秩序只能从‘自决’这个概念获得其合法性：公民应该时时都能够把自己理解为他作为承受者所要服从的法律的创制者”②。这正如在立法过程中，只有作为立法者和法律承受者的人们经过民主商谈达成的一致意见才具有合理性。人们在对网络行为及其结果的公共价值进行评价的过程中，无论这种网络行为及其后果有无公共价值，抑或以提倡、禁止或允许的形式将这种行为确立为何种规范，一旦评价意见通过民主商谈形成了一致的决议，这种评价意见就具有了合理性，所有人都应当服从。

然而，在现实中如何实现民主商谈的问题是我们必须考虑的。现实中参与商谈的人数量众多是最主要的问题，完全实现每个人都参与商谈

---

① 徐梦秋：《规范通论》，商务印书馆 2011 年版，第 570 页。

② ［德］哈贝马斯：《在事实与规范之间》，童世骏译，生活·读书·新知三联书店 2003 版，第 685 页。

是一种理想状态，因此我们必须形成一种最佳的民主商谈形式。哈贝马斯指出在立法过程中“公民应该一方面委托他们的代表在立法机构参加正式的民主商谈，另一方面自己也在公共领域参加非正式的民主商谈”[①]。因此，根据哈贝马斯的这一设想，我们认为在对一种网络行为及其后果的公共价值进行评价时，不一定要每个人都参与商谈。人们可以委托自己的代表，如网络技术专家、网民意见领袖（如知名博主、微博“大V”）等表达自己的意见，这些代表以其专业水准和职业素养在一定程度上能够表达所有人的意见，他们达成的一致意见在一定程度上也能够代表所有人的意见。同时，随着互联网的发展，互联网时代的信息传播和表达渠道，特别是自媒体（We Media）已经成为一种最通畅的沟通渠道，人们可以在这些公开的网站或互联网信息平台发表自己的意见，其自主性与开放性使得人们之间的商谈更加充分，使得个人意见得到更完整的表达，使得人们最后达成的一致意见更能够代表所有人的意见。因而，我们说互联网时代，通过民主商谈对一种网络行为及其后果的公共价值的评价就是人们对这种网络行为及其结果的公共价值或公共利益的一致性评价。

综上所述，我们认为，对网络行为及其后果的公共价值的评价是网络规范形成的必要条件之一。人们在把握了与网络行为有关的客观规律或客观必然性的基础上，通过认识和掌握社会主流价值体系，或以民主商谈的形式对一种网络行为及其后果的公共价值形成了一致性评价，进而提倡、禁止或允许这种网络行为，最后才形成了相应的网络规范。因此我们说，对与网络行为有关的客观规律或客观必然性的把握，对网络行为及其后果的公共价值的评价，共同构成了网络规范形成的充分必要条件。网络规范的形成过程就是人们对一种网络行为从认知环节到价值判断环节的发展过程，是从事实判断到价值判断，再到规范判断的发展过程。经由这一系列的环节，人们对一种网络行为或肯定、褒扬、模仿、推广之，或否定、批评、禁止、惩处之，或听之任之许可之，久而久之便形成相应的网络行为规范。

---

① 童世骏：《“事实”与“规范”的关系：一个哲学问题的政治—法律意义》，《求是学刊》2006年第5期。

二　网络规范的形成模式

劳伦斯·莱斯格说，“如果存在原本无规则的地方，那就是网络空间”[①]。互联网作为人类活动的新型空间，在其诞生之初可以说是一个规范的空白之所，进入其中活动的人们似乎进入一个规范的真空地带，没有现成的网络规范约束人们的行为。但是，互联网绝不是规范的真空地带，“所有社会在从最原始状态演进到最发达状态的进程中，人们都对自己施加了一些制约，以给出一个与其他人发生关系的结构。在人们的信息和计算能力有限的条件下，这些约束与没有制度的世界相比，它们降低了人们相互作用的成本”[②]。互联网的运行规律和现实世界中人们自身具有的道德观念从一开始就限制了人们在互联网中的行为，并且随着人们网络活动的增加，人类的行为必然要从无序走向规范，那些调整人们网络行为的网络规范也必然要开始从无到有、从少到多地发展起来，逐渐成为约束人们网络行为的主要因素。因此，我们说人们在互联网中的行为不是毫无约束的，随着人们在互联网中交往活动的增加，交往范围的扩大，人们逐渐开始有意识地制定一些约束彼此行为的网络规范。

我们认为，从形成方式来看，规范主要有两种，一是在人们的交往过程中自发形成的规范，如风俗习惯、道德准则、文化传统等；二是由相关机构制定的规范，最典型的如法律规范以及一些规章制度等。与现实规范一样，从形成方式来看，网络规范也可以分为两种，一种是在互联网中活动的人们结合互联网与网络行为的特征，通过彼此之间的交往和商谈自发形成的网络规范，如网络道德、网络习惯、网络礼仪等；另一种是作为互联网管理者的各种机构，如各级政府机构、国际互联网组织、互联网经营者等制定的网络规范，如网络法律、国际互联网运行规则、网站管理规章制度等。在这里，我们可以把前者看作一种网络主体自发形成网络规范的模式，把后者看作由相关机构制定形成网络规范的模式。

（一）网络主体自发制定形成网络规范的模式

人们在互联网中交往的时候能够形成约束彼此网络行为的网络规范，

---

① ［美］劳伦斯·莱斯格：《代码 2.0：网络空间中的法律》，李旭、沈伟伟译，清华大学出版社 2009 年版，第 35 页。

② ［美］道格拉斯·C. 诺斯：《制度、制度变迁与经济绩效》，刘守英译，上海三联书店 1994 年版，第 49 页。

这是一种网络主体自发制定形成网络规范的模式。网络主体自发制定形成网络规范的过程一般要经历交往商谈—达成共识—形成规范三个环节。

首先，不同肤色、语言、文化的人们怀着各自的目的进入互联网，彼此之间必然要发生交往和互动，产生分歧或矛盾，那么在双方都处于一个规范的“空白之所”时，解决双方分歧与矛盾的途径的存在就是必要的。按照哈贝马斯的观点，“实践之取向的确定，如果不以免予批判的宗教或形上的世界观作为后盾，最终必须从论辩，也就是反思形式的交往行动本身中获得”①。也就是说，在互联网的“前规范”阶段，如果人们的网络行为想要获得某种确定性，必须在互联网交往的过程中通过论辩、反思，即所有可能的行为相关者参与的商谈中获得。互联网时代是民主制度发达的时代，民主观念早已渗透到每个人的意识中，通过民主商谈的方式来解决问题早已成为人们协调彼此行为、解决分歧和矛盾的有效途径，人们在网络交往中的一切分歧和矛盾都能诉诸商谈来解决。因此，我们说，最初人们进入互联网活动的时候，人们的网络行为并不是无所适从、毫无约束的，人们并没有陷入无序的竞争，而是通过民主商谈的途径对彼此的行为施加了一定的约束。

在互联网时代，人们对信息的把握和意见的表达相较于互联网之前的时代，有了巨大的进步。一方面，凭借海量信息与畅通的信息传播渠道，在互联网中活动的人们能够轻松地掌握关于事件的完整信息，使得人们很容易认识事件的真相，形成相对客观的意见；同时人们也能够迅速、便捷地将自己的意见通过电子邮件、BBS、静态网页、动态视频、个人主页等信息渠道表达出来。可以说，互联网能够保证人们对事件发生的真实情况的完整把握和人们意见的最通畅表达，而这些对于人们进行的商谈有着重要的作用，保证了这两点，人们的商谈才能更加充分，意见才更加客观。另一方面，互联网的特征使得交往的双方隔着屏幕进行交流和互动，彼此之间既天各一方，又近在咫尺。这样“人们与陌生人交往，而且并不存在什么社会包袱使彼此分离和疏远。由于没有性别、年龄、种族、社会地位等方面的可视特征，交谈便会通往人们平时可能会避免的方向。这些虚拟社群的参与者们表达起来往往没有什么抑制感，对话很快就活跃起来且

① ［德］哈贝马斯：《在事实与规范之间》，童世骏译，生活·读书·新知三联书店第2003年版，第121页。

有所进展”①。所以，我们认为，正是由于互联网的发展，使得商谈有了巨大的进步，使得这种解决矛盾和分歧的方式更加完善。因而通过这种结合了互联网特征的商谈形式，我们更容易客观地、正确地达成对事物评价的一致意见，进而消除分歧与矛盾。

当今时代的民主传统中，代议制是民主制度的主要实现形式，人们委托代表在立法机构进行商谈，协调彼此的目的，达成一致意见，最后形成立法和决策。但是哈贝马斯指出，公民不能认为选出代表就没有事了，“公民应该一方面委托他们的代表在立法机构参加正式的民主商谈，另一方面自己也在公共领域参加非正式的民主商谈。而且，在公共领域中非正式的民主商谈和立法机构中正式的民主商谈之间，要建立畅通的、不受行政力量非法干预和利益集团扭曲的沟通渠道”②。互联网产生后，一个障碍较少的、畅通的、行政力量或利益集团控制力较弱的公共领域——网络空间已经出现了。这个公共领域符合人们充分表达自己的意见，对事件进行广泛的、非正式的商谈的要求。

同时在互联网中，任何人都能发布、传播和获取信息，在其中已经形成了一种强大的舆论力量，这种力量能够影响决策层面正式的民主商谈，不断推动决策者关注和解决人们所关心的事情，形成合理的决策与立法。例如，腐败问题受到了人们的普遍关注，随着互联网的发展，互联网已经成为反腐败的重要工具。根据《2012 年微博年度报告》指出，“在 2012 年广受关注的 15 起真实的网络反腐案件中，通过微博举报的共有 6 起，占 40%。其余 9 起案件中，微博虽然没有直接充当举报平台，但是其产生的巨大转发量，对案情的推动也产生了不可忽视的作用。”③ 正是由于微博在表达和沟通民意、监督政府及公务人员行为等方面的巨大作用，推动和影响政府和立法机关制定或出台相应的政策规定和法律。例如，2013 年 6 月 18 日四川省政府办公厅下发了关于加强政务微博应用的通知，通知要求，四川省政府各部门和相关单位今年内全部开通政务微博，并积极

① ［美］马克·波斯特：《第二媒介时代》，范静哗译，南京大学出版社 2001 年版，第 48 页。

② 童世骏：《“事实”与“规范”的关系：一个哲学问题的政治—法律意义》，《求是学刊》2006 年第 5 期。

③ 周凯：《微博反腐已进入“剥洋葱”式深度挖掘时代》，《中国青年报》2013 年 1 月 4 日第 3 版。

建立政务微博联动机制，政务微博与政府网站联动，提升政府信息发布的影响力和引导力。因此，我们可以说，作为公共领域的互联网有利于人们实现民主商谈，能够影响政府或立法机构的政策或法律的制定，使立法和决策更加符合民意，更具合理性。

其次，人们进行商谈的过程是一个不断协调各自利益和目的，最后达成共识的过程。进入互联网的人们各自怀有不同的目的。例如，邮箱用户希望杜绝垃圾邮件，而邮箱服务提供商却希望通过发送垃圾邮件来获利；软件企业希望打击盗版，软件用户却希望能免费使用软件；网络论坛希望用户不发送不良信息，要对用户发布的内容进行审核，论坛用户却希望自由发帖，不受约束；等等。因此，为了实现网络交往各方的目的，交往的各方必须协调各自的目的，达成具有客观性，并且符合各方利益的共识。也可以说，人们在互联网中进行的商谈过程是一个不断修正各自目的，最终达成共识，取得共赢的过程。

我们认为，互联网与人的网络行为的特征使得人们经过商谈达成的共识更具客观性，更加符合彼此的利益。一方面，互联网与现实世界的一个重要区别在于，互联网使人们能够摆脱现实世界的一些物质性因素的限制。因此，在互联网中活动的人们能够摆脱地理位置、身体特征、身份职业、地缘血缘等外在因素的影响，使其网络行为具有超地域性、匿名性等特征，这样就使得人们在表达自己意见或目的的时候更加明确和直接，使得商谈各方最后达成的共识更具有客观性。另一方面，互联网具有开放性特征，互联网是一个开放的平台，人们能够自由地选择进入或退出。互联网作为现实世界的倒映，退出互联网或没有进入互联网并不会影响人们的现实生存。从互联网发展的角度来看，互联网本身肩负着吸引更多现实中的人进入其中活动的使命。如果人们的商谈无法达成共识，必然会导致互联网秩序混乱，进而使得更多的人因无法实现自己的目的而选择退出互联网或较少地进入互联网，这样必然不利于互联网的发展。因此，为了维护彼此共同利益，实现共同目的，以及互联网的开放性使得在其中进行商谈的各方更加倾向于达成一种客观的、符合各方利益的共识，否则必然会损害双方的利益。

尽管互联网与人的网络行为的特征使得人们通过商谈达成的共识更加客观，更加符合各自的利益，但这并不是意味着人们达成共识的基础一定是参与商谈各方的利益。哈贝马斯指出，参与商谈的“交往行为的主体总是在生活世界的视野内达成共识”①。人们达成共识的理由中，“作数的仅仅是那些有可能被参与各方所共同接受的理由。在每一种情况下，都是同一些理由，才对交往行动者具有一种形成合理动机的力量”②。因此，我们认为那些被共同接受的理由只能是人们共同认可的公共价值和公共利益，这些公共价值和公共利益是人们达成共识的价值基础。

美国计算机伦理学家詹姆斯·摩尔认为，存在着一些人类共同认可的核心价值，如自由、公平、幸福、安全、公共利益等，“这些核心价值为评价我们的行为和政策的合理性提供了标准”③。这些人类共同认可的价值观念和公共利益可以成为人们达成共识的重要基础和依据。以网络个人信息保护为例，网民、网站、政府之间的商谈达成一致意见的基础和依据不能偏向任何一方；网民希望个人信息得到保护，网站需要收集个人信息获利，政府需要收集信息实现社会管理，三者通过商谈达成一致意见的难度可想而知；实际上目前已存的一些保护个人信息的网络规范总会受到另外一些人的抱怨。此时，达成一致意见的依据只能是各方都认可的共同价值和共同利益，如自由和公平是人类的基本价值，依据自由和公平达成的一致意见才能被各方接受，网站和政府可以收集网民的个人信息，但其必须保证信息的安全，保证其不被用来牟利，保证其不被不法分子所利用。网民允许其个人信息被收集，只要信息是安全的，可以被收集用来促进互联网的发展。以人们对软件版权的商谈为例，人们达成的一致意见不能依据某一方的利益。软件企业希望对软件拥有永远的版权，不希望其他企业或网络技术人员借鉴其成果，这样做必然不利于整个软件行业的创新发展；软件使用者希望永远免费使用软件，随意借鉴其他软件开发商的成果，这样又必然使得软件开发者无法收回成本，从中获取利益，从而不利于激发软件开发者的创新激情。因此，必须站在整个软件行业发展的高度，以软件行业的公共利益为依据来做出判断，才能达成有利于软件创新的共识，最终形成鼓励软件创新的软件版权规范。另外，互联网的高效率特征是互

① ［德］哈贝马斯：《交往行为理论》（第1卷），曹卫东译，上海人民出版社2004年版，第69页。

② ［德］哈贝马斯：《在事实与规范之间》，童世骏译，生活·读书·新知三联书店2003年版，第146页。

③ ［美］特雷尔·拜纳姆、［英］西蒙·罗杰森：《计算机伦理与专业责任》，李伦、金红、曾建平等译，北京大学出版社2010年版，第31页。

联网优于现实世界的最大特征，例如，微博以其开放的注册、快捷的传播、较少的审查等因素成为一种高效的内容发表和意见表达的渠道，受到广大网民的喜爱。互联网的高效率特征也是所有网络主体应当维护的价值，也应当成为人们达成共识的依据和条件。

最后，人们通过交往商谈，对与彼此相关的问题达成了共识，在此基础上形成了彼此都认可和遵守的网络规范。例如，在网络电子商务活动中，网络消费者与网络商家各有诉求，前者希望购买到物美价廉的商品，后者希望前者及时付款并给予好评，而保证财产安全则是双方共同关心的问题。因此，在交易过程中，通过网购平台的沟通工具（阿里旺旺、QQ、MSN）或网络商店的评论页面，商家和消费者表达各自的利益诉求，通过商谈，对禁止泄露网络个人信息，禁止泄露网民交易的账号密码，以及及时付款和发货的行为的公共价值达成了共识，从而确立相应的网络电子商务规范。人们进行商谈的目的是约束和协调彼此的行为，保证各自的目的或利益的实现。而规范就是具有不同程度普适性的行为指示或指示系统，因此只有网络规范才具有约束参与商谈各方的网络行为的普适性和稳定性。所以只有将经过商谈达成的共识确立为网络规范，才能对参与商谈的各方的网络行为形成普遍的、稳定的约束力。

而这种普遍的、稳定的约束力则来源于民主商谈的形式，按照哈贝马斯的说法，“法律规范和形成合法之法的机制，也就是民主原则”[①]。可以说，民主商谈原则就是网络规范有效性的来源，“只有那些所有可能受影响的人在参与理性的商谈时所接受的行为规范才是有效的”[②]。“当现代人问‘为什么我要受这个法律约束’的时候，别的回答他都不会满意，而只有这个回答他才可能满意：‘那是你自己参与制定的法律！’——参与制定自己要服从的法律，或反过来说，服从自己参与制定的法律，这就是‘民主’的意思。”[③] 因此，通过民主商谈程序形成的网络规范具有约束所有参与商谈的网络主体行为的效力，网络规范的效力蕴含在民主程序中，只有通过民主商谈将人们达成的共识确立为网络规范，人们在互联网中的

---

① ［德］哈贝马斯：《在事实与规范之间》，童世骏译，生活·读书·新知三联书店2003年版，第148页。

② 谢立中：《西方社会学名著提要》，江西人民出版社2007年版，第555页。

③ 童世骏：《“事实”与“规范”的关系：一个哲学问题的政治—法律意义》，《求是学刊》2006年第5期。

行为才具有共同的行为指南，才能约束和协调各自的网络行为，实现各自的行为目的。

此外，一些网络规范一开始可能只是一种约束力较低的、非正式的约定，人们各自遵守自己所承诺的义务或责任，如网络交易双方约定及时付款，及时发货；随着交往活动的频繁，这种约定就可能逐渐成为从事相同活动的网民之间共同认可的行为规则、习惯或礼仪，如网络商城或网络交易平台上的交易规范和服务规范；最后这种网络规范可能被人们正式确立为约束力较强的，能够约束所有网民行为的网络法律或网络规章制度，如中国国家工商管理总局颁布的《网络商品交易及有关服务行为管理暂行办法》。正如道格拉斯·C. 诺斯所言："从习俗、行为准则、行为规范到法律以及人们之间的合约，制度处于演进之中，因而在不断改进我们所能获得的选择。"① 一种非正式的规范只有被确立为正式的规范如法律，才能更好地约束人们的行为。在互联网时代，由于信息获取和交流的通畅，使得网民在公共领域内通过非正式商谈形成的网络规范在很大程度上就代表了网民的普遍意见和诉求。同时由于信息交流渠道的畅通，决策者和普通网络主体之间的联系更加紧密，网络主体的意见也能够畅通地送至决策者面前。因此，在互联网时代，作为非正式商谈的结果，网络主体之间的约定、网络主体交往过程中形成的一些网络行为准则、网络习惯、网络礼仪等非正式的网络规范往往很容易被决策者所采纳，它们一旦被确立为正式的网络规范，如网络法律、网络规章制度等，将具有更强的约束力和有效性。

综上所述，我们认为网络主体自发制定形成网络规范的模式就是人们在开放的网络平台（如 BBS、微博平台、微信平台、QQ 群）中讨论和商谈，对一种网络行为及其后果（如"不得造谣传谣""不得传播色情信息"）的公共价值进行评价并达成共识，最后将这种网络行为确立为网络规范的模式。互联网时代，开放的互联网平台与人们较高的民主意识使得民主商谈的方式成为人们对一种网络行为及其结果的公共价值进行讨论，达成共识和形成网络规范的有效途径。同时互联网以其顺畅的信息渠道和强大的舆论力量使得普通网民的非正式商谈能够推动决策层面做出相

① ［美］道格拉斯·C. 诺斯：《制度、制度变迁与经济绩效》，刘守英译，上海三联书店 1994 年版，第 7 页。

应的决策或立法。因此，我们认为，互联网本身的特性使得非正式领域中形成的网络规范能够体现全体或大多数网络主体的意见和诉求，同时互联网的特性也有利于这些非正式的网络规范被决策者进一步确立为正式的网络规范，这样就有利于人们对网络规范的认可与遵守，使得人们在互联网中的行为更加有序合理。

（二）相关机构制定形成网络规范的模式

人们在互联网中遵守的网络规范也有一些是由互联网管理机构或政府机构制定的网络政策、网络法律和网络规章制度，以及由网络技术专家或行业组织制定的网络技术规范。这些网络规范都是由一定的机构专门制定的、正式的、具有较大程度普适性的一般行为模式，所有网络主体在进行网络活动的时候都应当遵守。这种规范的形成模式我们将其称为相关机构制定形成网络规范的模式。但是，在具体的网络行为情景中，大多数网络主体往往是在这些一般行为模式的指导下，按照一些具体的、能够获得最大行为效果的网络行为方式而施行的。例如，网络盗版是网络法律禁止的行为，那么不传播、不下载、不浏览盗版作品就是人们在具体情境中所应遵守的网络行为方式。可以说，这种从一般的、正式的网络规范到具体的、非正式的网络行为方式的过程是一个从上而下的过程。因此，我们也可以把相关机构制定形成网络规范的模式称为自上而下的网络规范形成模式。

一般而言，这种模式有三种不同的表现形式。一是人们在网络法律、网络规章制度等一般行为模式的指导下，形成具体的、适用于不同情境的网络行为规范；二是网络经营者或互联网服务提供者在网络法律、网络规章制度等一般行为模式的指导下，形成具体的网络经营、管理和服务规范；三是普通网络主体在网络经营、管理和服务规范以及网络技术规范等一般行为模式的指导下，形成的具体的、适用于不同情境的、能够获得最大行为效果的网络习惯、网络操作规则、网络社交礼仪等。

首先，由互联网管理机构或政府机构制定的网络法律、网络政策或网络规章制度是最一般的网络行为模式，其普适性和强制性最强。人们在遵守这些一般性网络规范的前提下，才能够选择具体的、能够适应不同情景的网络行为方式。以网民在互联网信息平台发布信息为例，我国《最高人民法院、最高人民检察院关于办理利用信息网络实施诽谤等刑事案件适用法律若干问题的解释》第一条规定："将信息网络上涉及他人的原始信息内容篡改为损害他人名誉的事实，或明知是捏造的损害他人名誉的事实，在信息网络上散布，或者组织、指使人员在信息网络上散布的行为，应当被认定为‘捏造事实诽谤他人’。”该项法律规范就是一条最基本的、最具普适性的网络行为规范，同时也具有很大的强制性，所有网络主体在中国境内一旦违反该项法律，都将受到相应的刑法处罚。因此，人们在互联网中发布或转发信息的时候，必须以此为基础，不能跨越法律底线一步，否则就将受到法律的惩罚。

但是，人们却可以在该项网络法律的指导下，自由地选择信息发布的方式。如网民在转发信息的时候，可以查看该信息的转发次数，如果该信息被其他网民转发次数很多，那么其可信度较高；也可以查看网络信息的来源，如果该信息来源于权威部门或正规的信息渠道，那么该信息一般可信度较高，能够转发；网民还可以在转发之前通过互联网等渠道查阅资料核实信息的真实度，只有经过核实的信息，才能放心转发；等等。网络法律规定了网民一旦发布诽谤信息就会受到的法律惩罚，它在所有的信息发布方式中设置了一条底线，一旦跨越这条底线将受到惩罚。正如美国在线（AOL）前总裁史蒂夫·凯斯所言：“我们真诚希望你不要利用这个沟通的媒介做坏事，违反陆地上的法律。凡法院裁定联邦快递公司（Federal Express）和美国邮政局应合作的原则，且社会认为应当遵守的，应该也适用于网络。”① 但是，网民可以在遵守网络法律的前提下，制定具体的、适用于不同情境的网络信息发布规范，如只转发正规信息渠道发布的信息，只转发经过自己核实的信息，只转发被转发次数达到一定数量的信息，等等。因此，我们认为，针对具体的、特殊的网络情景或网络问题，人们可以在网络法律、网络政策、网络规章制度等一般的、正式的网络行为模式的指导下，制定具体的网络行为习惯、操作习惯或交往礼仪等非正式的网络行为方式。只有这样，人们才能保证自己的网络行为获得最大的效果，否则人们只能局限于一种固定的、僵化的网络行为模式之中，这样必然无法适应具体的、特殊的网络情景，使得人们在互联网中的行为受到限制，甚至可能导致人们放弃使用或退出互联网。

其次，网络经营者或互联网服务提供者是互联网中最主要的主体之

---

① ［美］约翰·布洛克曼：《未来英雄》，汪仲、邱家成、韩世芳译，海南出版社 1998 年版，第 61 页。

一，他们本身既是互联网的使用者，同时也是几乎所有互联网服务的提供者。在互联网的基本架构中，国家机构并不直接经营互联网或提供互联网服务，能够提供互联网服务和经营互联网的机构都是独立经营和获得国家授权的组织或机构。例如中国电信、中国移动、美国在线（AOL）等提供网络接入服务的网络运营商；提供信息服务的新闻网站，提供邮件服务的电子邮件服务商，提供资料检索服务的搜索引擎网站；提供上网服务的互联网经营场所，如网吧、咖啡厅、图书馆，以及具备无线网络信号的公共场所等。可以说，网络经营者和互联网服务提供者构成了整个互联网的主体架构。因而，这些网络经营者和互联网服务提供者本身的合法经营就成为互联网秩序中最重要的部分之一，他们必须遵守国家机关或互联网管理机构制定的网络法律、网络政策和网络规章制度，以及互联网技术行业制定的互联网技术标准或技术规范。在此基础上，他们可以根据自身的经营特点或理念，制定各自的经营、管理或服务规范。

以提供上网服务的互联网经营场所的经营、管理和服务规范的制定为例，公共图书馆、网吧、咖啡厅，以及提供无线网络服务的其他公共场所等是除了家庭和工作场所之外，最主要的互联网入口，人们能够在这些场所进入互联网活动。因此，可以说这些场所的合法经营、管理和服务是维护互联网秩序最重要的部分之一。据英国《每日电讯报》报道，英国前首相大卫·卡梅伦（David Cameron）曾推出“干净 Wi-Fi”政策：咖啡厅、火车站等可能有儿童的公共场所的无线网络将屏蔽色情内容。英国的这项互联网政策就是专门针对提供互联网接入服务场所的网络政策，它的目的正是规范提供互联网接入服务的经营者的行为，避免未成年人在这些场所利用无线网络浏览非法网站。因此，那些覆盖了“Wi-Fi”信号的公共场所就必须制定相应的管理、经营和服务规范，如在显眼的位置张贴标语，提醒带孩子的父母注意孩子的上网行为；根据自己的经营场所的特点，采取一定的技术手段将非法网站过滤或屏蔽；等等。

此外，互联网行业组织或机构发布的技术规范或行业行为守则也是网络经营者或互联网服务提供者所应遵守的网络规范，它们应当在这些技术规范或行业行为守则的指导下，进行相应的经营活动。例如，中国互联网协会发布的《互联网搜索引擎服务自律公约》《互联网终端软件服务行业自律公约》《反网络病毒自律公约》等网络规范，就是互联网搜索引擎行业和软件行业内所有从业者应当遵守的行业守则，他们应当在遵守这些行业守则的前提下，制定各自的经营、管理和服务规范。可以说，网络法律、网络政策、网络规章制度，以及互联网技术规范和行业守则只是从宏观上提出了互联网规范的依据和标准，而只有通过那些具体的、单个的网络经营者和互联网服务提供者才能将这些法律、政策、规章制度落到实处。因而，我们说，以互联网管理机构和国家机构制定的网络政策、网络法律和网络规章制度，以及互联网行业组织或机构制定的技术规范或行业守则为前提的网络经营、管理、服务规范是维护互联网秩序最重要的网络规范之一。

最后，人们进入互联网开展活动，除了彼此之间的交往互动外，还与网络经营者或互联网服务提供者产生各种各样的关系。例如，人们接入互联网要与网络运营商发生关系，人们浏览网页要与各种各样的网站发生关系，人们安装软件需要与软件企业发生关系，人们上网可能与网吧等互联网经营场所发生关系，等等。可以说，人们进入互联网开展活动，真正面对的是一个个网络经营者和互联网服务提供者。网络经营者或互联网服务提供者与普通网络主体之间的关系是互联网中最重要的关系。我们认为，网络经营者或互联网服务提供者的管理、经营、服务等网络规范是普通网络主体直接面对的网络规范，他们想进入互联网享受各种各样的网络服务就要遵守这些规范，否则就可能无法进入互联网或享受互联网服务。因此，网络经营者或互联网服务提供者的网络管理、经营和服务规范是所有网络主体都应遵守的网络规范，它们在各自所属的领域或经营范围内具有较强的普适性和强制性，那些享受网络服务的普通网络主体必须遵守这些网络规范。

但是，普通的网络主体又可以在遵守这些网络经营、管理和服务规范的基础上，选择不同的网络行为方式，形成具体的、适用于不同情景的网络行为规范，从而获得最大的行为效果。例如，QQ、MSN 等即时通信工具的管理规范中规定不得发送包含色情内容的信息，在此基础上网民可以养成不发送色情内容的聊天习惯；网吧、图书馆等上网场所的经营、管理规范中规定不得借助公共计算机上传和传播计算机病毒，在此基础上网民可以养成不传播和制造计算机病毒的上网习惯；等等。我们认为，普通网络主体的网络行为方式或习惯并不只是依据网络法律、网络政策或网络规章制度等一般的、普适性较高的网络规范而形成的，还可以依据互联网具体的、某一领域内的管理、经营和服务规范而形成。而且，相对于网络法律、政策和规章制度，由网络经营者或互联网服务提供者制定的网络经营、管理和服务规范更加贴近于普通网络主体的网络生活，在此基础上形成的网络行为方式、网络操作习惯以及网络交往礼仪，才更能符合具体的、特殊的网络情境。所以，在网络经营、管理和服务规范基础上形成的网络行为方式是网络主体获得网络行为的最大效果，维护互联网秩序的有效途径。

综上所述，从互联网管理机构和国家机构制定的网络法律、网络政策以及网络技术规范和行业守则，到网络经营者和互联网服务提供者制定的网络经营、管理和服务规范，再到普通的网络主体自己形成的网络行为方式的过程，是由相关机构制定的正式的网络规范到具体的网络行为方式的过程，我们称之为相关机构制定形成网络规范的模式，也可以称作从上而下的形成模式。实际上，它们是同一个过程的三个环节，它们之间环环相扣，不能分离，上一环节构成了下一环节的前提和基础。整个过程是一个从抽象到具体、从整体到局部的发展过程。按照凯尔森的观点，“一规范之创制及其效力，皆可回溯至另一规范；而后者之创制，复由其他规范所规制；正是此链条体现了秩序之统一”①。我们可以把作为一般行为模式的网络法律、网络政策、网络规章制度，与网络经营、管理和服务规范，以及具体的、适合不同情景的网络行为方式看作同一规范体系内不同位阶②的网络规范。在这里，我们认为，人们具体的网络行为方式并不是随意制定的，而是依据位阶较高的、一般的网络行为模式来制定的，前者的效力来源于后者。网络法律、网络政策或网络规章制度与网络经营、管理和服务规范，以及人们具体的网络行为习惯、操作习惯或交往礼仪等构成了一个完整的、从上而下的网络规范链条。

第二节　构建网络规范的两个原则

我们知道，互联网是人类活动的新型空间，有些网络规范的构建要从

① ［奥］凯尔森：《纯粹法理论》，张书友译，中国法制出版社 2008 年版，第 88 页。

② “位阶”在这里指的是同一规范系统里不同规范体现出来的一种等级关系，特别是在同一法律体系中，高位阶规范（如宪法）决定着低位阶规范（如部门法）的创设方式、内容及其有效性，低位阶规范必须服从高位阶规范，所有规范服从于一个最高位阶的规范（宪法），不同等级的规范构成了一个规范统一体。详见［奥］凯尔森《法与国家的一般理论》，沈宗灵译，中国大百科全书出版社 1996 年版，第 141 页。

零开始，但是并不一定都从零开始。实际情况是，一方面人们在把握互联网和人们网络行为特征的基础上构建一种全新的网络规范或规范系统；另一方面人们往往又把现实社会中的法律、道德、风俗习惯、交往礼仪等现实规范与互联网相结合，形成相应的网络规范。所以，要构建一种合理的网络规范或规范系统，人们必须考虑和解决现实规范与网络规范之间、不同的网络规范之间、不同国家或地区的网络规范之间的矛盾等问题。另外，互联网是由无数个人的网络行为活动创造出来的，离开个人的网络行为活动，互联网不可能具有今天囊括全球的规模。每个人在互联网中都有自己所追求的利益，同时全体网民作为一个整体在互联网中也拥有共同利益。这样，在构建网络规范的时候，我们面临的另一个主要问题就是如何处理个人利益与公共利益之间的关系。因此，如何解决不同规范之间的矛盾，如何处理个人利益和公共利益之间的关系，就成为我们构建网络规范必须考虑和解决的问题。我们认为，想要解决这个问题，就必须确立一定的原则来指导网络规范的构建活动。

一　允许原则

互联网是一个全球性网络。在其中，来自不同民族、不同国家和地区的人们频繁地交流和互动；不同的道德、法律和风俗习惯相互碰撞和竞争，现实的与虚拟的规范相互渗透，彼此影响着对方。因此，要想调整和约束来自不同文化背景的人们的网络行为，使其和谐相处，必须找出一种方法使我们构建的网络规范能够跨越不同文化的差异，能够更好地调整和约束来自不同文化背景的人们的网络行为。我们认为，这种方法就是允许原则。

美国生命伦理学家恩格尔哈特（Engelhardt）首次提出了允许原则。他认为人类的道德生活有两个层次：一是俗世伦理学层次，这是一种无内容的，能够跨越众多不同的“道德共同体”（Moral Communities）[①] 的层次；二是具体的道德共同体层次，人们在其中共同持有一种关于良好生活

① “道德共同体”指的是由具有共同道德观和道德原则的人们组成的群体，具有完整的道德传统、道德实践和关于良好生活的理解，并包含着道德权威人士和行使道德权威的人士，人们在其中能够实施具体的、充满内容的道德生活。参见［美］恩格尔哈特《生命伦理学的基础》，范瑞平译，湖南科学技术出版社 1996 年版，第 7—8 页。

的“充满内容的”（Content-full）[①] 理解。处于同一种具体的道德共同体内的人是道德朋友，他们之间共享相同的基本道德前提；那些处于不同道德共同体内的，持有不同道德前提的人是“道德异乡人”（Moral Strangers）[②]。“面对道德朋友时，采用具体的道德共同体层次，人们在其中达成对于良好生活的充满内容的理解；面对道德异乡人时，采用俗世的伦理学层次，它是无内容的，因而有能力跨越众多不同的道德共同体。”[③]

恩格尔哈特指出：“理性的局限性和试图发现一种标准的和充满内容的形而上学的现代道德工程的失败，构成了当代俗世文化的基本格局。”[④] 现实世界中全球交往的扩大和文化的多元性使得构建一种一元的、能够解决所有争端的规范或规范系统成为一种很难实现的任务。与前互联网时代相比，人们面临更多的跨越不同文化背景的交往和互动，人们在“俗世伦理学层次”上的交往更加频繁，更加广泛。尽管全球互联网的出现似乎让人们看到了一丝曙光，但是不得不承认互联网并没有超越一切文化差异，从前因交流渠道的障碍隐藏起来的全部文化差异反而一下子全都摆到了人们的面前。万维网之父伯纳斯-李曾说：“人类交流规模扩大的前提是，我们在部分理解的状况下能够容忍差异。”[⑤] 因此，我们要扩大交往，要做的事就是容忍文化差异，在保留文化差异的基础上，促进“道德异乡人”之间相互尊重和理解。恩格尔哈

---

① “充满内容的”的理解，指的是能够为道德共同体提供对与错、好与坏的实质性指导的道德，道德共同体的成员可以通过诉诸圆满的道德论证或共同认可的道德权威来解决道德争端。参见［美］恩格尔哈特《生命伦理学的基础》，范瑞平译，湖南科学技术出版社 1996 年版，第 15 页。

② “道德异乡人”与“道德朋友”相对，前者指的是处于同一道德共同体内，具有共同道德观和道德原则的人；后者指的是那些相互之间对于出生、生命、痛苦和死亡的意义并不持有一种共同理解的人。它在不存在道德价值观念的基本共同性的情况下询问哪种道德应该具有指导作用，他们必须通过相互同意来解决争端。参见［美］恩格尔哈特《生命伦理学的基础》，范瑞平译，湖南科学技术出版社 1996 年版，第 15 页。

③ 郭玉宇、孙慕义：《恩格尔哈特俗世生命伦理学思想之简评》，《道德与文明》2010 年第 6 期。

④ ［美］恩格尔哈特：《生命伦理学的基础》，范瑞平译，湖南科学技术出版社 1996 年版，第 1 页。

⑤ ［英］蒂姆·伯纳斯-李、马克·菲谢蒂：《编织万维网》，张宏宇、萧风译，上海译文出版社 1999 年版，第 200 页。

特认为："在一个充满道德异乡人的多元社会中，解决道德争议的权威只能来源于道德异乡人的同意。"① 所以当"道德异乡人"之间发生争端时，人们不应该一味地以自身的价值或利益出发解决争端，而应采取和平的合作与商谈，在双方同意的基础上达成共识，形成能够调整和约束双方网络行为的网络规范。

这就是允许原则，当跨越不同道德共同体的道德异乡人进行交往时，"在无法证明自身所处的道德观是最好的前提下，为和平共处，道德异乡人之间应相互尊重彼此的文化传统和道德观，并有兴趣共同致力于解决彼此间的道德冲突，道德商谈才成为可能"②。也可以说，允许原则超越了具体的道德内容，它提供了一个解决争端和问题的程序和机制。在实际的互联网生活中，尽管同属于一个道德共同体的道德朋友之间的交往和商谈也存在；但全球互联网的兴起却使我们面对更多的跨越不同道德共同体的道德异乡人之间交往和商谈的问题。而由于不同文化、信仰、价值和利益，以及现实世界与网络空间之间的差异，人们在经过交往和商谈，进而构建网络规范的过程中，必须考虑这些差异的存在。我们认为，解决差异的方式不是消除差异，而是允许差异的存在。

互联网是全球性网络。信息交流渠道的畅通和共同的生活空间使人类的交往范围从一个地区或国家扩展到全球，传统的地理疆界被打破，全球互联为一体，生活于互联网中的人有一个共同的身份，即网民。可以说，共同的生活空间和共同的身份，以及覆盖全球的交往活动，使得人们不得不跨越各自所属的文化背景展开交往。如果我们将拥有相同文化背景、共同道德生活、追求同样价值目标的人们归为一类，那么来自不同国家或地区，不同民族和信仰的网民就可以构成一个个不同的道德共同体。处于同一道德共同体内的网民"以道德朋友来相遇，共同持有充分的道德前提和有关证据与推理的规则，因而可以通过诉诸圆满的理性论证或共同认可的道德权威来解决道德争端"③。但不同的道德共同体

① 李伦：《网络传播伦理学的建构路径》，《道德与文明》2011 年第 3 期。

② 郑林娟：《论恩格尔哈特的允许原则》，《山东大学学报》（哲学社会科学版）2012 年第 3 期。

③ ［美］恩格尔哈特：《生命伦理学的基础》，范瑞平译，湖南科学技术出版社 1996 年版，第 121 页。

之间却是不可通约[①]的，分属于不同道德共同体的网民无法拥有同样的道德观和道德基础，无法形成对美好生活的“充满内容”的理解。因此，我们面临的主要问题是如何规范跨越道德共同体的道德异乡人的行为。例如，如何规范别国网站在本国的行为，如何规范别国网民在本国的网络行为，如何规范别国网络信息在本国互联网中的传播等。恩格尔哈特认为，“约束道德异乡人的道德是缺少内容的，因为它不承诺具体的价值排列、弱的善理论或正当行动观。这种道德本身并没有对价值做出判断。它不过是提供一种道德权威的构造，它得自人们的同意”[②]。所以，调整和约束跨越不同文化背景的人们的网络行为，我们并不试图取消他们各自所持的价值观和道德基础，而是寻求一种达成共识的方式，即在允许差异存在的基础上达成共同意向，从而构建起双方共同认可的网络规范。

以构建维护网络主权安全规范为例，不同的国家出于不同的文化传统和利益考虑，彼此之间关于网络主权存在着巨大的分歧，很难达成一致的意见。例如，美国政府一边谴责“中国黑客”攻击美国互联网，一边却又对中国互联网不断实施黑客攻击。中国国家互联网应急中心发布的《2012 年我国互联网网络安全态势综述》显示[③]，2012 年境外约有 7.3 万个木马或僵尸网络控制服务器控制了我国约 1419.7 万台主机，其中位于美国的有 12891 个控制服务器（占境外控制服务器的 17.6%）控制了我

---

① “不可通约”本是一个数学术语，这个概念用于科学哲学则是一种隐喻性使用，意思是“没有共同语言”。库恩这样谈论不可通约性，他认为科学革命前后科学传统由于范式不同，而呈现非连续的变化状态，相互竞争的范式在科学应解决的问题方面，所共用的语汇、概念和实验等方面的意义各不相同，各自支持者甚至在不同的世界中从事工作，因而无法相互进行完全的交流，不同范式之间无法进行完全的交流，要彼此实现完全沟通，唯一的方式就是转换范式。参见宋志润《词汇系统、真理和不可通约性——库恩的“结构之后的路”》，《自然辩证法研究》2006 年第 5 期。笔者在这里借用这一概念来描述两种或两种以上不同文化背景下的道德共同体之间的关系，根据恩格尔哈特的道德异乡人理论，不同的道德共同体也是互相竞争的、不可通约的，因而身处不同道德共同体之中的道德异乡人各自坚持自身所认同的道德观念。在这里，笔者并不坚持库恩解决不可通约性的方法，即“范式转化”，只是借用不可通约性这一概念来强调不同道德共同体之间的差异性。

② ［美］恩格尔哈特：《生命伦理学的基础》，范瑞平译，湖南科学技术出版社 1996 年版，第 134 页。

③ 《2012 年我国互联网网络安全态势综述》，国家互联网应急中心，2013 年 3 月 19 日，https：//www.cert.org.cn/publish/main/upload/File/201303212012CNCERTreport.pdf，2014 年 3 月 28 日。

国境内的 1051.2 万余台主机（占受境外控制的境内主机的 74.0%）。我们认为，网络主权是国家主权的重要内容，是一个国家的核心利益之一。但是维护本国网络主权并不是以损害其他国家的网络主权为前提的。因此，想要构建维护网络主权的安全规范，各国必须停止相互谴责和相互攻击，应该在尊重各自核心利益差异的基础上展开对话和商谈，达成尊重彼此网络主权安全的共识，从而构建符合各方利益的国际网络主权安全规范，如禁止使用黑客技术攻击别国的互联网、禁止使用黑客技术进入别国政府部门的服务器、禁止政府部门雇用黑客等。

因此在互联网中，我们必须承认多元文化和多种利益的存在，不能对这种情况视而不见。不同文化背景和不同利益代表的人们对于同样的问题有着不同的看法和意见，但是我们进行网络交往的目的是实现共赢，不是损人利己，也不能以自己的标准来要求他人。我们认为在这个多元化的互联网时代，尽管人们普遍认同“趋利避害”“惩恶扬善”等基本价值原则，却始终没有一种具体的、一致的价值说明或价值排列可以被确立为标准。“所以涉及别人的行动的权威只能从别人的允许得来。因而每个人不能将个人对良好生活的具体理解专制性地强加到别人身上。”[①] 因此，允许原则就为人们提供了解决问题的路径和程序，只有经过普遍的允许和同意而达成的共识才是人们解决问题的依据，“没有这样的允许或同意就没有权威，违背这种权威的行动是应受责备的”[②]。在此基础上，我们才可以将这种共识确立为调整和约束双方网络行为的网络规范。

此外，必须说明的是，允许原则是为了解决跨越不同文化背景的网民之间的冲突和争端的，它的作用主要体现在不可通约文化背景或利益冲突领域。在没有冲突和争端的地方，即“道德共同体”内部，人们完全可以依据共同的道德观和道德基础达成关于美好生活的“充满内容的”理解。因此，我们不能把允许原则绝对化和泛化。一方面，当跨越不同文化背景的人们在互联网中交往时，我们在允许原则的指导下进行商谈和对话，但合作和对话的基础是双方的共同同意；另一方面，在同一文化背景内部，虽然解决争端和冲突的途径仍然是对话和商谈，但是这种商谈和对

---

① 郑林娟：《论恩格尔哈特的允许原则》，《山东大学学报》（哲学社会科学版）2012 年第 3 期。

② 唐一之、李伦：《“网络生态危机”与网络生态伦理初探》，《湖南师范大学社会科学学报》2000 年第 6 期。

话是以双方共同认可的道德基础和道德观为前提的，谁都不能违背这些共同的道德观和道德基础。例如，在我国，通过互联网宣扬迷信思想是被国家法律所禁止的，一些国家或个人以信仰自由、表达自由为由攻击我国的互联网政策，企图在我国境内的互联网中宣扬邪教和迷信思想。实际上，我国早已对这一问题达成了共识，形成了相应的网络规范，如《互联网等信息网络传播视听节目管理办法》第十九条规定，禁止通过信息网络传播宣扬邪教、迷信的信息。所以，必须坚持我们的底线，不能拿我们的底线与他国进行利益交换；同时也必须教育网民遵守我国的网络法律，打击在互联网中传播邪教、迷信思想的行为。

二 利益平衡原则

互联网是人类活动的新型空间，代表不同利益的个人或组织在其中活动，所有这些利益都可以被分为个人利益和公共利益。我们认为在互联网中，个人利益和公共利益在本质上是一致的。公共利益是互联网发展和创新的根本所在，是全体网络成员的公共利益，没有公共利益的实现，个人利益也难以实现；同时公共利益又以个人利益的实现为基础，个人利益构成了公共利益，公共利益既包括可供全体网络成员共享的个人利益（如免费软件），也包括分配给网络成员个人享有的个人利益（如收费网站）。因此，在互联网中，我们既要避免为实现个人利益而危害公共利益，也要避免以公共利益之名侵害个人利益。所以，必须坚持以个人利益与公共利益平衡的原则来构建网络规范，从而使网络规范能够协调各种利益关系，促进个人利益和公共利益的共同实现。

坚持以个人利益和公共利益平衡的原则来构建网络规范，就是要在个人利益和公共利益之间划一条明确的界限，任何一方都不能跨越这条界限，否则就会损害另一方的利益。美国法学家博登海默说："在个人权利和社会福利之间建立一种适当的平衡，那是有关正义的主要考虑之一。特别是涉及自由、平等和安全时，对上述三个价值的效力范围进行某些限制也是与公共利益相符合的。在这些情形下，正义提出了这样一个要求，即赋予人的自由、平等和安全应当在最大限度上与共同福利相一致。"① 因

① ［美］E. 博登海默：《法理学：法律哲学与法律方法》，邓正来译，中国政法大学出版社 2004 年版，第 325 页。

此，我们在构建网络规范的时候，必须坚持利益平衡的原则，使人们构建的网络规范既能够保证个人利益的实现，又能够保证不损害公共利益，并且能够促进公共利益的增加。这一原则在具体的网络规范的构建过程中，表现为两个方面：一是保护和促进个人利益的实现，防止以公共利益之名而侵害个人利益；二是保护和促进公共利益的增加，防止人们为了个人利益而损害公共利益。这两个方面是同一规范的两个基本内容，二者必须同时存在，缺一不可。

首先，网络规范必须能够保护和促进个人利益的实现，同时又不损害公共利益。以网络知识产权和专利权制度的构建为例。洛克曾说，"人们联合成为国家和置身于政府之下的重大的和主要的目的，是保护他们的财产"①。所以，作为财产权利重要组成部分的知识产权就是一个国家的法律所必须保护的财产之一。但是，"知识产品的生产必须依赖于前人的智力成果，知识产权的享有往往以牺牲其他人的同样的自然权利为代价（专利、商标领域尤其如此）"②。因此，知识产品的这一特征使得知识创新天生肩负着服务大众和推动知识进步的义务，我们必须对知识产权有所限制，以保证个人对知识的专有不会损害社会公众对知识的分享和使用，从而实现个人利益和公共利益的双赢。

因此，我们要构建的网络知识产权和专利制度必须具有独占性和有限性特征。一方面，网络知识产权和专利制度应当赋予互联网中的发明创造者一定程度的知识专有权，保障他们在其他人使用自己的发明（如软件）、作品（如网络文学作品）等时，能够从中获得必要的收益，从而不仅能够收回他们投入的成本，而且还能够激励他们继续从事发明创造的积极性，创造出更多对社会有益的智力产品。另一方面，网络知识产权和专利制度在赋予发明创造者以知识专有权的同时，也应当对这种权利的行使和适用范围进行一定的限制，从而使发明和创新产品不只是私人财产，而是能够进入公共领域内，使其具有公共财富的性质。因此，"知识产权限制尽管在知识产权的不同制度中表现和程度不一，它们的功能和目标却是相同的，即通过权利限制，平衡知识产权人和社会公众的利益关系，实现

---

① ［英］洛克：《政府论》（下篇），叶启芳、翟菊农译，商务印书馆 1964 年版，第 74 页。

② 李扬：《网络知识产权法》，湖南大学出版社 2002 年版，第 13 页。

智力资源的分配正义”[1]。所以，构建一项合理的网络知识产权和专利权制度，必须平衡知识产权人和社会公众之间的利益关系，既要保障知识产权人能够获得收益，激发他们继续发明创造的积极性；又要保障社会公众能够分享他们的发明创造，推动互联网整体的创新和发展。

对网络知识产权和专利权进行必要的限制，“在知识产权制度设计中，权利限制和有限的保护期制度解决了这一问题”[2]。一定的时间限制既能够使知识产权的专有人在这一期限内收回投入的成本，而且还能使他们获得足以激发发明创造积极性的收益。例如，中国《计算机软件保护条例》第十四条规定：“自然人的软件著作权，保护期为自然人终生及其死亡后50年；法人或者其他组织的软件著作权，保护期为50年。”所以，正是由于知识产权或专利权对知识产权人权益的保护，才能激发他们继续从事创新的动力。在超出保护期限后，这些发明和创造就会成为公共知识的一部分，从而满足了人们对公共知识的需要，实现这些发明创作的社会效用。因此，“时间限制使得任何知识产品最终进入了知识共有物之中，从而也为激发新的知识创造提供了用之不竭的无形资源”[3]。这样，从根本上说，知识产权和专利权制度是以公共知识的增长和创新为目的的，这一目的蕴含在对个人知识产权或专利权的保护中，对个人权益的保护就是为了实现公共利益的增加。所以“尽管专利权是一种独占性很强的专有权，本身是对技术竞争的限制，但它却是为了促进竞争而对竞争的限制”[4]。因此，我们在构建网络知识产权和专利权制度的时候，必须坚持个人利益和公共利益平衡的原则，“利益平衡原则在知识产权制度中的体现正是通过知识产权法的制度设置，使之成为一种控制手段以协调各方的利益冲突并寻求一种平衡点”[5]。

---

① 冯晓青：《知识产权的利益平衡原则：法理学考察》，《南都学坛》（南阳师范学院人文社会科学学报）2008年第2期。

② 冯晓青：《产权理论中的财产权、知识产权及其效益价值取向——兼论利益平衡原则功能及其适用》，《湖南大学学报》（社会科学版）2007年第4期。

③ 冯晓青：《产权理论中的财产权、知识产权及其效益价值取向——兼论利益平衡原则功能及其适用》，《湖南大学学报》（社会科学版）2007年第4期。

④ 冯晓青：《知识产权的利益平衡原则：法理学考察》，《南都学坛》（南阳师范学院人文社会科学学报）2008年第2期。

⑤ 张旭、孙海龙：《知识产权制度中的利益平衡原则》，《北京航空航天大学学报》（社会科学版）2003年第4期。

其次，网络规范必须能够保证和促进公共利益的增加，同时不损害个人的正当利益。以网络个人信息保护的规范为例。互联网是一个信息空间，信息是互联网之水，海量的信息在互联网中流动与传播是互联网的活力之源，因此“鼓励和促进信息流动是现代信息社会的一项基本原则”[①]，否则互联网就会成为无源之水、无根之木。然而在信息时代，信息已经成为一种商品，“信息高速公路提供了巨大的可能性，使人们可以将有关个人需求、生活习性、购物爱好方面的资料编辑起来”[②]。所以，个人信息被收集就成为人们在互联网中活动时较为担心的一件事。人们一方面享受互联网带来的资料和信息检索的便利，另一方面又担心个人隐私，特别是关于财产、家庭情况等方面的详细信息被收集，成为他人牟利的工具。需要指出的是，互联网时代的大多数个人信息都是被储存在电脑，如个人电脑、政府办公电脑和公司商用电脑中的，而这些电脑一旦连接互联网，不管是别人疏忽、故意公布还是盗用，一个人根本无法控制或阻止个人信息的散布。因此，我们认为，要保护个人的信息，除去个人自身的因素外，企业和政府也应当承担起主要的责任。“企业必须让消费者相信，他们在浏览、询问、购物时通过因特网发给商家的信息，是被安全地发送、接收、储存的，这些信息不会被用来侵犯他们的隐私”[③]；政府要向公民保证，他们个人的财产、医疗、信用、婚姻状况等登记在政府部门或公共组织中的信息，是被安全地储存和使用的，不会轻易地流入公共空间。所以，我们要构建的网络个人信息保护的规范，一方面并不阻止个人信息在互联网中的流动，从而促进公共利益的增长；另一方面也要对这些信息的使用范围和用途进行限制，使对个人信息的使用不损害个人的利益。

美国人威廉姆·普罗舍（William Proser）界定了四项可以起诉侵犯隐私行为的理由：一是侵犯个人隐私，二是公开泄露隐私事项，三是盗用

---

① 潘建珊：《实质损害原则——美国信息隐私保护利益平衡原则》，《情报科学》2007年第11期。

② ［加］大卫·约翰斯顿等：《在线游戏规则——网络时代的11个法律问题》，张明澍译，新华出版社2000年版，第81页。

③ ［加］大卫·约翰斯顿等：《在线游戏规则——网络时代的11个法律问题》，张明澍译，新华出版社2000年版，第83页。

他人名声，四是公开令公众误解原告的信息。[①] 根据这些理由，我们认为，企业或政府在收集和使用个人信息时，应当尽量避免这些行为，如不能对雇员或公民进行监控，不能买卖公民的个人信息，不能篡改或发布不实的个人信息，不能盗用个人的隐私，等等。否则，企业或政府就侵犯了个人的隐私，侵害了个人的利益。所以，要想保护网络个人信息，就要区分私人领域和公共领域，将个人的隐私信息限定在私人领域，其他信息则在公共领域自由流动。例如，大部分人对自己的医疗、信用、财务上的信息是敏感的；而对另一些信息，如购物习惯、爱好兴趣之类则可以马虎一些。而事实上，很多人都喜欢在个人主页或交友平台中分享爱好、兴趣、专长，甚至通信方式等个人信息。所以，对于那些个人敏感信息，我们的态度是将其限定在私人领域，政府或企业想要使用这些信息，必须保证不会损害个人的利益；对于个人的其他信息，我们的态度是让社会公众自由使用，但是需要保证不能盗用或篡改这些个人信息，以免给个人造成损失。因此，必须区分私人领域和公共领域，以利益平衡原则来构建网络个人信息保护的规范，平衡个人利益和公共利益之间的关系。

目前关于网络个人信息保护的规范，根据不同的价值文化传统，对如何实现个人利益与公共利益平衡，有两条不同的路径：一是欧洲人注重的充分利益原则，二是美国人注重的实质损害原则。“充分利益原则认为，只有在具备充分的公共利益时，个人资料隐私权才可以作一定程度的减损；而实质损害原则认为，只有当对个人资料权造成实质性损害或损害威胁时，才不得处理个人资料。”[②] 两种不同的原则造成的结果是截然不同的，充分利益原则将举证的义务交给了信息收集者和使用者，如政府和企业，要求他们充分证明对个人信息资料的收集和使用有利于公共利益的增加；而实质损害原则则将举证的义务交给了当事人，要求当事人证明存在损害隐私权的事实或威胁。事实上，无论是充分利益原则还是实质损害原则，都增加了企业、政府以及个人的负担，他们为了举证不得不投入额外的成本。

我们的目的是实现个人利益与公共利益的双赢，“利益平衡原则的目

---

① ［加］大卫·约翰斯顿等：《在线游戏规则——网络时代的 11 个法律问题》，张明澍译，新华出版社 2000 年版，第 93 页。

② 潘建珊：《实质损害原则——美国信息隐私保护利益平衡原则》，《情报科学》2007 年第 11 期。

标是能够最大限度地满足最重要的和需要优先考虑的利益，使其他利益的牺牲最少，从而达到二者之间的平衡”①。因此，我们必须“对保护个人隐私的行为而给信息自由流动造成的代价、选择政府机关及其监管、市场效率以及优质服务的提供等各种因素之间进行综合权衡。简单说来，隐私保护必须与其所服务的利益相称成比例”②。我们不能一味地强调个人隐私而损害公共利益，也不能以公共利益之名而侵害个人隐私。美国计算机伦理学家黛博拉·约翰逊（Deborah Johnson）说，信息收集和使用能够优化决策，促进个人利益和公共利益的增加。③ 过分限制信息的收集和使用会为企业或政府增加严重的负担。解决的办法有两种。一种是征得当事人的书面同意，但是这种办法只在逻辑上是可能的，实际上这样做会使成本增加。另一种是暗含的知情同意原则，企业或政府应通知当事人有关他们个人数据的所有用途，一旦当事人收回其统一使用的承诺，公司应不再使用其数据；但有关使用信息的请求没有得到回应则被理解为当事人的沉默意味着同意。这样的话，这种“暗含的知情同意原则在商家需要和消费者隐私之间提出了一种可行的妥协”④。当然，个人可能因某些原因而没有及时回应，但毕竟企业和政府在收集个人信息的时候已经告知了个人所拥有的权利，因而我们认为，这种暗含的知情同意原则有利于实现个人利益和公共利益的平衡，具有一定的有效性和可行性。

---

① 李伦：《鼠标下的德性》，江西人民出版社 2002 年版，第 102 页。

② 潘建珊：《实质损害原则——美国信息隐私保护利益平衡原则》，《情报科学》2007 年第 11 期。

③ ［美］理查德·A. 斯皮内洛：《世纪道德：信息技术的伦理方面》，刘钢译，中央编译出版社 1999 年版，第 178—180 页。

④ ［美］理查德·A. 斯皮内洛：《世纪道德：信息技术的伦理方面》，刘钢译，中央编译出版社 1999 年版，第 189 页。

第四章　网络规范的合理性及其判定

人们的网络行为是在网络规范的调整和约束下进行的，然而，如果这些网络规范是不合理的、有错误的，那么受它们调控和约束的网络行为就必然出现偏差，不但可能无法实现行为的预期目的，甚至还可能造成严重的后果。因此，网络规范的合理性是保证网络行为正确的条件。所以，我们有必要对网络规范的合理性及其判定进行研究，并且将其作为网络规范研究的一个重要组成部分。本章将对网络规范的合理性及其判定标准和程序进行研究，并对当前网络规范的合理性遭遇的困境进行分析，在此基础上提出解决这些危机的办法。

第一节　网络规范的合理性

一项规范具有合理性，首先要保证人们的行为在其调整和约束下能够施行，并达到行为的预期效果，否则人们的行为根本无法展开，更无须说实现行为目的了；其次要保证该项规范能够被其所适用范围内的全体或大部分成员所认同并遵守，否则这项规范就形同虚设，根本无法起到调整和约束人们行为的目的，即使是强力推行，也会成为一项“坏的规范”，最终免不了夭折的命运。因此，我们可以将“规范的合理性分解为规范的可行性与可接受性这两个构成要素”①。规范只有具有可行性才能保证行为能够施行并达到预期效果，只有具有可接受性才能被其适用范围内的全部或大部分人所认可并遵守。所以我们说，一项规范只有同时具备了可行性与可接受性才是合理的。与现实规范一样，一项网络规范也只有同时具

① 徐梦秋：《规范通论》，商务印书馆 2011 年版，第 44 页。

备了可行性和可接受性才是合理的。

一　网络规范的可行性

徐梦秋教授指出，“规范的可行性是指规范所指引的行为是可以施为并达到预期效果的”[①]。因此，对于网络规范而言，网络规范的可行性就是其指引的网络行为可以施为并能够达到预期效果。也就是说，在网络规范的指引下，人们的网络行为只要愿意就能够做得到，只要做就能够达到预期效果。例如，“不得在互联网中传播谣言淫秽色情信息”这一网络规范所要求的网络行为是很容易做到的，只要人们愿意，完全可以在互联网中做到不造谣不传谣，不在互联网中传播淫秽色情信息，因而这一规范是可行的。但是，如果某一网络规范所要求的行为，人们即使愿意，并且耗费了巨大的行为成本也无法做到，那么该项网络规范就是不可行的。例如，许多大型网络游戏运行时对网速的要求很高，如果网速达不到要求，这些网络游戏可能无法运行或运行缓慢。360 公司发布的《2013 年第一季度中国互联网上网测速报告》[②] 显示，中国网民上网平均带宽为 3. 14Mbps，上海和台湾成为全国网速最快的地区，达到 4. 70Mbps。因此，网络游戏公司在制定网络游戏开发计划时，如果忽视了中国网速的这一基本情况，计划开发一款超出中国网速承受范围的网络游戏，那么即使其耗费了大量的时间和金钱将这款网络游戏开发出来，也可能因网速太慢而不能运行或运行缓慢，从而无法收回投资。因此，在中国，这项忽视了中国网速基本情况的网络游戏开发计划就是不可行的。

而一项网络规范之所以是可行的，人们按照其要求施为能够达到预期效果，是由于这一网络规范所指示的网络行为符合互联网运行的客观规律或网络行为的因果联系。那些不符合互联网运行客观规律或网络行为因果联系的网络规范所指示的行为是不可操作的，即使是勉强施为，也不可能达到行为的目的，反而增加了行为的成本。因此，一项合理的网络规范必须首先是可行的，符合互联网运行的客观规律或网络行为的因果联系。

---

① 徐梦秋：《规范通论》，商务印书馆 2011 年版，第 44 页。

② 360 安全中心：《2013 年第一季度中国互联网上网测速报告》，360doc 个人图书馆，2013 年 4 月 27 日，http：//www.360doc.com/content/13/0419/09/4078497_279391585.shtml，2014 年 3 月 23 日。

例如，人们可以通过无线网络端口接入互联网，实现无须网线连接就能上网的目的。然而无线网络信号在遇到建筑物或其他障碍物时会减弱变差，甚至会消失，这样一些地区的人们在使用无线网络连接互联网时就会出现网络中断或无法接入互联网的问题。因此如果网络运营商制定的无线上网政策没有考虑到建筑物或地形等障碍物对无线网络信号传输的影响，那么这项无线上网政策就不符合无线网络传输规律，很多人即使愿意使用无线网络上网也无法做到，因而该项无线上网政策就是不可行的、不合理的。但是相反，如果网络运营商在制定无线上网政策时充分考虑到建筑物或地形等障碍物对无线网络信号的阻挡，如在建筑物上或地形较高的地方增加无线网络接入点，或修建无线网络信号发射基站等，就可以避免因建筑物或地形阻挡无线网络信号传输而使用户无法接入互联网或网络中断的后果，那么这种无线上网政策就符合无线网络传输规律，是可行的。再如，与电话线相比，光纤宽带的信号传输速度更快、质量更好、成本更低，在上网费用相同的情况下，光纤宽带上网就成为网民的首选，在市场竞争中，光纤宽带更占优势。因此，互联网运营商和电信服务商的互联网线路铺设规划中，应当选择铺设光纤宽带网络，这么做符合市场运行规律，而且有利于市场竞争，因而这种符合市场运行规律的互联网线路铺设规划是可行的。相反，如果网络运营商和电信服务商不顾客观实际，选择铺设电话线网络，则违背了市场运行规律，即使真正铺设了电话线网络，也会因信号传输速度慢、质量差以及成本高等原因流失大量用户，因而这种违背了市场运行规律的互联网线路铺设规划就是不可行的。

二　网络规范的可接受性

某一项网络规范具有可行性，并不意味着人们就应当在它的指引下开展活动。例如，通过现有的技术已经能够实现对网络用户的监控，但这并不是政府或互联网企业实施一些网络监控政策或规则的理由。“网络技术本身的‘可行’并不直接等同于网络道德之‘应该’。从技术上讲，人类的许多技术及其成果目前是‘可行’的‘事实’，如原子能技术已经制造出了能够摧毁整个地球的核弹，但人类没有这样做，不是因为缺少‘可行性’，而是因为‘不应该’。网络技术也是这样。你有能力利用网络做许多你想做的事，但有些事，比如随便散发不负责任的信息、私自解密闯入别人的计算机系统等，就属于‘不应该’做的事。”[①] 因此，规范的可行性并不等于规范的合理性，合理的规范还必须保证人们的行为在道德上是可接受的，能够得到人们的广泛认同和遵守，也就是具有可接受性。“规范的可接受性指的是某一规范能够被这一规范所适用范围的全体或多数成员所认同并遵守。”[②] 对于网络规范而言，网络规范的可接受性就是某项网络规范能够被其所适用范围内的全体或大多数成员所认同并遵守。一项网络规范具有可接受性，就是说该项规范指引的网络行为符合其适用范围内全体或大部分成员的共同利益或共同愿望，人们愿意按照该项规范指引的方向来进行网络活动。关于网络规范的可接受性，我们可从以下几个方面展开具体的论述。

（一）公益性

网络规范的可接受性应当包含公益性。一项“规范之所以能被广泛地接受、广泛地认同和遵守，就在于它的‘合公益性’”[③]。人们遵守一项规范是为了在其指引下实现一定的行为目的。然而不同的人有不同的利益追求，如果一项规范只是为了维护个人或少数人的利益而制定出来，那么该项规范必然无法获得多数人的认同和遵守，也就不具有可接受性。因此，网络规范是否具有可接受性就在于它是否包含公益性，是否维护其适用范围内全部或大多数成员的共同利益。以 Cookie[④] 为例，一方面它方便了用户，保存了用户在网络上的注册信息和浏览信息，简化了用户再次登录同一网站的手续，缩短了用户再次浏览同一个网页的时间；另一方面也方便了网络服务商搜集用户的上网浏览踪迹，包括用户登录的网站、浏览的网页、收藏的商品信息等，进而整理出用户的上网习惯、上网兴趣爱好、身份信息等，一些网络服务商甚至将这些用户信息卖给广告商。对于广大用户而言，他们既享受 Cookie 带来的便捷，又担忧个人信息被暴露

---

① 孙伟平、贾旭东：《关于“网络社会”的道德思考》，《哲学研究》1998 年第 8 期。

② 徐梦秋：《规范通论》，商务印书馆 2011 年版，第 44 页。

③ 徐梦秋：《规范通论》，商务印书馆 2011 年版，第 47 页。

④ “Cookie”是小量信息，由网络服务器发送出来以存储在网络浏览器上，从而下次这位独一无二的访客又回到该网络服务器时，可从该浏览器读回此信息。Cookie 最典型的应用是判定注册用户是否已经登录网站，用户可能得到提示，是否在下一次进入此网站时保留用户信息以便简化登录手续，这些都是 Cookie 的功用。另一个重要应用场合是“购物车”之类处理。用户可能在一段时间内在同一家网站的不同页面中选择不同的商品，这些信息都会写入 Cookie，以便在最后付款时提取信息。

在公众面前。因此，在制定关于 Cookie 的网络规范的时候，必须充分考虑广大用户的共同利益，如允许用户查询和删除这些 Cookie 信息，或者网络服务商在用户知情同意的原则下使用这些信息，这样制定出来的关于 Cookie 的网络规范才具有公益性，才能得到广大用户的认可和遵守，从而具有可接受性。

（二）公平性

网络规范的可接受性应当包含公平性。一项规范想要在其适用范围内得到人们的广泛接受、认同和遵守还应当是公平的，对所有或大部分成员一视同仁，不区别对待。网络规范的公平性包含以下两方面内容。

首先，合理的网络规范应有利于缩小“数字鸿沟”①。“数字鸿沟（Digital Divide）问题是在全球数字化进程中，不同国家、地区、行业、企业、人群之间由于对信息、网络技术发展、应用程度的不同以及创新能力的差别而造成的‘信息落差’‘知识分隔’和‘贫富分化’的问题。”②“数字鸿沟”是互联网时代特有的问题。在互联网时代，信息已经成为关系国家和个人生存与发展的最重要的资源，信息“既得者”和信息“未曾拥有者”分居数字鸿沟的两侧，信息“未曾拥有者”被剥夺了获得信息的机会和能力，与互联网无缘，不能享受互联网时代的文明成果，成为互联网时代的“落伍者”。因此，这道“横亘于信息‘既得者’（Haves）与‘未曾拥有者’（Have - nots）之间的数字鸿沟（Digital Divide）迫切需要填平”③。在制定互联网发展规划、发展政策的时候，必须将缩小或填平数字鸿沟作为其中一个最重要的内容，这样的网络规范才符合互联网时代人们的共同利益，也符合互联网的长远发展。

因此，我们要制定合理的网络规范，着力缩小或填平数字鸿沟，使人们能够公平地分享互联网时代的福利。

---

① “数字鸿沟”由阿尔温·托夫勒最早明确提出，全球应当高度警惕日益扩大的“信息与电子技术方面的鸿沟”。“数字鸿沟”这一概念最早正式出现在美国官方文件里面是在 1999 年 7 月发布的《填平数字鸿沟》报告中。参见［美］阿尔温·托夫勒《权力的转移》，刘红等译，中共中央党校出版社 1991 年版，第 438 页。

② 胡延平编著：《跨越数字鸿沟：面对第二次现代化的危机和挑战》，社会科学文献出版社 2002 年版，第 1 页。

③ 胡延平编著：《跨越数字鸿沟：面对第二次现代化的危机和挑战》，社会科学文献出版社 2002 年版，第 13 页。

一方面，国际互联网组织和各国政府都应制定相应的互联网发展政策或法律，在经济、技术、制度等方面提供条件，鼓励更多的国家或人群进入互联网，享受互联网时代的福利。例如，如何保证发展中国家充分受益于互联网？联合国前秘书长科菲·安南在2001年5月世界电信日的致辞中提出了三个作为前提的“必须保证”，即“我们必须保证互联网的内容有多种不同语言，而不是享有特权的几种语言加以提供。我们必须保证所有国家都拥有必要的基础设施，最基本的就是电话线路。我们必须保证互联网的使用价格是所有人都能承受得起的价格”①。再如，如何普及互联网，让更多的人，特别是经济困难的人进入互联网？美国政府先后颁布了数项旨在促进互联网发展，消除数字鸿沟的政策与法律，如1993年9月颁布的《国家信息基础设施：行动纲领》（也称“信息高速公路计划”），1998年10月21日颁布的《互联网免税法案》（旨在为新兴的互联网经济提供大力发展的环境），1998年10月28日颁布的《下一代互联网研究法案》（旨在使1999—2000年度的政府对“下一代互联网项目”的拨款合法化，并要求在计算机基础研究领域的联邦支持足以保持美国在国际的领先地位）等。

另一方面，作为信息的“贫困者”，即发展中国家或地区，以及互联网知识水平低下的群体或个人也应主动投身于互联网大潮。“电脑设备的高成本和识字率较低是发展中国家在及时获取Internet信息方面远远落后于发达国家的主要原因。这很可能把全球大部分人口排除在信息社会之外。”② 因此，阻碍信息贫困者享受互联网福利的障碍在于他们自身的文化程度和收入水平，但是对于信息“贫困者”来说，只要他们努力提高自己的文化水平和收入水平，互联网也是他们追赶发达国家或提高自己收入水平的一次千载难逢的机会。百度总裁李彦宏认为，“当我们能够利用互联网、移动互联网的能力提升传统产业的时候，就会发现潜力非常大，可能比全世界其他任何一个国家都要大。这样的后发优势是上天赐给中国互联网从业者的机会”③。因此，信息“贫困者”应当主动地参与互联网大潮，积极地参与制定符合自身利益的互联网发展政策，消除那道阻挡自

① 胡延平编著：《跨越数字鸿沟：面对第二次现代化的危机和挑战》，社会科学文献出版社2002年版，第95页。

② 金吾伦：《塑造未来——信息高速公路通向新社会》，武汉出版社1998年版，第49页。

③ 张意轩：《互联网给传统企业无限机会》，《人民日报》2013年7月29日第10版。

己享受互联网福利的数字鸿沟。

其次，合理的网络规范应当对所有网络主体一视同仁，使不同利益代表的诉求都得到实现，应当避免为了维护一些人的利益而牺牲他人的利益。“一种安排之所以公正就是它不允许剥夺力量较小的参与者，而是尊重他们的权利，让他们享有公平的待遇。”[①] 只有这样，一项网络规范才是公平的，才能被人们广泛地认可和接受，才能具有可接受性。在互联网中，由于每个人的收入水平、社会地位以及知识能力水平等各有差异、高低不同，其中最主要的是社会地位和经济地位的差异，使得那些具有这方面优势的人更容易在互联网中获利，也使得他们在信息资源的分配方面占有优势，甚至可能导致他们对信息资源的垄断。这样的话，一项网络规范想要具有公平性，应当首先考虑最小受惠者的利益，不能忽视他们的利益。“财富和其他社会善分配中的差别，只有被证明是有利于‘最小受惠者’，即处在社会阶层的最下层时，才会被容忍。”[②] 因此，在制定网络规范的时候，那些占有信息资源的“最有优势者——处于主导地位的机构——应该允许信息分配的方式对最无优势者有利”[③]。只有这样才能使该项网络规范获得在人数方面占优势的信息“贫困者”的认同和接受，才是公平的。

在实际过程中，要想维护最小受惠者的利益，一种行之有效的办法是依据贡献大小来确定获利的比例，由此构建出来的网络规范是相对公正的，也没有忽视“最小受惠者”的利益，因而能够获得该项网络规范适用范围内的人们最广泛的认可和遵守，具有可接受性。例如，2007 年美国最大的社交网络 Facebook 推出了一项新功能，如果一位用户购买了什么东西，他的朋友都会收到相关通知。对于广告商来说，这种社交营销通过个人宣传了某种产品，比传统的广告更有吸引力，同时也会潜移默化地扩大 Facebook 的商业影响力。然而，用户却不干了，这项功能使他们和“好友”分享了更多的内容，这些内容可能超过了他们所能接受的范围，

---

① ［美］理查德·A. 斯皮内洛：《世纪道德：信息技术的伦理方面》，刘钢译，中央编译出版社 1999 年版，第 83 页。

② ［美］理查德·A. 斯皮内洛：《世纪道德：信息技术的伦理方面》，刘钢译，中央编译出版社 1999 年版，第 49 页。

③ ［美］理查德·A. 斯皮内洛：《世纪道德：信息技术的伦理方面》，刘钢译，中央编译出版社 1999 年版，第 82 页。

这些内容可能包含个人的私密信息。最后，为了不失去用户，Facebook 总裁扎克伯格向用户道歉并且修改了系统。在这一事例中，Facebook 制定的这项网络规范对于 Facebook 公司来说获利最大，广告商获利也较多，而 Facebook 的普通用户却面临着更多个人私密信息被公布于众的危险。从利益分配角度来讲，Facebook 和广告商都获得了利益，但作为“最小受惠者”的普通用户不但没有获利而且自身的利益还受到侵害。因此，Facebook 的这项网络规范必然无法得到广大用户的认可和遵守，不具有可接受性。这也是该项规范最后被取消的原因。

（三）个体利益与整体利益的统一

网络规范的可接受性应当使互联网中的个体利益与整体利益统一起来。个体利益与整体利益在本质上是一致的，整体利益包含个体利益，没有整体利益的实现，个体利益也难以实现；同时整体利益又以个体利益的实现为基础，个体利益构成了整体利益。因此，一项网络规范要想得到其适用范围内全体或大多数成员的认可和遵守，必须维护所有或大部分成员的整体利益，但同时也绝不能忽视个体利益，应当将整体利益与个体利益统一起来，把个体利益的实现融于整体利益的实现过程中。以软件专利权和版权制度为例，如果软件专利权和版权制度对软件进行过分保护，那么尽管它有效地保护了软件开发者的利益，却使得广大用户不得不支付高额的版权使用费，使得其他软件开发者无法合理借鉴现有软件的合理内核，不利于知识的吸收和创新，从而导致互联网创新乏力。但是，如果软件专利权或版权制度对软件保护不力，那么用户就可以减少版权使用费或者免费使用软件，其他软件开发者则可能以较少的费用或免费借鉴他人的软件，甚至盗版他人的软件，这样必然侵犯软件开发者的权益，使其无法从中获利，无法收回研发成本，从而使其丧失创新的动力，而从长远来看，这也必将影响互联网的创新发展。因此，我们必须建立一种合理的软件专利权和版权制度，在软件保护和软件开放之间保持一种平衡，如规定软件保护的合理期限，超出这一期限，软件就要进入公共知识领域，被人们免费使用和借鉴，这样既能保护软件开发者的利益，又能促进互联网的创新发展，使得软件开发者的利益与互联网的整体利益统一起来。

将个体利益与整体利益统一起来是一项网络规范能够被其适用范围内的人们广泛认可和遵守的重要原因。我们认为，要想实现个体利益与整体利益的统一，应当坚持以下两条原则。

一是无害原则。“不允许对他人造成伤害的被动强制令有时被称为最低道德标准（Moral Minimun），也就是说，不管选择什么样的道德准则，都应当包括这条强制令。”[①]“无害原则”是所有网络规范应当坚持的最基本原则。人们在网络中的行为要尽量避免给他人造成不必要的伤害。因此我们在构建网络规范时应当坚持无害原则，维护个人的正当权益，尽量避免以伤害个体利益为代价来换取整体利益的实现，即使是不可避免地造成伤害，也要将这种伤害降至最低。只有这样，才能使网络规范将个体利益与整体利益统一起来，获得其适用范围内所有或大部分个体的认可和遵守。例如，网络实名制是一种为了规范人们的上网行为，消除网络不良现象的网络规范。网络实名制的施行，一方面使人们减少了传播和发布不良信息、病毒或网络谣言等行为，另一方面却存在着网民个人真实身份信息遭到泄露的危险，这样必然对网民的人身财产安全造成威胁。因此，网络实名制必须包含对个人身份信息保护的内容，不能出于消除互联网不良信息或规范网民行为等监管目的而忽视对个人利益的保护，否则，个人的真实身份信息很有可能被不法分子利用，侵害个人的人身财产安全。事实上，忽视了个人身份信息保护的网络实名制也无法将个人利益与公共利益统一起来，从而得不到广大网民的认可和遵守，不具有可接受性。

二是知情同意原则。知情同意原则是规范构建和施行的基本原则，“‘同意’是某人对某事自愿表示出意见一致的意思。要使同意有意义，前提必须是某人对某事‘知情’，即他知道即将发生的事件的准确信息并了解其后果”[②]。对于网络规范而言，“知情同意”就是要保证网络规范适用范围内的全体或大多数成员知道某项网络规范将要对自己的行为实行的约束和限制，在他们同意的前提下制定和施行该项网络规范，这样就可以避免以整体利益为由侵害个体利益，或为了个体利益而损害整体利益。这样的网络规范必然能够得到其适用范围内的人们的广泛认可和遵守，能够将个体利益与整体利益统一起来。例如，电子邮箱是网络广告传播的重要通道，网络邮件服务商和广告商通过发送广告邮件而获利。但是大量的广告邮件不请自来，不但使得用户在查阅或删除这些邮件时耗费了不少宝贵

---

① ［美］理查德·A. 斯皮内洛：《世纪道德：信息技术的伦理方面》，刘钢译，中央编译出版社 1999 年版，第 54 页。

② ［美］理查德·A. 斯皮内洛：《世纪道德：信息技术的伦理方面》，刘钢译，中央编译出版社 1999 年版，第 55 页。

的时间，并且还可能误删用户的个人邮件。于是如何规范广告邮件的发送和接受，成为网络邮件服务商、广告商和邮箱用户共同关注的问题。目前各大网络邮件服务商的广告邮件发送和接收方式是在用户的邮箱里设置广告邮件的分组，使用户收到的广告邮件被统一放置在这一分组下，同时在广告邮件的主题上标明是广告邮件。这样，广告商被告知其发送的邮件将会被统一分组，用户可能根本不会阅读这些邮件，如果广告商同意，邮箱服务商将继续发送这些邮件，并收取一定的报酬；用户被告知那些邮件是广告邮件，被存放在那里，如果用户同意就能阅读或删除这些邮件，避免了用户在众多个人邮件中查找或删除广告邮件耗费时间或出现误删等问题。这样，尽管目前的广告邮件发送和接收方式尚存在许多不如人意之处，但在一定程度上已经平衡了网络邮件服务商、广告商和邮箱用户之间的利益，使三者的利益统一起来。

综上所述，网络规范的合理性就是网络规范的可行性与可接受性的统一。一项网络规范是合理的同时必须具有可行性和可接受性，只具有可行性的网络规范可能因不具有公益性、公平性或不能将个体利益与整体利益统一起来而不被其适用范围内的全部或大部分成员所认可和遵守；只具有可接受性的网络规范也可能因其违背互联网运行规律或网络行为的因果必然性而无法施行。考察网络规范的合理性，必须将可行性与可接受性两个方面结合起来进行。

第二节 网络规范合理性的判定

对一种规范是否合理的确证有两种方式，一种是外部确证，一种是内部确证。外部确证是以规范或规范系统以外的因素，即人们在生活世界中的生存、生活实践来确证规范的合理性，主要是在生活实践中验证规范是否同时具有可行性和可接受性。内部确证是一种自证，即将一种规范置于规范系统内部，依靠概括程度高的规范来确证概括程度低的规范。因此，对网络规范的合理性的确证也可以从这两方面展开。一方面，人们可以通过自身的网络实践活动来确证网络规范是否同时具有可行性和可接受性。另一方面，在网络规范系统内部，各种网络规范的概括程度高低不同，可以进行规范系统内部的自证；同时网络规范是整个人类行为规范系统的一部分，因此也可以将网络规范置于整个人类规范系统内部，通过整个人类规范系统的内部确证来确证网络规范的合理性。

一　网络规范合理性的外部确证

网络规范的合理性是可行性与可接受性的统一，因此对网络规范的合理性的外部确证就可以从这两方面入手。一方面考察网络规范为什么是可行的，另一方面考察网络规范为什么是可接受的，由此可以判定网络规范的合理性。

（一）网络规范合理性的判定标准

一项规范之所以具有可行性，人们按照它的指示去行动能够达到行为的预期效果，是因为该项规范所指示的行为模式是合规律的，否则在其指引下的行为根本不能施行，不可操作，即使勉强进行，也可能因耗费了大量的成本或效率低下等原因而达不到行为的预期效果，从而是不可行的。与现实规范一样，一项网络规范只有符合互联网的运行规律或网络行为的因果必然性，即具有合规律性，才是可行的。因此在这里，我们可以把网络规范的可行性划归为合规律性。我们要判定一项网络规范的合理性，必须首先判定其是否具有可行性，即判定其是否符合互联网的运行规律或网络行为的因果必然性。因此，网络规范的可行性就在于其合规律性。

以技术规范为代表的调整人与自然关系的规范的可行性在于它们的合规律性比较容易理解。例如，在电工操作守则中，电工在手动关闭高压电开关，必须先用手背触碰开关，然后才能关闭或合上电闸。这么做是以防电闸漏电造成触电，如果用手心或手指先碰触漏电开关，在电流的刺激下电工的手容易握紧开关，从而被电流吸住，造成触电；而先用手背碰触漏电开关，在电流的刺激下电工的手就不容易握紧开关，而是被弹开，不容易造成触电。显而易见，对电流的物理规律和人体运动规律的把握，是制定这一操作规范的根据，也是判定这一技术规范之所以可行的依据。网络技术规范亦是如此，网络技术规范也是人们掌握了互联网运行规律后才制定出来的。例如，在个人电脑使用规范中，人们在摆放或使用电脑时，电脑应远离电磁炉、微波炉、电吹风机、充电器，以及大功率电器等电磁辐射较强的家用电器。这么做是为了防止这些家用电器的电磁辐射对电脑硬盘的破坏，因为电脑硬盘是电脑最重要的部件，电脑中的资料都存放在硬盘上，而硬盘存储数据的介质是一种磁材料，如果经常将电脑放置在较强的磁场环境中，很可能损害硬盘，丢失数据，因此电脑的工作环境应尽量远离电磁干扰源。显而易见，对电脑硬盘工作原理和对电磁辐射规律的掌握，是人们制定这一电脑使用规范的根据，也是人们判断这一技术规范之所以可行的依据。

然而，以道德规范和法律规范为代表的调整人与人之间关系的社会规范的可行性在于它们的合规律性却容易遭到人们的质疑。这是由于“社会规范的合理性与可行性和社会规律或社会因果律的联系，往往要经过一系列中介才能建立起来，因而不是显而易见的”①。以不使用盗版软件这一网络规范为例，不使用盗版软件这一规范与盗版软件导致互联网发展停滞这一后果之间的因果必然性就不是显而易见的。许多人甚至认为使用盗版软件能够打破垄断，推动互联网的发展。但事实正好相反，2013 年 5 月中国国家知识产权局委托超元实验室和互联网实验室共同发布的《2012 年中国软件盗版率调查报告》显示②，2012 年盗版软件总数量为 21103. 63 万套，单机平均 0. 79 套，软件盗版率为 36%，各类盗版软件所造成的经济损失高达 2722. 77 亿元人民币。正是由于盗版软件对正版软件造成了巨大的冲击，使得软件开发者的合法权益无法得到保障，使其在软件开发过程中投入的成本无法收回或无法凭借其开发的软件盈利，这必然导致软件开发的动力不足，长此以往，整个互联网的发展必然会停滞。显而易见，对盗版软件引起的软件创新动力不足，导致互联网发展停滞这一网络行为因果必然性的把握，是人们制定不得使用盗版软件这一网络规范的根据，也是判断这一网络社会规范之所以可行的依据。

一项规范之所以具有可接受性，能够得到其适用范围内人们的广泛认可与遵守，是因为该项规范所指示的行为模式符合其适用范围内全体或大多数成员的目的。一项规范只有符合其适用范围内全体或大多数成员的目的，才会被人们广泛认同和接受，否则，即使制定了一项规范，也无法得到人们的广泛认同和接受，从而不具有可接受性。因此在这里，我们把可接受性划归为合目的性。与现实规范一样，一项网络规范只有符合其适用范围内全体或大多数成员的目的，即具有合目的性，才能被人们广泛认同和接受。而一项网络规范具有合目的性，也就是说该项网络规范符合其适

① 徐梦秋：《规范通论》，商务印书馆 2011 年版，第 46 页。

② “中国软件盗版率调查”课题组：《2012 年中国软件盗版率调查报告》，豆丁网，2013 年 5 月 21 日，https：//www. docin. com/p-822400471. html，2020 年 3 月 5 日。

用范围内全体或大多数成员的目的，也就是能体现其适用范围内全体或大多数成员的共同利益，即“公益”，因此我们可以进一步把合目的性划归为合公益性。例如，“禁止传播网络色情信息”这一网络规范之所以被人们广泛认同和接受，就在于其符合大部分网民维护互联网健康环境的目的，而维护互联网健康环境又符合大多数网民的共同利益，因而才具有可接受性。由此可知，判定一项网络规范的合理性，必须判定其是否具有可接受性，即判定其是否符合其适用范围内全体或大部分人的共同利益。再如，2013 年中国国务院出台的《“宽带中国”战略及实施方案》规定：“到 2015 年，初步建成适应经济社会发展需要的下一代国家信息基础设施。基本实现城市光纤到楼入户、农村宽带进乡入村，固定宽带家庭普及率达到 50%，第三代移动通信及其长期演进技术（3G/LTE）用户普及率达到 32.5%，行政村通宽带（有线或无线接入方式，下同）比例达到 95%，学校、图书馆、医院等公益机构基本实现宽带接入。”这一网络规范的可接受性就在于其符合所有中国网民接入和使用互联网的目的，而能够接入和使用互联网又符合所有中国网民的共同利益。因此，我们认为网络规范的可接受性就在于其合公益性。

综上所述，对一项网络规范的合理性的外部确证可以从可行性与可接受性两个方面展开，只有当其可行性与可接受性在人们的网络实践活动中得到充分确证的时候，才能说这项网络规范的合理性得到了确证。由于网络规范的可行性与可接受性可以划归为合规律性与合目的性，同时合目的性还可以进一步划归为合公益性。因此我们可以说，判定一项网络规范合理的基本标准，就是合规律性与合公益性相统一。

（二）网络规范合理性的判定程序

判定一项网络规范合理的基本标准是合规律性与合公益性相统一。因而，对网络规范合理性的外部确证就可以从这两方面出发，分别考察网络规范是否符合互联网的运行规律与网络行为的因果必然性，具有合规律性；是否符合其适用范围内全体或大多数成员的公共利益，具有合公益性。

首先，判定一项网络规范是否可行，就是要考察该项网络规范是否符合互联网运行规律与网络行为的因果必然性，即是否具有合规律性。对网络规范合规律性的判定是一个实践问题。对于一项网络规范，如果人们的行为在其指引下可以施行，并且能够达到预期效果，我们就说它符合互联网运行规律和网络行为的因果必然性，具有合规律性。因此，判断一项网络规范的合规律性，可以根据该项网络规范所指引的行为是否可以施行，并且能够达到预期效果来判定（这里合规律性表现为可行性，根据人们的网络行为是否可以施行且能够达到预期目的这一指标，来判定网络规范的合规律性，这也是马克思主义实践观在这一问题上的贯彻）。例如，“电脑的系统盘不应存储过多的资料”这一网络技术规范的合规律性就可以通过判定其所指引的行为是否可行，能否达到预期效果来判定。人们在电脑中下载或存储资料时，电脑会提示用户选择资料的存放路径（一般默认为 C 盘），只要人们愿意，完全可以选择将资料存储在非系统盘（如 D 盘或 E 盘），并且这么做能够避免系统盘空间被占满，防止系统升级或重装时丢失资料。因此，“电脑的系统盘不应存储过多资料”这一网络规范就具有合规律性。再如，“未经允许不得进入他人的电脑”“不得发送垃圾邮件”“不得浏览色情网页”等网络社会规范的合规律性也可以通过其所指引的行为是否可行，能否达到其预期效果来判定。实际上，在这些网络规范的指引下，如果人们愿意完全可以做到不随意进入他人电脑，不发送垃圾邮件，不浏览色情网页，并且这些行为对尊重他人的隐私、净化互联网环境起积极作用，因此这些网络社会规范就具有合规律性。

此外，对于一些专业性较强的网络规范，特别是网络技术规范而言，判定其是否具有合规律性还可以参考技术专家，如计算机专家、软件专家、网络工程师等的意见，通过技术专家的集体评议和表决来判定其是否符合互联网运行的规律，是否具有可行性。互联网是技术进步的结果，普通用户根本不会也没有必要完全掌握那些专业性较强的互联网技术；同时，网络技术具有牵一发而动全身的效果，一旦应用到实际，就会造成巨大的影响，因而事前的合规律性判定相对更加重要。因此，对于那些专业性较强的网络技术规范而言，普通用户没有必要通过网络实践活动去验证其合规律性，他们可以求助网络技术专家，在网络规范施行之前，通过技术专家的集体评议和表决来判定其是否符合互联网运行规律，是否可行。尽管通过技术专家集体评议和表决的方式来判定网络技术规范的合规律性的方式受到人们的质疑，认为这种民主表决的方式不能检验真理，但是我们认为技术专家以其丰富的专业知识在事前做出的判断是相对客观的、理性的，并且是非常有必要的。我们不能总是依靠客观事实来验证网络技术规范的合规律性，尽管客观事实最终会给出结论，但到那时可能已经铸成大错，不可挽回。

其次，判定一项网络规范是否被人们广泛认可和接受，就是要判定该项网络规范是否符合其适用范围内全体或大多数成员的共同利益，即是否具有合公益性。对网络规范合公益性的判定是一个价值问题，不同价值观或代表不同利益的人们有不同的评价。但是，如果一项网络规范能够得到其适用范围内人们的广泛认同，那么它肯定是符合其适用范围内人们的共同利益的（这并不是把规范的合公益性倒过来划归为可接受性，而是以认同度这一指标来判定规范的合公益性）。因此我们可以把人们对一项网络规范的“认同度”作为判定其合公益性的一个指标，认同度越大，该项网络规范就越符合公共利益，越具有公益性；反之，就越不符合公共利益，越不具有公益性。

在这里，需要指出的是，人们对一项网络规范的认同是建立在人们的利益诉求充分表达的基础上的，以此为前提，人们才能求同存异，把个人利益与整体利益统一起来，达成一致的意见。否则，如果人们的利益诉求无法充分表达，便无法判定人们对网络规范是否认同，从而也就无法判定网络规范是否具有公益性。因此，“建立利益充分表达的合理机制或程序就成为公众意志能否客观地表达，从而对规范的认同或否定及其程度能够判定的关键”[①]。而这种利益充分表达的合理机制就是言论自由机制，允许人们自由发表言论，表达自己的利益诉求。在互联网时代，互联网的出现使得人们拥有了更多的言论表达渠道，如博客、个人网页、微博、电子邮件、论坛等，这些言论表达渠道使得个人能够自由发表言论，表达自己的意见。因此，互联网赋予了现代人一种言论自由机制，使人们能够充分表达自己的利益诉求，以及对一项网络规范的认同及其程度。

人们充分表达了自己的利益诉求之后，如何显示人们对一项网络规范的认同度就成为另一个需要解决的问题。我们认为，一人一票的民主机制是目前能够做出判定的最佳方式，通过民主投票，人们对该项网络规范的认同度便一目了然。因此，通过民主机制能够显示人们对某项网络规范的认同度，从而显示该项网络规范是否具有“合公益性”及其程度大小。同时在通过民主机制对一项网络规范的合公益性进行投票时，坚持的是少

---

① 徐梦秋：《规范通论》，商务印书馆 2011 年版，第 49 页。

数服从多数的原则，如果赞同的人数超过了反对的人数，那么该项网络规范便具有合公益性。因此，“规范可接受性的上限是全体都要接受，下限是多数人赞同。少数人尽管不认同，但只要你参加了投票，只要你是先接受了这样一个程序，认为这一程序是公正的，那么，不管投票确立的规范是否符合你的利益，你都得接受，都得遵守”①。现在的互联网技术使得统计人们对某项网络规范的认同度变得更加容易。例如，在博客、微博、BBS或网页的内容下方，一般都设置了评价标签，主要包含赞同、反对以及中立这三个基本评价标签，允许人们对这些内容进行评价，并且可以明确显示做出某项评价的人数是多少。这样人们对于某一项网络规范或某一种网络行为的认同度高低便一目了然，并且投票成本几乎没有。因此，互联网的技术特性使得互联网调查机构和个人可以高效地、低成本地统计人们对于某项网络规范或网络行为的认同度，当“点赞”的人数超过“拍砖”的人数，那么该项网络规范就是符合公共利益的，具有合公益性。

当然，在民主机制中，并不一定每个人都要参与讨论和投票，特别是对于那些适用范围较广或专业性较强的网络规范，由于其适用范围内的成员人数众多，并且普通用户根本无法掌握太多专业知识，因此进行全体投票既浪费时间和精力，又没有必要。这时民主机制中的代议制就成为首选，人们可以推选一些忠诚的、内行的利益代表，如知名博主、微博“大V”、网络名人，以及网络技术专家等代替自己去讨论和投票，如果他们经过讨论和投票认为某项规范是符合公共利益的，就可以说这项网络规范具有合公益性。例如，据《人民日报（海外版）》报道，2013年8月10日，国家互联网信息办公室邀请纪连海、廖玒、陈里、潘石屹等十多位网络名人举行座谈交流，与会者就网络名人应当坚持的“七条底线”，即法律法规底线、社会主义制度底线、国家利益底线、公民合法权益底线、社会公共秩序底线、道德风尚底线和信息真实性底线等，进行了讨论并且达成共识。与会者一直认为“七条底线”能够引导积极向上的网络风气、维护国家利益、传播社会主义先进文化、弘扬中华民族美德，是符合公共利益的，因此这“七条底线”就具有公益性，能够被广大网民和网络名人广泛认可与接受。

以上通过民主程序来验证网络规范的合公益性的做法，是以一种合理的形式或程序来保障网络规范的实质合理性的做法。但是，在某些情况下，这

① 徐梦秋：《规范通论》，商务印书馆2011年版，第50页。

种将实质合理归结为形式或程序合理的做法是有一定局限的，普遍认同的规则并不等同于符合公共利益的规则。特别是由于互联网的发展没有边界，而人们的认识能力和知识水平却是相对有限的，因而人们很难预知互联网的未来，他们通过民主程序做出的一致性决议也许只符合眼前的共同利益而不符合长远的共同利益。因此，我们在相信程序合理的同时，也要坚持自身的理性判断。尽管民主程序有着诸多局限性，但是从目前来看，在没有找到更好的办法之前，民主程序仍不失为一种最有效的达成共识的办法。

综上所述，网络规范合理性的外部确证就是在人们的网络实践活动中，以网络规范的合规律性与合公益性的统一为标准，通过考察网络规范所指引的网络行为是否可以施行，能否达到预期目的，从而判定其是否具有合规律性；通过考察网络规范能否得到其适用范围内全体或大多数人的认同，从而判定其是否具有合公益性。如果一项网络规范所指引的网络行为可以施行，能够达到预期目的，那么该项网络规范便具有合规律性，反之则不具有合规律性；如果一项网络规范能够得到其适用范围内大多数人的认同，便具有合公益性，是可接受的，反之则是不可接受的。这样通过人们的网络实践活动就可以确证网络规范的合理性，其中，民主机制是人们在网络实践活动中判定网络规范的合规律性与合公益性的一种行之有效的办法。

二　网络规范合理性的内部确证

凯尔森指出：“一规范之创制及其效力，皆可回溯至另一规范；而后者之创制，复由其他规范所规制；正是此链条体现了秩序之统一。”① 也就是说，在同一规范系统内部，不同的规范具有不同的位阶，位阶较低的规范的创设和效力取决于位阶较高的规范，由此反复形成了一条完整的规范链条。在这里，效力即有效性②，指的是规范对人的行为具有约束力，

---

① ［奥］凯尔森：《纯粹法理论》，张书友译，中国法制出版社 2008 年版，第 88 页。

② 这里需要区分“有效性”与“实效性”，规范具有“有效性”，指的是规范应当被遵守和适用，对那些行为由它所调整的人具有约束力；规范具有“实效性”指的是规范实际上被遵守和适用，人们按照规范所规定的那样而行为。“有效性”是规范的一种特性。在具体情境中，人们的可能由于种种原因而不遵守规范，因而该规范就不具有“实效性”；一条规范具有“有效性”不一定具有“实效性”，但是它具备了约束人们行为的性质，因而从某种程度来说，有效性等同于合理性。参见［奥］凯尔森《法与国家的一般理论》，沈宗灵译，中国大百科全书出版社 1996 年版，第 42—43 页。

人们应当认可并遵守规范。从这一层意义上讲，规范的效力或有效性就等同于规范的合理性。因此，沿着凯尔森的思路，我们可以说，在同一规范系统中，低位阶的规范的合理性可以通过高位阶的规范来确证。这样网络规范合理性的内部确证指的就是把网络规范放在规范系统中来判定其合理性的方法，即在同一规范系统内，通过高位阶的规范来判定低位阶的规范的合理性。

一项网络规范并不是孤立存在的，既属于某一网络规范系统，又属于整个人类规范系统，因此，网络规范合理性的内部确证就可以从这两方面展开。

首先，我们可以将网络规范置于网络规范系统中来确证其合理性。以网络法律规范为例，“法律之所以有效力是因为它是按照另一个法律规范决定的方式被创造的，因此，后一个规范便成了前一个规范的效力的理由”[①]。也就是说，在同一网络规范系统内，如果一项网络法律是依据另一项网络法律制定出来的，那么前者的合理性就依赖于后者，可以通过后者来确证前者的合理性。如，中国原信息产业部颁布的《电信服务规范》是依据中国国务院颁布的《中华人民共和国电信条例》制定的，因而，在同一网络规范系统内，前者的合理性依赖于后者，前者的位阶低于后者的位阶，人们可以通过后者来确证前者的合理性。再如，对一些文学网站的管理规定中“未经本人同意不得擅自转载本人的著作”这一网络规范的合理性我们可以依据中华人民共和国《互联网著作权行政保护办法》来判定，而后者的合理性又可以依据《中华人民共和国著作权法》来判定。这样，在这一网络规范链条上，前者的合理性能够通过后者来判定，如果出现矛盾或不一致的情况，那么前者就不具有合理性。正如凯尔森所言，“一项法律规范如果得到另一项更高层次的法律规范的认可，那么这项法律规范就是有效的”[②]。反之，如果在同一网络规范链条上，前一个低位阶的网络规范没有得到后一个高位阶的网络规范的认同，二者是不一致的，那么前一个低位阶的网络规范就不具有合理性。

---

① ［奥］凯尔森：《法与国家的一般理论》，沈宗灵译，中国大百科全书出版社 1996 年版，第 141 页。

② ［美］E. 博登海默：《法理学：法律哲学与法律方法》，邓正来译，中国政法大学出版社 2004 年版，第 131 页。

因此，在同一网络规范系统内部，高位阶的网络规范就成为低位阶的网络规范具有合理性的理由，人们可以通过前者来确证后者的合理性。例如，2004 年中国原信息产业部公布施行的《中国互联网络域名管理办法》并未禁止个人注册使用域名；但中国互联网络信息中心制定的《中国互联网络信息中心域名注册实施细则》第十四条却规定“域名注册申请者应当是依法登记并且能够独立承担民事责任的组织”。因而，在 2008 年的郑敏杰诉中国互联网络信息中心（CNNIC）网络域名纠纷案中①，北京市第一中级人民法院做出判决，认为中国互联网络信息中心的《域名注册实施细则》的规定显然与《中国互联网络域名管理办法》相冲突，由于《中国互联网络信息中心域名注册实施细则》的效力低于《中国互联网络域名管理办法》，故其相关规定不能适用。这样在同一网络规范系统中，当低位阶的《中国互联网络信息中心域名注册实施细则》与高位阶的《中国互联网络域名管理办法》出现不一致甚至矛盾的现象时，人们通过后者可以确证前者不具有合理性。

其次，我们也可以将网络规范置于整个人类规范系统中，通过人类规范系统的内部确证来判定网络规范的合理性。尽管这种确证对于网络规范而言是一种外部确证，但对于整个人类规范系统而言，却又是一种内部确证。网络规范是整个人类规范系统的一部分，整个人类规范系统所要维护的价值和利益也是网络规范必须维护的东西，不能把互联网与现实世界割裂，认为人们在互联网与现实世界中各行其是，互不干扰。实际上，互联网与现实世界并非相互隔绝的，人们在互联网中的行为能够影响到现实世界。因而，在维护人类共同价值和共同利益方面，构建较晚的网络规范要与已经构建的、人们普遍认可的现实规范保持一致，前者的位阶低于后者，通过后者可以确证前者的合理性。例如，在维护个人隐私方面，“未经同意不得进入他人的电脑”这一网络规范的合理性就可以被“应当尊重他人的隐私权利”这一现实规范确证；在维护个人财产安全方面，“不得利用互联网盗窃他人的财产”这一网络规范的合理性就可以被“切勿盗窃”这一现实规范确证；在维护公共安全、社会稳定方面，“不得在互联网中造谣传谣”这一网络规范的合理性就可以被《中华人民共和国治安管理处罚法》第二十五条“对散布谣言，谎报险情、疫情、警情或者

① 朱柳宇、叶铁桥：《域名抢注乱象》，《中国青年报》2012 年 4 月 6 日第 7 版。

以其他方法故意扰乱公共秩序的行为，处 5 日以上 10 日以下拘留，可以并处 500 元以下罚款；情节较轻的，处 5 日以下拘留或者 500 元以下罚款”这一现实规范来确证。

再如，隐私权是每个人都享有的重要权利，美国宪法第四修正案就明确保护公民的隐私权。但是美国政府出于某种目的，制定了一些关于网络监控的网络政策或法律，如被曝光的“棱镜计划”。“棱镜计划”与隐私保护是明显矛盾的，因而与美国宪法第四修正案也是不一致的，而宪法是一国法律规范系统中最高位阶的规范，“如果这个法律有效力，那么，它之所以有效力只是因为它符合宪法；如果它与宪法有抵触，它就不可能是有效力的”①。因此，“棱镜计划”这一关于网络监控的法律与政策就是不合理的。所有其他法律包括网络法律也都是在宪法的规定下创立的，宪法是其他一切法律合理性的唯一理由，一切网络法律的合理性也可以通过宪法得到确证，如果某项网络法律或网络政策与宪法不一致，就不具有合理性。

综上所述，网络规范合理性的内部确证就是把网络规范置于规范系统当中，通过高位阶的规范来确证低位阶的规范的合理性。对于确证网络规范的合理性而言，尽管没有判定其合理性的两个因素，而是将确证其合理性的依据放在高阶规范的合理性之上，从某种程度上说，这种内部确证的方法大大地节约了判定一项网络规范合理性的成本。然而，在这种内部确证过程中，无论是将网络规范置于网络规范系统还是整个人类规范系统，网络规范合理性的确证都最终依赖于作为根据和出发点的基础规范的合理性。凯尔森指出，“不能从一个更高规范中得来自己效力的规范，我们称之为‘基础’规范（Basic Norm）”②。也就是说，基础规范是没有一个更高的规范来确证其合理性的规范，基础规范的合理性不能在本系统中得到内部确证。这样，基础规范的合理性只能寻找外部确证，在人们的生活实践中得到确证。因此对于网络规范而言，网络规范合理性的内部确证最终又落实到了人类的网络实践活动中。

---

① ［奥］凯尔森：《法与国家的一般理论》，沈宗灵译，中国大百科全书出版社 1996 年版，第 175 页。

② ［奥］凯尔森：《法与国家的一般理论》，沈宗灵译，中国大百科全书出版社 1996 年版，第 126 页。

第三节 网络规范合理性的困境及其解决

一 网络规范合理性之困境

互联网是人类生活的新型空间，与现实世界有着巨大的区别，人们在其中的行为也具有现实行为所不具有的特征。行为空间与行为特征的巨大差异不但使人们对主流价值观念理解模糊，还使得许多非主流的价值观念在互联网中开始盛行，这就使得人类行为的基本价值取向在互联网中出现不确定性；加之网络规范之间、网络规范与现实规范之间的竞争，更使得网络规范的合理性遭遇困境。

（一）人类行为的基本价值取向在互联网中出现不确定性

一般而言，每一个有序运行的社会，都有一些主流的价值观念，社会调整和约束人们行为的规范或规范系统都以维护这些主流的价值或价值目标为基本的价值取向。然而当人们对一些主流的价值观念理解模糊，或非主流的价值观念对主流价值观念造成冲击时，就会出现价值观的混乱，进而导致规范系统的混乱，人类行为的基本价值取向就会出现不确定性。这样“人们既无法评判自己行为的价值，也无法评判他人行为的价值。人们既无法判断自己行为的后果，也难以预期他人的行为及其结果”①。

首先，互联网出现后，由于人们的行为空间和行为特征发生了巨大变化，使得活动在互联网中的人们对传统社会中主流的价值观念的理解开始模糊起来。例如，乱伦在主流的价值观念中是一种禁忌。然而，互联网却使得人们对这一禁忌的理解模糊起来。家庭中的不同成员在互联网中都可以匿名活动，虚拟的身份和性别使得即使在同一个屋檐下的家庭成员之间也可能在不知道彼此真实身份的情况下进行网络恋爱。因此，一方面，在恋爱双方不知情的情况下，第三者如何看待这种不涉及肉体，仅限于虚拟身份之间的恋情，我们能否将这种恋情定义为乱伦；另一方面，当恋爱双方在交往过程中逐渐知道彼此真实身份时，他们自身如何看待彼此之间这种不涉及肉体关系的恋情，是否会认为这种恋情就是乱伦。因此，这一问

① 徐云峰：《网络伦理》，武汉大学出版社 2007 年版，第 148 页。

题使得人们对传统价值观念中的乱伦禁忌的理解模糊起来，进而使得涉及这一问题的人类行为的基本价值取向出现不确定性，赞同或否定似乎都没有很大说服力。

再如，关于因特网生活的一幅早期的著名漫画中画着两条狗坐在计算机旁。一条狗向另一条狗解释说："因特网伟大的地方是没有人知道你是一条狗。"然而这并不是互联网生活的全部。最近又有一幅漫画，一条狗在点击一幅狗食图案的网页。由于狗的点击，服务器可以知道它是一条狗，而且很快就会知道它是一条喜欢粗劣食物、榆树和暹罗猫的狗。[①] 互联网生活并没有人们所想象的那么美好，甚至可以说人们预想中的匿名生活只是互联网技术专家、网络公司等编造的一个巨大谎言，它们随时都可以偷窥和监控每个网民的网络生活，甚至可以记录网民对键盘的每次敲击。网络监控、人肉搜索、网络信息泄露等问题不断出现，人们却对此习以为常，以为这正是互联网生活的特色。技术专家说互联网本身就充满漏洞，网络公司说保存网民的网购记录是为了提供更好的上网服务。因此，"在我们享受着自由的同时，也付出了被控制的高昂代价"[②]。正如马克思所言："技术的胜利，似乎是以道德败坏为代价换来的。"[③] 传统的主流价值观念中的自由和隐私观念在互联网中逐渐变得模糊起来，现实规范中对隐私与自由的保护在互联网中逐渐水土不服，保护还是限制，并不是一个容易做出的选择。每个网络主体似乎都有自己的正当理由，"正因为我们当前所面临的选择是前所未有的，所以，没有任何东西可以成为我们忠实的对象"[④]。这样，涉及网络隐私信息的人类行为的基本价值取向也就不确定起来。

其次，互联网产生以后，现实世界中一些非主流的价值观念也在互联网中盛行起来，无政府主义、道德相对主义和个人主义在互联网中逐渐流

① ［英］蒂姆·伯纳斯—李、马克·菲谢蒂：《编织万维网》，张宏宇、萧风译，上海译文出版社1999年版，第143页。

② ［美］劳伦斯·莱斯格：《代码2.0：网络空间中的法律》，李旭、沈伟伟译，清华大学出版社2009年版，第214页。

③ 《马克思恩格斯选集》（第1卷），人民出版社1995年版，第775页。

④ ［美］劳伦斯·莱斯格：《代码2.0：网络空间中的法律》，李旭、沈伟伟译，清华大学出版社2009年版，第171页。

行和泛滥[①]，这些非主流价值观念在互联网中的传播对主流价值体系造成巨大的冲击，也使得人类行为的基本价值取向不确定起来。例如，互联网诞生之初，许多自由主义者就认为互联网应当是一个自由的空间。电子前线基金的创始人之一约翰·P. 巴洛发表了著名的《网络空间独立宣言》："工业世界的政府们，你们这些令人生厌的铁血巨人们，我来自网络世界——一个崭新的心灵家园。作为未来的代言人，我代表未来，要求过去的你们别管我们。在我们这里，你们并不受欢迎。在我们聚集的地方，你们没有主权。"[②] 可以说，无政府主义思想在互联网中受到许多人的追捧，打着这一旗号的人们认为政府应当被隔绝在互联网之外，传统边境的阻隔、政府的治理、国家的主权等都应当在互联网中消失，互联网应当是一个完全自治的空间。诚然，这一说法可能符合互联网的未来，但绝不是现在。例如，网络主权现在已经成为关系国家安全的焦点，中美两国之间就曾不断发生关于网络主权的争端。如果一味强调无政府主义，那就意味着互联网强国对弱国的国家安全的威胁。

同时，多元文化在互联网中的碰撞和交流，使道德相对主义在互联网中也逐渐流行起来，人们开始质疑现实社会中普遍的、公认的道德标准。"现实社会道德标准的统一性和确定性在网络社会似乎变得模糊了。"[③] 这种模糊性使得人们怀疑传统的道德权威、崇尚道德相对主义，从而导致各种不道德的思想和行为。由于各国之间文化的差异性，使得他们总是能够找到为自己的行为辩护的理由。互联网还导致个人主义的流行，特别是网络黑客不断受到一些人的追捧，这既源于人们对技术力量的崇拜，也源于个人主义的影响。"网络确实是一个自由的、自治的世界，为人的个性化发展提供了广阔的天空。"[④] 互联网开放的环境使许多黑客自学成才，成为互联网和计算机领域的专家，他们掌握了控制和破坏互联网的钥匙。然而，正如万维网之父蒂姆·伯纳斯-李所言，"技术人员必须成为负责任

---

① 张文杰、姜素兰：《网络发展带来的伦理道德问题》，《北京联合大学学报》1998 年第 3 期。

② ［美］约翰·P.巴洛：《网络空间独立宣言》，IdeoBook，2004 年 6 月 27 日，http：//www.ideobook.com/38/declaration-independence-cyberspace/，2016 年 5 月 8 日。

③ 李伦：《鼠标下的德性》，江西人民出版社 2002 年版，第 16 页。

④ 郭建国、李伦：《网络问题：伦理文化的诠释》，《湖南大学学报》（社会科学版）2002 年第 3 期。

的社会成员，但他们也必须摆脱统治世界的念头”[①]。一旦掌握互联网钥匙的人崇尚个人主义，在互联网中随意活动，不顾公共利益，那么将会给整个互联网带来巨大的危害。

综上所述，人们对一些传统的、主流的价值观念的理解在互联网中逐渐模糊，一些非主流的价值观念在互联网中不断盛行，这都使得人类行为的基本价值取向在互联网中变得不确定起来。人类行为的基本价值取向具有不确定性，就会使得网络规范的合理性遭遇困境，使得人们在制定网络规范或判断网络规范的合理性时遭遇困难。

（二）网络规范之间、网络规范与现实规范之间互相竞争

在现实社会中，同一行为可能涉及具有不同价值目标的两个或两个以上的规范，它们之间的竞争使得人们在做出行为选择时遭遇困难，网络规范亦是如此。再加上互联网是全球性网络，不同国家或地区的网络规范之间也相互竞争，这使得人们在做出行为选择时遭遇更大的困难。此外，人们在进入互联网后，现实规范并没有被隔绝在互联网之外，现实规范对人们在互联网中的行为影响也很大，这样现实规范和网络规范之间也互相竞争。因此，网络规范之间、网络规范与现实规范之间的竞争，导致人们的网络行为选择困难，使得网络规范的合理性遭遇困境。

首先，网络规范之间的竞争导致网络规范的合理性遭遇危机。

一方面，涉及同一网络行为，不同的网络规范之间可能发生竞争。不同的网络规范维护不同的价值目标，它们之间针对同一网络行为很有可能产生竞争，使人们一时难以进行行为选择，进而影响各自的合理性。以个人信息搜索为例，互联网搜索引擎行业制定的《互联网搜索引擎服务自律公约》第十条规定：“搜索引擎服务提供者有义务协助保护用户隐私和个人信息安全，收到权利人符合法律规定的通知后，应及时删除、断开侵权内容链接。”而网民自发制定的《人肉搜索公约》则赞成搜集他人的个人隐私信息，特别是对涉及“贪腐”“惩恶扬善”的行为当事人，可以在互联网中公布其个人隐私信息。我们认为，尽管后者出发点是好的，但其尺度很难把握，极有可能伤害无辜。

① ［英］蒂姆·伯纳斯-李、马克·菲谢蒂：《编织万维网》，张宏宇、萧风译，上海译文出版社 1999 年版，第 137 页。

另一方面，互联网是一个全球性网络，人们穿越网络边境比跨越地理疆界更加容易，互联网这种跨地区、无国界的特征使得不同国家或地区的网络规范之间也相互竞争。例如，中国《互联网信息服务管理办法》明确规定："互联网信息服务提供者不得制作、复制、发布、传播、散布含有淫秽、色情、赌博、暴力、凶杀、恐怖或者教唆犯罪等内容的信息。"然而，据新华网报道，中国移动截至2009年11月29日已封堵626个手机色情网站。其中网站服务器在境外的有478个，占总数的76%，其中美国421个，新加坡22个，日本6个，荷兰11个，俄罗斯4个，英国2个，加拿大8个，中国台湾1个，德国1个，瑞士1个，土耳其1个；服务器在国内的有148个。正是因为其他国家或地区的网络政策和法律对色情网站过于宽容，导致其与中国的网络法律与政策之间形成了竞争，才使得国外的色情网站能够生存，并不断被接入中国互联网。在此，各国对待色情信息的态度虽有不同，不能站在某一方的立场去评价另一方，但互联网的这种跨地区、无国界的特征却不时地让我们做出某种艰难的选择。像色情信息这种在一国屡遭禁止，在另一国却又堂而皇之地存在的信息内容，我们想要禁绝似乎很难，而这一切都源于不同国家的网络规范之间的竞争。

其次，网络规范与现实规范之间的竞争也使得网络规范的合理性遭遇困境。互联网与现实世界并不是相互隔绝的，在互联网中活动的主体是在现实世界中具有物质实体的人或组织。因而，现实规范也能够影响到互联网中人们的行为。一方面，许多现实规范，特别是社会规范都能够结合网络行为的特征在互联网中发挥作用，例如，"切勿偷盗"可以具体化为"切勿在互联网中盗窃他人财物"，"应当保护人类生活环境"可以具体化为"应当保护人类生活的互联网环境"，等等，在某种程度上，我们可以把网络社会规范当作现实社会规范的具体化。美国法律界专业性在线会议系统"法律顾问连线"（Counsel Connect）董事长大卫·约翰逊就指出："当人、事、地点改变后，法律也必须改变。"① 但是另一方面，现实规范对互联网的渗透，也影响到了人们对网络规范的认可与遵守。例如，在现实社会中，未经法院授权对他人行为进行监视

---

① ［美］约翰·布洛克曼：《未来英雄》，汪仲、邱家成、韩世芳译，海南出版社1998年版，第133页。

是不合法的，法律禁止对他人的住处或行踪进行非法监视。然而，在互联网中，政府和许多网络企业为了管理互联网，却制定了一些支持网络监控的网络规范，如个人网购信息搜集与邮件过滤等，并且将其宣传为互联网生活的一部分。但是，受传统规范影响的人们却很难认可与接受这种监视，这样，禁止非法监视的现实规范就与支持网络监控的网络规范之间相互竞争，并且在前者的影响下，后者想要获得人们的普遍认可和接受是有一定难度的。

总之，无论是不同国家或地区的网络规范之间，还是不同价值目标的网络规范之间的竞争，都是网络规范内部的竞争，这种内部竞争使得人们在面临行为选择时无所适从；而现实规范与网络规范之间的竞争是外部竞争，主要是现实规范对网络行为的影响使得人们对一些网络规范的认可与遵守遭遇困境。因此，这两种竞争都使得网络规范的合理性遭遇危机。

二 网络规范合理性之困境的解决

（一）“核心价值”的分析框架

美国计算机伦理学家詹姆斯·摩尔认为：“存在一套价值，我称之为‘核心价值’，它是人类评价的共同的、基本的标准，它是蕴含于一切人类文化之中的价值。”[①] 在他看来，这套大多数人共同认可的核心价值，包括生命、幸福、能力、自由、知识、资源和安全等价值，它们在不同的文化中通过不同的方式表达出来，而且在不同文化中受到不同程度的重视，完全忽视这些核心价值的个人和文化不可能长久地生存下去。因此，针对互联网中主流价值观念的理解模糊，以及非主流价值的盛行造成的网络规范的基本价值取向不确定的问题，我们可以试着用“核心价值”的分析框架来解决。

首先，人类核心价值是人们普遍认可、共同接受的那些价值，这些价值不随行为空间和行为方式的变化而变化。无论是在现实世界中，还是在互联网中，这些核心价值都是人们必须维护的价值，因而都是主流的价值。这些作为主流价值的核心价值构成了一个分析问题的框架，为

① ［美］特雷尔·拜纳姆、［英］西蒙·罗杰森：《计算机伦理与专业责任》，李伦、金红、曾建平等译，北京大学出版社 2010 年版，第 194 页。

我们评价不同规范的合理性提供了标准，为我们支持某项政策或选择某种行为提供了理由。例如，自由是人类普遍追求的核心价值之一，那么网络企业为了追求经济利益，个人为了一己之私等制定的限制网民发表言论的网络规范，或对网民言论信息进行过滤、删除、修改等行为就违背了这一核心价值。作为人类核心价值之一的自由会告诉人们限制网民发表言论或表达意见的网络规范是不合理的，过滤、删除和修改网民信息的行为是不正当的。因此我们认为，无论是在互联网中，还是在现实世界中，都存在人类共同认可的核心价值。人们应当在任何时候、任何空间都坚持这些核心价值，不能因行为空间与行为特征的变化而模糊自己对核心价值的正确理解，也不能因非主流价值的盛行而改变自己的立场。

其次，詹姆斯·摩尔也指出，“尽管存在着共同的价值框架，但是，在这种价值框架中，不同的人和不同的文化也存在各自的空间。让我们把一个人或一种文化对核心价值的表达称为‘核心价值的表达’”[①]。他认为，每个人或每种文化都依据其所处的环境和客观具体的情境形成不同的核心价值的表达。例如，知识的传承对每种文化都很重要，但中国文化与印度文化、基督教文化与伊斯兰教文化传承的却不是同一种知识。人类核心价值在每一种客观的、具体的环境中都有不同的表达，我们坚持人类核心价值，就要尊重每一种“核心价值的表达”。因此，即使由于行为空间与行为特征发生了巨大的变化，人类核心价值在互联网与现实世界中有不同的表达，我们也要尊重这些“核心价值的表达”。这些核心价值在互联网中的表达同样是互联网中的主流价值，不能忽视它们。例如，在现实世界中，人们的住所、身体以及工作场所的隐私是安全这一核心价值的表达，现实世界中法律禁止非法监控人们的住所、身体或工作场所。但是在互联网中，安全这一核心价值的表达就是个人电脑、电子邮件、网络行为等不被进入或监视，网络规范应当保护互联网中安全价值的表达，禁止政府、组织或个人非法进入他人电脑，查看他人邮件或监控人们的网络活动，不能因为行为空间与行为特征发生了变化就不再尊重安全这一核心价值在互联网中的表达。

---

① ［美］特雷尔·拜纳姆、［英］西蒙·罗杰森：《计算机伦理与专业责任》，李伦、金红、曾建平等译，北京大学出版社2010年版，第195页。

最后，核心价值的分析框架是各个核心价值相互支持的框架，任何一个核心价值都不可缺少。“对于我们所有人来说，核心价值是相互支撑的。有些人会强调某些价值胜于其他价值。运动员强调能力，商人强调资源，战士强调安全，学者强调知识，等等。然而，每个人、每种文化都需要赖以生存和繁荣的所有核心价值。”① 例如，在互联网中，作为安全的表达，隐私就是我们价值系统中一个至关重要的纽带，但这并不意味着在互联网中其他核心价值的表达就不重要，发布内容和表达意见是自由价值的表达，享受互联网便捷的生活是幸福价值的表达，软件的开发与保护是知识价值的表达，等等。对于在互联网中活动的人来说，这些核心价值在互联网中的表达都必须占据主流地位，都应受到人们的尊重。在具体的情景下有一定的偏向是允许的，但这并不意味着忽视或放弃其他核心价值在互联网中的表达。我们在追求发布内容和表达意见的自由时，并不能发布与转载未获得作者同意的文字，或发布和传播他人的隐私信息，既应当保护网络版权这一知识价值在互联网中的表达，也应当维护个人隐私这一安全价值在互联网中的表达。

总之，人类核心价值是每种文化、每个人都必须重视的价值，它们关系人类的生存和发展，为人类的行为指明了方向，也为人们评判一种行为规范的合理性提供了标准。因此，无论人们的行为空间和行为方式发生何种变化，或非主流价值如何盛行，作为主流价值的核心价值或核心价值的表达都是人们必须坚持的。以人类核心价值为指导，网络规范的基本价值取向就是确定的，从而为走出网络规范合理性的困境做出贡献。

（二）排他性理由②的分析框架

规范能够指导和约束人们的行为，是人们做出某种行为选择的理由。然而，当人们选择某种规范作为行为理由的同时，也排除了其他规范作为行为理由的可能。因而，规范作为行为的理由具有一定的排他性，是一种

---

① ［美］特雷尔·拜纳姆、［英］西蒙·罗杰森：《计算机伦理与专业责任》，李伦、金红、曾建平等译，北京大学出版社 2010 年版，第 196 页。

② “排他性理由”指的是这样一种理由，它作为行动的理由能够排除行动的其他理由。拉兹认为行为的理由具有不同的位阶，当高阶理由与低阶理由相互冲突的时候，一般“胜出”的是高阶理由，因此，排他性理由就是一个高阶理由，它能够排除和它竞争的低阶理由。参见［英］约瑟夫·拉兹《实践理性与规范》，朱学平译，中国法制出版社 2011 年版，第 32—35 页。

排他性理由，即当多个行为理由同时存在时，能够排除其他理由指导人们做出行为选择的那个理由。这样，针对网络规范之间，以及网络规范与现实规范之间的竞争使得人们在行为选择时遭遇困难，并使得网络规范的合理性遭遇困境的问题，我们可以试着采用“排他性理由”的分析框架来解决。

首先，涉及同一网络行为的两个或两个以上的规范相互冲突时，选择其中最高阶的规范作为行动的理由是一种可行的办法。当涉及同一网络行为的行为理由“包含了一个一阶的行动理由和一个排他性的二阶理由，结果是不应当按照一阶理由行动。在这种冲突中，排他性理由总是包赢不输”①。排他性理由的胜出是由于它排除了那些与之相冲突的理由。网络规范之间，或网络规范与现实规范作为行为的理由互相冲突时，作为排他性理由的高阶规范就成为具体情况中“胜出”的一方。例如，网络职业伦理规范规定网络技术人员应当对公司忠诚，为公司创造更多利益。但是，当公司利益与公共利益相矛盾，网络职业规范与网络政策或法律产生竞争时，作为高阶规范的网络政策或法律就是排他性理由，它们应当成为网络技术人员行为选择的理由。因此，我们认为，当不同位阶的网络规范之间，或网络规范与现实规范之间相互竞争时，位阶最高的规范就是排他性理由，应当成为人们行为选择的理由，这样就消除了多项网络规范竞争导致网络行为选择遭遇困难的问题。同时，排他性理由的存在避免了同样情形下多次理由衡量的成本，并且能够保证高阶规范与低阶规范发生冲突时作为行动理由的正当性。例如，网络企业或个人构建的网络规范如果与网络法律甚至宪法发生冲突，人们完全可以不衡量这些网络规范的合理性就将其排除在外，因为网络法律或宪法的排他性已经将那些与之相冲突的网络规范排除了，因而可以降低在这种情况下进行理由衡量的成本。

其次，当同一行为的网络规范之间或网络规范与现实规范之间相互竞争时，“权威”② 发布的“权威规范”也可能成为一种排他性理由。（需

---

① ［英］约瑟夫·拉兹：《实践理性与规范》，朱学平译，中国法制出版社 2011 年版，第 41 页。

② “权威”就是指他的一些命令或者应当做什么的看法（例如他的建议）的表达是权威性的指示，人们即便无法评价其合理性也应遵从其看法，因而权威的指示都是排他性的理由。参见［英］约瑟夫·拉兹《实践理性与规范》，朱学平译，中国法制出版社 2011 年版，第 62—63 页。

要注意的一点是,“权威”发布的不一定是规范,也可能是建议或评估等。)作为行动理由的规范之间相互冲突,可以诉诸高阶规范,而“权威”发布的规范相较于“非权威”人士制定的规范就是一种高阶规范,可以作为排他性理由而成为行动的理由。在人们的行为无法抉择时,特别是涉及网络技术的问题时,如果人们能够确信某个“权威”的动机,并且相信他的网络专业知识和判断超过了普通人,那么人们就可以接受他的建议,排除其他的行为理由,做出相应的行为选择。这样,人们并没有盲目行动,而是相信“权威”的建议,把他的建议当作排他性理由。“从而得出这样的结论:以某人为权威,就是认为他的一些表达是权威性的表达,即使基于理由的权衡这些表达是错误的,亦复如此。”[①] 也就是说,“权威”发布的规范作为排他性理由是以人们对“权威”的普遍认同与强大信心为基础的,只适用于普通人无法掌握的专业问题,特别是网络技术问题,并且在此情况下,“权威”规范的合理性依赖于“权威”的动机与知识水平。例如,关于网络黑客行为,普通网民的态度各不相同,有反对的声音,也有支持的声音,还有中立的声音。那么如何规范网络黑客的行为,将其行为限定在人们可以接受的合理的范围之内,普通网民很难构建这样的规范或判定其合理性。这样,人们就可以听取网络技术“权威”的建议,将其发布的“权威”规范作为黑客行为选择的理由或确证关于黑客行为的网络规范合理性的依据。但是,“权威”发布的规范的合理性是以“权威”的专业知识和动机为前提的,而其作为排他性理由的依据是人们对“权威”的普遍认同和强大信心。因而从某种程度上说,“权威”规范作为行为选择的理由或规范合理性的依据实际上是并不充分的,而只是在行为选择困境中的一种不得已做法。

最后,“取消性条件”[②] 也是一种排他性理由。在两个相互竞争的规范之间,作为行动理由的双方并不一定要有所“胜出”,人们可以结合具体情境中的事实做出相应的判断,进而取消行动理由的一方或双方,把

---

① [英]约瑟夫·拉兹:《实践理性与规范》,朱学平译,中国法制出版社 2011 年版,第 65 页。

② “取消性条件”指的是一种规范作为一个行动的理由可能被一个在具体情境中更为紧迫的事实或规范所取消,这个事实可能是基于理由衡量后胜出的一方,也可能是一个排他性的高阶规范。参见[英]约瑟夫·拉兹《实践理性与规范》,朱学平译,中国法制出版社 2011 年版,第 16—17 页。

"胜出"的规范或事实作为行动的理由。因此，一项规范作为行动理由并不一定是"决定性理由"[①]，例如，"一个人不应该说谎""士兵应当服从命令"，并不是使人相信，不论与之相冲的理由是什么，一个人都应当这样去做。人们常常根据实际的情景来决定自己的行动理由。例如，对一个癌症患者隐瞒病情可能有助于延长他的生命，一个士兵拒绝执行屠杀平民的命令是正义的，一个软件程序员拒绝为了公司利益而开发损害公共利益的程序是正当的，等等，这都是根据实际情景决定的行动理由。当多项网络规范或现实规范涉及同一网络行为时，人们常常要结合具体的情景来做出行为选择，或者选择其中一项规范，或者取消全部规范而依据一个更为紧迫的事实来做出选择。

在取消性条件下，对某项规范的取消并不意味着理由的强弱，而只是反映了相关规范的本质。因此，"一个理由可由一种取消性条件所取消，而另一理由不能为它所取消，这一事实并不能证明第二个理由就一定强于第一个理由。它完全没有包含这些理由具有相对强弱的意思"[②]。例如，每个人都有接入互联网的权利；网络企业或机构构成了互联网的基本结构，网络企业或组织有通过互联网盈利的权利；政府有管理互联网，维护互联网正常运行的责任，在这三个理由之下，形成了不同的网络规范。然而，当一国的互联网遭遇攻击，并且可能危及国家主权安全的时候，基于前两条理由之下的网络规范就可以被取消，政府可以依据互联网管理规范做出行为选择，或关闭国际互联网端口，或限制网民接入互联网等。这样，网络主权安全就成为取消性条件，取消了关于网民权利和网络企业利益的网络规范，成为政府做出行为选择的理由。但这并不意味着前两者作为行为的理由弱于第三个理由，这只是人们结合了具体的情景做出的选择。

总之，当涉及同一网络行为的网络规范之间，以及网络规范与现实规范之间的相互竞争，导致人们行为选择困难，使网络规范的合理性遭遇困境时，我们可以采取排他性理由的分析办法来解决这一问题。无论

---

① "决定性理由"指的是当且仅当对 x 来说，p 是做 Φ（它未被取消）的理由，而且不存在胜过 p 的理由 q，则对 x 来说，p 是做 Φ 的决定性理由。参见［英］约瑟夫·拉兹《实践理性与规范》，朱学平译，中国法制出版社 2011 年版，第 17—18 页。

② ［英］约瑟夫·拉兹：《实践理性与规范》，朱学平译，中国法制出版社 2011 年版，第 17 页。

是涉及同一网络行为的众多规范中的高阶规范，还是“权威”发布的权威规范，以及结合了具体的情景的网络规范或事实，都能够成为排他性理由，从而成为人们做出行为选择的理由和判定一项网络规范合理性的依据。

第五章　网络自由的限制及其实现

第一节　网络自由及其限制

一　网络自由

网络自由就是人们通过互联网实现的自由，包括网络言论自由、网络交往自由、网络出版自由、网络集会结社自由等。言论、交往、出版和集会结社等方面的自由都是人们在物理空间中所追求的，互联网只是提供了一种新的实现途径与表现形式。此外，人们还有使用互联网，即接入互联网的自由。随着即时通信、电子邮件、网络论坛、个人博客、微博、网络交易平台等网络技术和工具的出现和发展，人们的言论能够瞬间传播到全球，作品能够自由发表，交往能够跨越地理距离和疆界的限制，具有相同爱好的人能够随时开展集体交流或组成一定的团体。毫无疑问，互联网作为一种工具，大大地延伸了人的行动能力，在一定程度上不仅使人类摆脱了现实中空间距离、疆界阻隔以及物质控制等方面的限制，而且还使一些约束人们行为的现实规范不断失去效力，从而改变了人们的行为方式，使人们享有的自由在内容、形式、范围和程度上得到了巨大的扩展。例如，“网络取缔了现实空间中最主要的言论制约因素——出版者与作者的分离”①，网络主体既是出版者又是发表者，不仅使每个网络主体可以在任何时间任何地点出版和发表自己的作品，而且避免了现实空间中的某些内

---

① ［美］劳伦斯·莱斯格：《代码 2.0：网络空间中的法律》，李旭、沈伟伟译，清华大学出版社 2009 年版，第 29 页。

容审查或言论集权，这样就使得人们的言论自由、出版自由得到充分实现，甚至达到一种理想状态。

然而，人们谈起网络自由往往会想到在网络空间中可以实现现实空间中不能或较难实现的行为，实际上相对于现实空间，网络空间更容易被规范和控制。技术的进步造就了互联网的辉煌，而“技术既可以是一种解放的力量也可以是一种压制的力量”①。因此，人们在互联网中享受到的自由与互联网技术的发展有着密切的关系，互联网只是提供了一种实现自由的途径。事实上，“在我们享受着自由的同时，也付出了被控制的高昂代价”②。2013 年美国政府被曝光出的“棱镜门”事件就是其中一个最典型的例子。据报道，美国情报机构可直接接入美国 9 家互联网公司的中心服务器进行数据挖掘，他们可以直接接触到调查对象的文档、电子邮件、视频语音通话记录、文件传输、登录通知、网络日志等资料，并跟踪到对象的行动，进而得到他们想要的情报。因此，通过互联网，政府、企业或个人完全可以监视其他网民在互联网中的一举一动，某种程度上可以说，互联网甚至已经构成了一座超级全景监狱（Panopticon）③。在互联网中，人们每一次点击鼠标都会被记录、编码并被保存在数据库中，供一些政府机构、企业甚至个人查询。因此，“今天的‘传播环路’以及它们产生的数据库，构成了一座超级全景监狱，一套没有围墙、窗子、塔楼和狱卒的监督系统”④。每个网民都参与了这一超级全景监狱的构建过程，他们在日常的网络活动中为这座全景监狱不断添砖加瓦。在这座超级全景监狱中，每当人们的行为通过线路与互联网或数据库连接时，监控人员只需要

---

① ［美］理查德·A. 斯皮内洛：《世纪道德：信息技术的伦理方面》，刘钢译，中央编译出版社 1999 年版，第 18 页。

② ［美］劳伦斯·莱斯格：《代码 2.0：网络空间中的法律》，李旭、沈伟伟译，清华大学出版社 2009 年版，第 214 页。

③ 全景监狱（Panopticon）是法国哲学家米歇尔·福柯借用边沁的术语“全景敞视建筑”来描述的一种人类社会控制的方式：监视者身处监狱中心位置的瞭望塔内，每个囚犯都被关进独立的囚室，每个囚室的窗户都正对着瞭望塔，监视者能观察到环绕周围的所有囚室中囚犯的动静，而囚犯由于逆光的原因却无法准确知悉监视者的实际状态，因而无论监视者是否到位，囚犯们在外在控制的压力下都会假定监视者的存在，并自觉地规范和惩罚自己。参见［法］米歇尔·福柯《规训与惩罚》，刘北成、杨远婴译，生活·读书·新知三联书店 2003 年版，第 224—232 页。

④ ［美］马克·波斯特：《信息方式：后解构主义与社会语境》，范静哗译，商务印书馆 2000 年版，第 127 页。

键入少量的数据，一种不露痕迹的监控便开始了，而人们往往不知情或无奈地选择接受。因此，互联网的出现并不意味着人类从此摆脱了一切限制，可以享受绝对的自由。人们在互联网中享受的仍然是一种相对的自由，同时在互联网中人们还面临着许多自由的威胁。“面对威胁，我们要做出选择：是允许自由被剥夺，还是另外制定一些限制性规则以重建自由的原始空间？”① 我们的答案当然是重建网络自由，然而这种网络自由是什么、有哪些限制、如何实现等问题却是我们应当思考的。

人们行为的“合规律性与合目的性的统一就是自由”②。行为的合规律性指的是只有符合客观规律，禁绝违背客观规律的行为才能施行并达到预期目的；行为的合目的性指的是只有符合公共利益与公共价值，禁绝损公肥私、破坏社会公德的行为才能被全体或大多数人接受或不被禁止。网络自由就是网络主体行为合规律性与合目的性的统一。互联网是建立在网络技术基础之上的通信工具，有其本身存在的规律，网络主体的行为只有符合网络规律，才能顺利施行并且达到预期目的；同时只有那些不损害公共利益或公共价值的网络主体行为目的才能被全体或大多数网络主体所接受或不被禁止。因此，网络自由受到了网络规律与网络主体目的的双重限制，考察影响网络主体行为合规律性与合目的性统一的因素是分析网络自由的前提，在此基础上，才能进一步探讨网络自由的实现途径。

二　网络自由的限制

影响网络主体行为合规律性与合目的性统一的因素共同构成了网络自由的限制因素。这些限制因素主要可以分为三个方面，包括物理因素、规范性因素和其他因素。

（一）物理因素

互联网不是空中楼阁，网络技术与协议、服务器与传输设备、计算机硬件与软件等构成互联网基石，这些因素都限制了网络自由。第一，网络技术决定了网络主体的行为能力，决定了网络自由的边界。例如，早期的网络用户只能通过网络检索资料，并进行简单的通信，而万维网的发明使得每个网络主体都能够编辑属于自己的网页并且能够与网络连接供其他网

① ［美］劳伦斯·莱斯格：《代码 2.0：网络空间中的法律》，李旭、沈伟伟译，清华大学出版社 2009 年版，第 214 页。

② 徐梦秋：《规范通论》，商务印书馆 2011 年版，第 33 页。

络主体阅读，“万维网背后的基本原则是，一旦某个地方的某个人准备了一个文档、数据库、声音、影像或一次交互对话的某个阶段的屏幕，那么它应当是任何国家的任何人用任何类型的计算机都能访问到的”①。第二，计算机硬件、互联网传输设备的差异性限制了网络主体的行为。例如，计算机配置的高低直接影响到计算机处理数据信息的能力和带给网络主体的上网体验，内存小、硬盘容量低、CPU（中央处理器）性能低的计算机在实现浏览、游戏、制图以及大型计算等功能的时候往往会出现速度慢或无法进行的情况，难以达到网络主体的预期目的；再如，比起使用电话线上网的用户，使用宽带上网的用户在数据传输的容量与速度上有巨大的优势，特别是无线宽带的出现使得网络主体在上网地点的选择方面有了更大的自主权。第三，软件代码的性质会影响网络主体对网络规律的把握和遵守。软件代码可以分为开放代码与封闭代码两种，开放代码是允许用户修改和复制的软件代码，用户能够了解开放代码的运行规律，例如，“GNU/Linux 是一个‘开放代码’工程，它是源代码公开的软件，该源代码向所有人公开。用户可以浏览和修改它的源代码，编程人员可以提取和使用其中的部件”②。然而，“随着程序的跨平台兼容性的提高，制造商对其产品可能的使用方式施加的控制越来越多”③，软件的商业化与私有化使大多数软件代码逐渐变成封闭代码，封闭代码不允许用户修改和复制，用户沦为单纯的软件消费者，不了解封闭代码的运行规律，不仅不能像使用开放代码那样自由地修改和完善软件代码，而且不利于网络主体对网络规律的掌握。第四，互联网并不是一个完全不设防的空间，互联网中有许多内部网或专用网。如某个公司内部的网络、警用或军队的专用网络，和现实世界中一样，网络主体并不能自由出入其中，必须获得授权才能进入，这就是防火墙的作用。防火墙是内部网与外部网或专用网与公共网之间的一套安全系统，它就像一堵墙一样将未经授权的用户挡在内部网或专用网之外。

（二）规范性因素

在现实世界中，人们都是按照各种规范行为的，“规范的作用在于保

---

① ［英］蒂姆·伯纳斯-李、马克·菲谢蒂：《编织万维网》，张宏宇、萧风译，上海译文出版社 1999 年版，第 37 页。

② ［美］劳伦斯·莱斯格：《思想的未来》，李旭译，中信出版社 2004 年版，第 57 页。

③ ［美］劳伦斯·莱斯格：《思想的未来》，李旭译，中信出版社 2004 年版，第 554 页。

障主体活动的合规律性与合目的性”[①]，合理的规范是自由实现的必要条件。“一个规范的合理性不仅在于它是可行的、可操作的、可达到预期效果，而且在于这一效果要符合全体至少是多数人的趋利避害、向善去恶的目的，也就是要体现全体人或多数人的共同利益。”[②] 因此，网络规范既要符合网络规律，具有可行性，也要维护网络主体的公共利益和公共价值，才能够被全体或大多数网络主体所接受，具有可接受性。只有兼顾了可行性与可接受性的网络规范才是合理的，才能保障网络主体行为的合规律性与合目的性的统一。因此，合理的网络规范是网络自由实现的必要条件，网络自由受到网络规范的限制。

首先，不可行、不科学的网络规范限制了网络自由。如果一项网络规范是不可行的、不科学的，那么就意味着该项网络规范违背了与网络行为有关的客观规律或客观必然性，它指引的行为要么无法施为，要么勉强施为也达不到行为的预期效果，因此该项网络规范就不具有可行性。这样，该项网络规范就无法保障其所指引的网络行为的合规律性，从而也就限制了网络主体的网络自由。例如，据 21CN 科技网报道，2014 年 3 月 23 日，一些安装了反病毒软件金山毒霸的用户电脑，在开机启动时选择自动升级金山毒霸后导致电脑崩溃无法开机。后来金山公司承认导致用户电脑无法开机的原因是金山毒霸新版本修改了 KAVbootC. sys（金山毒霸的一款驱动程序），一旦用户选择升级，就可能出现无法开机的现象。安全专家研究发现，金山毒霸未经严格测试，就在用户电脑里自动更新了 KAVbootC. sys 驱动程序，而金山毒霸在自动更新时将 64 位 Win7/Win8 系统错误判断为 32 位系统，在 64 位系统上安装了 32 位的 KAVbootC. sys 驱动，从而导致系统无法启动。在这一事故中，我们发现，金山公司在制定金山毒霸自动升级的技术规范时，没有遵循 64 位 Win7/Win8 系统的运行规律，错误地将其判断为 32 位系统，由此导致用户系统崩溃，无法开机的严重事故。因此，金山毒霸这一自动升级的网络技术规范是不科学的、不可行的。

其次，不符合公众利益的网络规范限制了网络自由。如果一项网络规范不符合公众利益，那么就意味着该项网络规范与其适用范围内的所有或

---

① 徐梦秋：《规范通论》，商务印书馆 2011 年版，第 33 页。

② 徐梦秋：《规范通论》，商务印书馆 2011 年版，第 47 页。

大多数成员的共同利益相悖，无法得到人们的普遍认可与接受，不具有可接受性。这样，该项网络规范就无法保障其所指引的网络行为的合公益性，从而也就限制了网络主体的网络自由。例如，匿名访问是互联网吸引大多数网民网上冲浪的魅力所在，大多数网民并不愿意让别人知道自己在互联网中的行踪。然而，保存在用户电脑上的 Cookie 却记录了网民登录某一网站时浏览过的每一个网页和填写过的每一条信息，而这些信息能够被网站搜集和查看，有些网站甚至将这些信息整理出售，从而获得巨额利益。因此，尽管在一定程度上 Cookie 的存在方便了用户再次登录网站和快速浏览网页，但是由于保存在用户电脑中的 Cookie 文件能够被网站收集，网民的个人信息和上网行踪存在泄露的危险。因此，那种在用户电脑中强制保存 Cookie，并且不允许用户清除的网络规范，就违背了大多数网民匿名访问和维护个人信息安全的目的，使得被迫就范的网络行为不符合大多数网民的共同利益，从而限制了网民的网络自由。

最后，网络规范的可行性与可接受性是否统一也限制了网络自由。可行性与可接受性统一的网络规范才是合理的网络规范，如果网络规范只具有可行性或可接受性中的一方，那么网络规范就不是合理的，其所指引的网络行为的合规律性与合目的性就无法统一，网络自由也就无法实现。

一方面，如果网络规范只具有可行性，缺少可接受性，那么此类规范就会受到其适用范围内的所有或大部分成员的抵制，包括用脚投票。例如，网络实名制是规范网民行为的重要规范，在现有的技术条件下完全能够施行，然而，网络实名制却违背了大多数网络主体匿名上网的目的，因此，网络实名制就不具有广泛的可接受性。如各大高校的校园 BBS 曾是深受广大师生欢迎的交流平台，然而实行实名认证后，曾经活跃繁荣的气氛不见了，如今的校园 BBS 已经变得冷冷清清，访问量和注册量急剧下降，这就是对网络言论自由的过度限制。

另一方面，如果网络规范只具有可接受性，缺少可行性，那么虽然此类规范符合大多数网络主体的目的，但其指引的网络行为实行起来却很难或无法达到预期目的。例如，计算机和互联网已经成为人类社会的基本“官能”，在人类社会的每一个角落，计算机和互联网都发挥着巨大的作用，成为社会运行的“中枢”。然而，计算机和互联网已经发展到完全代替人类工作的地步了吗？不断出现在新闻标题中的事故告诉我们，几乎在所有的重大系统故障导致的事故中，计算机都扮演了重要的角色。因此，计算机和互联网还远没有达到完全代替人类工作的地步。所以，在重大工程或重要系统中制定计算机操作规范时，如果完全忽视人的作用，那么极易导致严重的事故，造成巨大的损失。所以，尽管计算机取代人工操作符合人类解放自身、降低人工操作失误率的目的，但是在现有的技术条件下还无法完全实现计算机智能操作。因此，忽视人的因素，完全依靠计算机的技术规范或管理规范是不可行的，它们所指引的行为要么很难实现，要么很可能导致严重的事故，无法达到预期目的，反而限制了人类的自由。因此，我们认为只具有可行性或可接受性一方的网络规范，即可行性与可接受性不统一的网络规范是不合理的网络规范，其限制了人们的网络自由。

（三）其他因素

其他影响网络自由的因素主要包括两类，一是网络机构之间的不正当竞争，二是网民的收入水平和对互联网知识的把握。

首先，选择是自由的前提，“人类的官能，如觉知力、判断力、辨别感、智力活动，甚至道德取舍等，只有在进行选择中才会得到运用”①，用户的选择权是市场竞争的动力，然而网络机构的一些市场竞争行为却损害了网络主体的选择权，损害了网络主体的权益。一方面，网络机构的不正当竞争损害了用户的自由。例如，一些互联网企业在与其他企业竞争的过程中，要求用户做出类似“二选一”的选择，用户如果使用其提供的服务必须卸载其他公司的同类软件，最典型的例子就是百度公司推出的安全控件禁止用户使用360浏览器登录百度账户。另一方面，网络垄断企业的垄断行为也损害了用户的自由。垄断是自由的天敌，“垄断者所建造的‘自由的’基础设施可使我们获益，但垄断者不可避免地会对基础设施进行控制，这会给我们带来损失”②。当网络主体遭遇垄断时，网络主体别无选择，也许只能选择退出，这必然损害网络主体的权益。例如，中国移动、中国电信等网络运营商正在酝酿对OTT③业务收费，这是因为OTT业务分去了网络运营商的一大部分蛋糕，其中拥有数亿用户的微信也面临

① ［英］约翰·密尔：《论自由》，程崇华译，商务印书馆1982年版，第62页。

② ［美］劳伦斯·莱斯格：《思想的未来》，李旭译，中信出版社2004年版，第179—180页。

③ OTT（Over The Top），指互联网企业利用运营商的宽带网络发展自己的业务，如Skype、QQ、微信等网络应用。

着收费的命运，尽管收费的理由众多，但是用户的利益却被网络运营商忽视了。

其次，网民的收入水平和对互联网知识的把握程度限制了网民接入互联网和对互联网的使用。一方面，人们是通过上网设备接入互联网和使用互联网资源的，购买上网设备的资金和网络费用是网民上网的基本成本，如果要使用网络中的其他收费项目就要额外支付费用，因此网民的收入水平必然限制了自身接入和使用互联网的自由；另一方面，人们使用互联网必须具备一定的互联网知识，尽管接入互联网的门槛越来越低，但是对互联网知识的掌握程度却限制了人们接入互联网和对互联网的使用，互联网知识掌握得越多，人们接入和使用互联网的自由度就越大。据《第 31 次中国互联网发展状况统计报告》[①] 统计，截至 2012 年年底，在非网络主体中，因年龄小、没时间、当地没有互联网而没有上网意向的人分别占 23%、13%、2%，66%的人因为不懂电脑知识而没有上网意向，11%的人因为缺乏上网设备而没有上网意向，因此，互联网知识的缺乏成为限制人们接入互联网的主要因素之一，也成为限制人们网络自由的因素之一。

第二节　网络自由的实现

一　网络规范与网络自由

人们生活在一个充满规范的世界中，任何人都不能离开规范而获得自由。“人的自由只有在遵守规范的条件下才是有意义的；离开了规范的自由，在今天的任何社会环境中都无异于空想。”[②] 因此，人们绝不能奢谈“绝对自由”，要求取消规范。任何人的言行都必须约束在规范的框架内，在这一原则下，要充分重视保护人们的各种权益。我们不能一边谈论绝对自由，一边又侵犯他人的权益，这样必然会破坏社会的正常秩序，使其陷

① CNNIC：《第 31 次中国互联网发展状况统计报告》，中国互联网络信息中心，2013 年 1 月 15 日，http：//www.cnnic.net.cn/NMediaFile/old_attach/P020140305344412530522.pdf，2013 年 4 月 20 日。

② 周祯祥：《事实命题、价值命题、规范命题及其逻辑》，《华南师范大学学报》（社会科学版）2004 年第 3 期。

入混乱。与现实世界一样，互联网绝不是一个规范的真空地带，网络规范是网络自由能够实现的前提条件。人们的网络行为必须在网络规范的框架内进行，他们的网络行为受到网络规范的限制。“总之，网民们需要必要的规范，即他们失去一定的自由，是为了获得最大的相对自由；他们丧失一定的利益，是为了保障其根本的利益。”① 因此，问题不在于互联网需不需要网络规范，而在于用什么样的网络规范可以使人们享受真正的网络自由。

“遵守一定的规范是进入自由境界的门户”②，只有合理的网络规范才能保障网络行为的合规律性与合目的性的统一，使遵守合理网络规范的网络行为顺利施行且能够达到预期目的，但是合理的网络规范只是网络自由实现的必要条件，“客观必然转化为行为规范之后，是通过主体的自觉遵守即主体的自律而通向自由的”③。因此，网络主体自觉自愿遵守合理的网络规范进行网络活动才是网络自由实现的充分必要条件。

规范可以分成三类④，包括肯定性规范、否定性规范和授权性规范，不同的规范引导主体走向自由的作用是不同的。肯定性规范与否定性规范规定了主体应当如何行为和不应当如何行为，违背了这两种规范就达不到预期目的或将受到惩罚，主体的自由体现在遵守规范的行为过程中，在规范的指导下主体有行为自由，或是在遵守客观规律的前提下自由设计行为的方式，或是自由改变客观规律发生作用的条件以符合自己的目的；授权性规范将行为的选择权交给主体，主体可以选择做什么或不做什么，主体的自由就体现在规范本身。因此，肯定性规范与否定性规范规定了主体做什么和不做什么的义务，授权性规范规定了主体做什么和不做什么的权利。主体自觉自愿遵守合理的网络规范就是主体自觉自愿履行网络权利与网络义务，可以说“规范与自由的中介是义务和权利”⑤。因而，网络自由与网络规范的中介就是网络义务和网络权利，网络主体只有通过自觉自愿履行网络义务和网络权利才能实现网络自由。

① 孙伟平、贾旭东：《关于“网络社会”的道德思考》，《哲学研究》1998 年第 8 期。

② 徐梦秋：《规范通论》，商务印书馆 2011 年版，第 33 页。

③ 徐梦秋：《规范的基础和自由的中介》，《哲学研究》2001 年第 7 期。

④ 徐梦秋：《规范通论》，商务印书馆 2011 年版，第 35 页。

⑤ 徐梦秋：《规范通论》，商务印书馆 2011 年版，第 38 页。

二　网络权利和网络义务

（一）网络权利

网络权利就是网络主体在互联网中享有的权利，具体包括以下几点。

第一，接入互联网的权利。接入互联网是人们使用互联网的前提。一方面政府或网络企业应当建立完善的网络基础设施，设置合理的互联网接入规范和收费制度，尽量消除网络主体与非网络主体之间的数字鸿沟，降低非网络主体接入互联网的门槛，使每个人都能享受到互联网时代带来的便捷生活。例如，政府或网络运营商应当在经济欠发达地区或边远地区建立网络基站，架设网线，并在网络收费方面适当给予照顾，减轻当地人民接入互联网的经济负担。另一方面，网络主体应积极主动学习和掌握计算机与互联网知识，同时也要添置互联网接入设备，积极行使接入互联网的权利。例如，网络主体要改变陈旧观念，接受和使用互联网这种新型通信工具，积极学习计算机与互联网知识，掌握操作计算机的方法，购置电脑、手机等互联网接入设备，主动接入互联网。

第二，网络主体言论自由的权利。美国电子前线基金会（EFF）法律顾问麦克·戈德温（Mike Godwin）说："我们需要一种共识，认定互联网是言论自由保障的对象，享有宪法上一切的保障，认定它有资格享有与报纸杂志同样的法律和宪法保护。"① 基于TCP/IP协议，互联网将包含信息的数据包从一个地方不受限制地发送到另一个地方，使得网络信息可以匿名、跨距离传输，因此"网络这种独特的架构完全符合广泛而生机勃勃的自由言论权概念。如此设计网络正是为了使任何人都能够不受任何干涉地发送任何形式的数字内容到世界任何地方"②。互联网这种穿越边界、打破障碍、消除距离的特性使其成为言论自由实现的最佳工具。因此，一方面，网络主体应当主动使用互联网这种新型工具，例如企业和个人通过建立属于自己的网站，注册公开的电子邮箱，开通官方微博或博客等发表观点与看法或者与其他网络主体进行交流。另一方面，政府或网络机构与组织制定了合理的网络规范保护网络主体的言论自由权利，提供自由开放

---

① ［美］约翰·布洛克曼：《未来英雄》，汪仲、邱家成、韩世芳译，海南出版社1998年版，第109页。

② ［美］理查德·A. 斯皮内洛：《铁笼，还是乌托邦：网络空间的道德与法律（第二版）》，李伦等译，北京大学出版社2007年版，第50页。

的网络言论平台。例如，中国《互联网安全保护技术措施规定》第四条："互联网服务提供者、联网使用单位应当建立相应的管理制度。未经用户同意不得公开、泄露用户注册信息，但法律、法规另有规定的除外。互联网服务提供者、联网使用单位应当依法使用互联网安全保护技术措施，不得利用互联网安全保护技术措施侵犯用户的通信自由和通信秘密。"

第三，网络主体保护自身合法权益的权利。网络主体的合法权益包括个人隐私、名誉、财产以及专利权和版权等。"在一个网络化的社会里，信息像闪电一样快速地流动，可能会产生刚被输入电脑时所无法预料的后果。"① 互联网将现实世界中的一切转化为数据信息，信息流动就是互联网的本质，信息一旦被保存在计算机上就有流动的可能，可以被轻易地获取和篡改，而关于个人隐私、名誉以及财产等的信息一旦被泄露，就可能产生对网络主体不利的影响。因此，一方面，网络主体要有维护自身合法权益的意识，一旦遭受侵害，就要积极地利用法律武器维护自身合法权益。例如，尽量不在计算机上存放与个人信息或隐私有关的资料，即使存放了也要设置密码；不随便点击不请自来的网页或电子邮件，网络病毒或木马可能包含在这些网页和邮件中；对个人电脑安全系统进行定期的升级，查杀病毒与木马；一旦发现个人信息、隐私等遭受侵害应及时报警；等等。另一方面，政府和网络企业应建立合理的法律规范和技术规范来保护网络主体的合法权益。例如，在互联网中"个人行为处处留下数字化信息的踪迹，被有系统地收集在电脑数据库中，并且以光速或音速在不同电脑间来回传输"②。关于这些被收集的个人信息如何管理和使用，政府和网络组织应当制定合理的信息管理办法。如《杭州市计算机信息网络安全保护管理条例》第二十二条规定："任何单位或者个人不得从事下列危害计算机信息网络安全和秩序的行为：擅自增加、修改、删除、复制他人计算机信息网络的数据；故意制作、传播、使用计算机病毒、恶意软件等破坏性程序，或者制作、发布、复制、传播含破坏性程序或其机理、源程序的信息；擅自利用计算机信息网络收集、使用、提供、买卖他人专有信息等。"

---

① ［美］乔尔·鲁蒂诺、安东尼·格雷博什：《媒体与信息伦理学》，霍政欣、罗赞、陈莉等译，北京大学出版社 2009 年版，第 284 页。

② ［美］马克·波斯特：《第二媒介时代》，范静哗译，南京大学出版社 2001 年版，第 93 页。

同时，网络主体的合法权益还应包括互联网专利权和版权。人们发布在网络中的文学作品、图片、音乐、视频，以及自己开发的软件或其他知识成果也是人们应当受到保护的合法权益。“专利和所有权制度的合理性在于这些制度的初衷是让所有权产生良好的效果。鼓励推进发明，新的产品和新的制作方法就会不断出现。”① 因此，保护网络主体的专利权和版权的目的就是推进网络创新，虽然网络主体创新的目的各有差异，但是他们的目的不应当与推进网络创新这一目的相悖。当前，人们对网络专利权与版权的争论主要集中于网络专利权与版权制度的保护范围与保护年限，扩大保护范围和年限可能抑制创新，而减少保护范围与年限又不利于激发创新，因此在保护与创新之间要保持平衡。一方面，网络主体应树立创新意识，在保护自己的专利权和版权的同时也要把促进网络创新作为目的，在创新和获利之间维持一种平衡。例如，网络企业在开发软件的时候不能为了保护自身的利益而对软件过分保护，完全控制软件，或者为了暂时的利益将软件封存起来不向市场发布，这样不利于知识的共享与创新。另一方面，政府或网络企业应制定合理的版权和专利权保护制度或规范，在保护网络个体的专利权和版权的同时促进互联网的创新和发展。例如，政府制定专门的网络专利权或版权法律，打击盗版、剽窃他人网络专利或作品的行为；网络企业制定保护专利权和版权的技术规范，利用技术手段限制盗版、剽窃行为；用户提高自身素质，自觉抵制盗版产品。

（二）网络义务

网络主体在享受网络自由权利的同时也必须承担相应的网络义务，网络义务就是网络主体在互联网上承担的义务，具体包括以下方面。

第一，维护公共利益与公共秩序、国家安全以及社会公德的义务。一方面，互联网延伸了人的行为能力，使得网络主体的网络行为产生比以往更大的影响，网络主体应认识到自己行为产生的后果，自觉主动地承担起维护公共利益、公共秩序、国家安全以及社会公德的义务。例如，互联网使得网络谣言传播的范围更广，速度更快，危害更大，网络主体应当对网络谣言有所辨别，不应散布和传播谣言。另一方面，互联网并没有使网络主体脱离现实世界，对公共利益与公共秩序、国家安全以及社会公德的维

① ［美］乔尔·鲁蒂诺、安东尼·格雷博什：《媒体与信息伦理学》，霍政欣、罗赞、陈莉等译，北京大学出版社2009年版，第354页。

护是法律规定网络主体必须履行的义务。例如，中国《互联网文化管理暂行规定》第十六条规定："互联网文化单位不得提供载有以下内容的文化产品：泄露国家秘密、危害国家安全或者损害国家荣誉和利益的；散布谣言，扰乱社会秩序，破坏社会稳定的；危害社会公德或者民族优秀文化传统的。"

第二，维护互联网环境的义务。虽然互联网是一个自由的空间，任何信息都能在其中流动，但是如果不加限制地放任一切信息自由流动，那些腐朽落后、淫秽色情、消极有害信息的传播将会成为互联网发展的毒瘤，它们不仅会压制健康信息的流动，而且会污染和破坏互联网环境。因此，互联网环境与现实世界的环境一样也需要保护，消除其中消极、落后、有害的信息，让积极、健康、有益的信息在互联网中流动，维护互联网环境是每个网络主体的义务。一方面，网络主体应意识到消极、落后、有害信息的危害，主动维护互联网环境的干净与健康，不制作和传播这些信息，一旦发现包含此类信息的网页或软件应主动举报。另一方面，政府和网络机构应制定相应的规范打击和限制有害信息的制作和传播。例如，中国《互联网信息服务管理办法》第十八条规定："互联网信息服务提供者不得制作、复制、发布、传播含有下列内容的信息：破坏国家宗教政策的，宣扬邪教和封建迷信的；散布淫秽、色情、赌博、暴力、凶杀、恐怖或者教唆犯罪的。"

第三，维护互联网安全的义务。计算机与互联网已经成为现代生活中不可缺少的一部分，"如果没有计算机和网络，从制造业、商业、运输配送业到政府、军队、医疗卫生、教育和研究部门的许多工作将陷于停顿"①。然而，随着人们的生活越来越依赖互联网，人们遭遇互联网安全问题时也变得越来越脆弱，层出不穷的计算机犯罪、黑客攻击、病毒入侵、网络漏洞、侵犯隐私、互联网监视等都昭示着计算机与互联网安全问题越来越严重。根据国家互联网应急中心（CNCERT）发布的《2012 年我国互联网网络安全态势综述》统计，2012 年，CNCERT 共监测发现我国境内 52324 个网站被植入后门，其中政府网站 3016 个；日均发生流量超过 1G 的较大规模拒绝服务攻击事件 1022 起；被篡改网站 16388 个，其

① ［澳］汤姆·福雷斯特、佩里·莫里森：《计算机伦理学：计算机学中的警示与伦理困境》，陆成译，北京大学出版社 2006 年版，第 1 页。

中政府网站1802个；约有50个网站用户信息在互联网上公开流传，其中被证实为真实信息数据的信息约有5000万条。[①] 维护互联网安全已经成为网络主体和政府面临的最严峻问题。因此，一方面，每个网络主体要承担维护互联网安全的义务。互联网的安全关乎网络主体的切身利益，一旦遭遇破坏，网络主体将遭受无法估量的损失，例如个人电脑遭受攻击丢失重要的文件与信息，公司的网站被篡改丢失客户信息，主机遭到攻击无法访问等，因此，网络主体应主动从自身做起，维护网络安全，发现或遭遇侵犯及时报警。另一方面，网络安全已经成为世界各国越来越重视的问题之一，各国政府都制定了维护互联网安全的法律规范，例如《全国人民代表大会常务委员会关于维护互联网安全的决定》第一条规定："为了保障互联网的运行安全，对有下列行为之一，构成犯罪的，依照刑法有关规定追究刑事责任：侵入国家事务、国防建设、尖端科学技术领域的计算机信息系统；故意制作、传播计算机病毒等破坏性程序，攻击计算机系统及通信网络，致使计算机系统及通信网络遭受损害；违反国家规定，擅自中断计算机网络或者通信服务，造成计算机网络或者通信系统不能正常运行。"

第四，维护互联网创新的义务。互联网产生至今已经发生了翻天覆地的变化，而且还在飞速地发展着，"对网络的潜能，我们还只是窥豹一斑"[②]，在某种程度上说，"计算机的极限就是我们自己的创造力的极限"[③]。创新是互联网的生命力，因此维护互联网的创新是每个网络主体义不容辞的责任。一方面，创新决定了互联网的兴衰，也决定了网络主体的未来，网络主体想要享受互联网带来的便捷生活，就要推动互联网继续向前发展，就要竭力维护互联网的创新，营造互联网创新的环境，树立互联网创新的观念，保护互联网创新的成果。例如，互联网企业应以创新为核心竞争力，鼓励员工发明创造，以开放的态度面对市场竞争，不因私利将创新成果束之高阁或过分保护，损害知识共享与创新。另一方面，政府

---

① 《2012年我国互联网网络安全态势综述》，国家互联网应急中心，2012年3月20日，http://www.cert.org.cn/publish/main/upload/File/201303212012CNCERTreport.pdf，2013年4月20日。

② ［美］劳伦斯·莱斯格：《思想的未来》，李旭译，中信出版社2004年版，第11页。

③ ［美］詹姆斯·摩尔：《什么是计算机伦理学?》，鲁旭东译，《世界哲学》1988年第1期。

或网络机构应制定相应的规范保护和鼓励互联网创新，限制破坏互联网创新的行为。例如，政府加大对互联网创新的支持力度，在政策和利益上引导和补贴互联网企业的创新，同时制定法律保护网络创新的成果，打击盗版等侵犯网络知识产权的行为。

总之，“生活在电脑空间就像托马斯杰斐逊曾经梦想的一样：生活在崇尚个人自由，信奉多元化、多样化和承担社会义务的环境中”①。互联网的出现构建了一个人类活动的新型空间，在这一空间中，人们能够摆脱一些现实世界中的约束，享受到更大范围的自由。但是，互联网“在赋予个人强大权力的同时，也要求个人为他们自己的行动以及他们所创造的世界担负起更大的责任”②。每一个进入互联网的人在享受互联网带来的更多自由权利时，都应当主动承担起维护互联网合理运行、保护互联网公共利益、推动互联网创新发展的义务。只有这样，人们才能享受真正的网络自由。

---

① ［美］迈克尔·沙利文-特雷纳：《信息高速公路透视》，程时瑞等译，社会科学文献出版社 1995 年版，第 161 页。

② ［美］埃瑟·戴森：《2.0 版数字化时代的生活设计》，胡泳、范海燕译，海南出版社 1998 年版，第 7 页。

第六章　互联网异化与互联网生活的重构

20世纪90年代，全世界的专家、政界人士、商业领袖和新闻记者一致预测：互联网将改变世界。如今他们的预言正在变为现实，具有全球性的、互动性的、廉价、快速、连接便捷、具有知识储备功能的互联网已经在全球兴起，它正以压倒一切的态势改变人类生活。然而，这种改变是人类的福音吗？美国麻省理工学院的计算机权威人士雪莉·特克尔（Sherry Turkle）首先“变节”，“1995年，她为互联网用户的匿名邂逅喝彩，理由是，他们能拓展自己对他者富有想象力的洞见，能让情感的表达变得更加不受束缚。但16年以后，她改弦易辙，惋惜地说，网上的交流可能是肤浅的，容易上瘾，不利于形成更丰富、更令人满意的人际关系”①。

计算机权威的“变节”显示出人们面对互联网的矛盾心态。互联网时代的到来为人类描绘了一幅美好的互联网生活图景，网络聊天、网络购物、网络交易、网络阅读……预示着人类生活呈现出无限的可能。但与此同时，网络沉溺、网络成瘾、网络犯罪、网络暴力、网络监控、信息泄露……也时刻提醒人们，互联网展现给人们的并非只有一面，它是一把双刃剑，它在赋予人类美好生活的同时，也有可能制约人类的生存与发展。这样人类的互联网生活就不可避免地出现了两副截然不同的面孔。如今，互联网正以压倒一切的态势改变着人类生活。然而对于人类而言，哪一种应当是互联网生活的真谛？人类如何才能适应互联网时代的潮流，人类如何才能更好地在互联网中生存和生活？这些问题应当引起人们的思考。

---

① ［英］詹姆斯·柯兰、娜塔莉·芬顿等：《互联网的误读》，何道宽译，中国人民大学出版社2014年版，第3—4页。

第一节　互联网生活的异化

长久以来人们争论不休的一个主要问题是人类是否正在失去对互联网的控制，或者互联网是否正逐渐变为一种异己的力量，产生互联网异化。互联网异化指的是“在由网络技术构建起来的虚拟现实活动过程中，作为主体的人逐渐陷于其中，失去了对网络技术的控制，遗忘了自己的主体身份，逐渐为网络技术所支配和控制，迷失了人之为人的本质属性，而成为网络虚拟活动的一个环节”①。事实上，在当前的互联网生活中，网络成瘾、网络依赖症、信息泄露恐慌症、网络暴力、网络诈骗等层出不穷的网络问题无不预示着互联网异化正在发生。人们正逐渐被互联网所支配，丧失主体地位，迷失本性，甚至利用互联网实施一些违法或不道德的行为，这就是互联网的异化。具体而言，互联网的异化包括以下几个方面。

一　符号异化

所谓“符号异化是指应用文化符号过程中符号给人类带来危害，符号成为异己的敌对力量的现象”②。这里的符号异化指的是人在互联网生活中遗忘自己的现实存在，把自己在互联网中的网络化身当成真实存在，从而沉迷于网络化身所构建的虚拟关系和虚拟生活，受到网络化身的支配。互联网是一个信息空间，其最大的特点就是符号化。现实世界中的人就是以一串数字符号进入互联网活动的，现实的人被化为一个或多个代号。网络代号的出现，增强了人们交往的自主性，丰富了交往的形式和内容，突破了交往的自然限制，延伸了交往的范围。越来越多的人涌入互联网，化身为互联网中的一个个虚拟角色或网络代号。但是，互联网信息的数字化传输使得人们在互联网中的交往活动具有匿名性和虚拟性，除了网络代号外，人们对网络代号所代表的人一无所知。同时，大多数网民会对自己的网络化身进行某种程度的“设定”，使其更加完美。可以说“在网

① 孙涛、陈红兵等：《网络技术异化的主体根源与重构》，《东北大学学报》（社会科学版）2013 年第 5 期。

② 彭小兰、李萍：《信息社会下人的异化的新表征》，《思想政治教育研究》2011 年第 1 期。

络的虚拟世界里，任何事情都可以以‘完美’的面貌出现，逐渐遮蔽了现实的存在”①。因此，在网络化身与现实身份之间必然是存在一定程度的差异。“当人们在网络上长期使用同一个代号后，环绕着这个代号就会凝聚出一个人际关系的网络，慢慢地这个代号就像是其在真实世界的外貌长相一样，长期戴着这个面具，其现实的本人也自然而然地对这个网络上的化身产生认同。”② 久而久之，网民甚至会将网络化身当作真实存在，以至丧失自我，发生符号异化。

处于符号异化状态的网民将网络化身当作真实存在，沉迷于网络化身所构建的虚拟生活，忽视了丰富多彩的现实生活，把时间、精力以及情感倾注于自己创造的虚拟角色和虚拟关系中，用虚拟存在取代和支配自己的现实存在，将自己的生命符号化。在网络交往过程中，虚拟角色在一定程度上超越了现实身份的某些限制，如形象、地位、职业、年龄甚至性别，在交往中人们感觉更完美、更自信、更自由。正因如此，虚拟生活才更具有吸引力，才更能使人沉迷其中，导致人们对虚拟角色信以为真，以至发生异化。“这种异化状态使得人最愿意逃避现实而遁入虚拟，放弃自身的主体性而成为网络世界中的一环，遗忘了生存本身。”③ 实际上，人们通过网络化身交往，呈现给对方的是一些冷冰冰的符号，这种交往不是人与人之间活生生的直接互动，甚至在某种程度上是一种人机互动，这种交往冷漠而缺少人性，间接而缺少真实。然而，人的存在毕竟是以现实的社会生活为基础的，当人们沉迷于网络世界时，就可能遗忘自己在现实世界中的存在，放弃现实身份所承担的责任和义务，主动逃避现实生活。同时在这种真实存在被网络化身所支配的符号异化状态下，网民的自我认同也必然出现危机。对于网民而言，符号异化甚至成为人格二重化或多重化的加速器，人们在多个角色扮演和转换的过程中，可能逐渐无法识别真我与假我，导致自我认同危机。

---

① 孙涛、陈红兵等：《网络技术异化的主体根源与重构》，《东北大学学报》（社会科学版）2013 年第 5 期。

② 李辉、欧文辉、朱成涛：《网络社会中人的主体性危机的哲学反思》，《思想战线》2008 年第 3 期。

③ 孙涛、陈红兵等：《网络技术异化的主体根源与重构》，《东北大学学报》（社会科学版）2013 年第 5 期。

二 人际关系异化

所谓人际关系异化，在这里指的是虚拟关系取代现实关系，虚拟的责任和义务取代现实的责任和义务，作为网络主体的人以虚拟规范调整自己的网络行为，甚至是现实行为。在互联网中，网民之间通过网络代号展开交往，这种交往突破了现实世界人际交往的时空限制，模糊了现实交往行为本身包含的许多外在因素（如相貌、地位、身份等），在某种程度上可以说是一种纯粹的“交流”，建立起来的也是一种纯粹的“关系”。可以说，这种间接的、匿名的网络交往创造了一种自由的、松散的、全新的人际关系，这种人际关系对于受到现实世界交往限制的双方而言更具有吸引力。但是，相对于现实交往，这种虚拟交往缺乏现实交往活动中那种面对面的、依靠感情支持的真诚和温情，网民在交往活动过程中很容易忽视自己是谁，自己的身份是什么，因此交往双方之间的关系是疏远的，感情是淡薄的，甚至可以说只是一种“人机关系”，是人和电脑之间的对话，屏幕背后的人是谁并不重要。“这种网络的隐匿性，使得网民可以隐藏真实身份，可以不承担任何义务和责任，可以不受传统的道德规范的规约，使人产生精神麻木和道德冷漠，并失去现实感和有效的道德判断能力。”① 因此，对于虚拟交往活动以及由此构建的虚拟人际关系而言，现实的伦理道德规范可能是乏力的。这样，当人们沉迷于自己营造的虚拟人际关系时，就可能遗忘自己的现实存在，用虚拟关系取代现实关系，不受或较少受到传统伦理规范的限制，从而放弃现实关系所承担的责任和义务，这时人际关系就发生了异化。

处于人际关系异化状态的网民，将会面对弗洛伊德所言的“怪熟”现象，即“有些东西觉得非常熟悉，但同时又非常陌生，导致一种不舒服的、异样感觉的情形”②。当虚拟交往取代了现实交往，尽管互动不断，交往双方的关系似乎很紧密，但这种隔着屏幕的互动却往往给双方一种不真实的感觉，心理距离也很远。作为双方关系的感情和物质基础越来越淡薄，彼此之间的关系只能靠短短的文字或者表情符号所维系，

---

① 郑洁：《试论网络伦理的构建原则》，《重庆邮电大学学报》（社会科学版）2009 年第 6 期。

② ［美］雪莉·特克尔：《群体性孤独》，周逵、刘菁荆译，浙江人民出版社 2014 年版，第 54 页。

人们似乎变得失去了说话能力，只能用一行短短的文字或一串串表情符号，向对方显示自己的存在。以微信群成员之间的关系为例，微信中的"群迷们不断刷新，不断跟进，害怕自己在群里'失踪'，唯恐被'他者'遗忘"[①]。所以，现在很多人把微信群成员之间的关系，甚至微信好友关系定义为"点赞之交"，人们想要显示自己的存在，但又无话可说，最后只能用"点赞"的方式来维系彼此之间的关系。这就是典型的"怪熟"现象。那些沉迷于微信交往的人，未必在其中感受到乐趣，但他们又无法离开微信。长此以往，现实世界中面对面的交往会越来越少，而在对方朋友圈中的"问候"将会越来越多。人们宁愿将时间花在朋友圈中的点赞和评论，也不愿进行面对面的交谈，甚至可能出现相识或相对无言的状况。这样现实的朋友关系中的温情和真诚将越来越少，而朋友关系也将变得越来越淡薄。因此，从某种程度上讲，人际关系异化也是网络时代的人们出现交际恐惧症、网络强迫症、网络孤独症的重要原因之一。

三　工具异化

所谓工具异化，在这里指的是人在使用互联网的过程中依赖互联网，被作为交往工具的互联网所支配，丧失主体性的生存状态。"我们通过工具扩展我们的力量，控制周围的环境——控制自然，控制时间，控制距离，控制彼此。"[②]"这是人类发明技术的初衷。人通过这些技术物来取代自己的器官、功能和活动，从而达到优化自身的目的。"[③]可以说，人类文明史就是一部技术发展史，但人对技术的使用过程也是人对技术工具逐渐产生依赖和被工具所支配的过程。互联网是现代人最重要的生活工具，互联网在信息检索、存储和传播等方面的强大功能，将人们从繁重的脑力劳动和体力劳动中解放出来。但是，人们在享受互联网所带来的恩惠时，也付出了巨大代价，对互联网使用得越多意味着人们对互联网的依赖性越强。例如，许多网民常常用互联网检索信息，但是经常使用互联网搜索信息，就会产生对互联网的路径依赖，如中国网民就常说"有事问百度"。

① 蒋建国：《微信群：议题、身份与控制》，《探索与争鸣》2015年第11期。

② ［美］尼古拉斯·卡尔：《浅薄：你是互联网的奴隶还是主宰者》，刘纯毅译，中信出版社2015年版，第54页。

③ 刘玲媚：《人网异化：异化的现代形式》，《探索》2003年第3期。

这种路径依赖可能使得网民丧失信息识别能力，对互联网信息盲目信任，而这正是产生“魏则西事件”之类悲剧的主要原因之一。马克思指出：“人越是通过自己的劳动使自然界受自己支配，神的奇迹越是由于工业的奇迹而变成多余，人就越是会为了讨好这些力量而放弃生产的乐趣和对产品的享受。”① 人类创造了互联网，却在使用互联网的过程中对互联网产生依赖乃至崇拜，逐渐丧失了主体性，被互联网所支配，成为互联网的奴隶，这就是工具异化。

处于工具异化状态下的网民，不仅行为受到互联网的制约和支配，其身心发展也受到互联网的制约。现代医学研究的结果证明，人类的神经具有可塑性，人类的大脑是处于不断变化的状态，环境和行为的轻微变化会引起大脑的适应性调整。② 人类制造的工具越发达，工具使用得越多，工具对人的影响就越大，人就会越来越按照机器的特征改变自身以适应工具的发展。人与工具的关系是双向的，“当我们用人工的方式延展我们自身的某些部分时，我们同时也在让自己远离那个被增强的部分以及这个部分所具有的自然技能”③。互联网是现代人最重要的工具之一，但是经常使用互联网的人会发觉自己敲击键盘的手指灵活性增强了，而在纸质文本上书写的灵巧性丧失了；知识面越来越广了，而对知识的理解却越来越浅薄了；获取的信息越来越多了，而记忆这些信息的能力却下降了；和朋友之间联系得更频繁了，但感情却越来越淡了。可以说，“为了利用技术的力量，我们付出的代价是疏离。使用智力技术的时候，代价尤其高昂。智力工具在增强的同时也麻痹了我们自然能力中最本质、最人性化的部分——勇于推理、领悟、记忆和情感的能力”④。人类不愿放弃互联网技术带来的便捷生活，在对互联网技术产生依赖的同时也让大脑的运行自动化，进而把对思考和记忆的控制拱手让给电脑。因此，在某种程度上，互联网工具异化也许正是现代人出现思想浅薄、心理孤

---

① ［德］马克思：《1844年经济学哲学手稿》，人民出版社2000年版，第59—60页。

② ［美］尼古拉斯·卡尔：《浅薄：你是互联网的奴隶还是主宰者》，刘纯毅译，中信出版社2015年版，第23—42页。

③ ［美］尼古拉斯·卡尔：《浅薄：你是互联网的奴隶还是主宰者》，刘纯毅译，中信出版社2015年版，第262页。

④ ［美］尼古拉斯·卡尔：《浅薄：你是互联网的奴隶还是主宰者》，刘纯毅译，中信出版社2015年版，第263页。

独、身体退化的原因之一。

四　环境异化

所谓环境异化在这里指的是生活在互联网时代的人与互联网信息环境相对立，受到信息环境的制约和支配，产生对互联网信息的依赖或恐惧。互联网是一个信息空间，网络信息环境是互联网时代人们最重要的生存环境之一。互联网的发展进一步打破了少数人的信息垄断权，使信息成为一种公共基础资源。然而，当互联网成为人们必不可少的信息获取渠道时，人们在信息获取的同时也付出了被网络信息环境所支配和制约的代价，在这一过程中，人们逐渐失去对信息的控制，网络信息环境逐渐成为一种异己的力量。“网络曝光”“人肉搜索”之类的网络暴力之所以能发生，就是因为网络信息环境的开放性，在这里网络信息环境对于网络暴力的当事人而言是消极的、负面的，导致人们谈网色变。当人们受到网络信息环境的制约时，网络环境异化就发生了。网络环境异化还包括另一方面内容。信息获取的便捷性使得人们点击鼠标、敲击键盘就能立刻获取自己所需的信息资源，久而久之，就会使人们产生对互联网信息的依赖性，逐渐变得懒于动脑筋，不愿意深入思考，对于自己想要的答案总是寄希望于互联网，拼命地在互联网中寻找自己想要的答案，心甘情愿地被互联网俘虏。在这一过程中，浏览网页挤占了读书的时间，人们的注意力在网页之间不断跳转，挤占了冥思苦想的时间，甚至不断弹出的网络广告或信息提示音也在打断着人们思考的进程。人们逐渐成为互联网信息的接收者，丧失了对网络信息的理性判断和思考，从而陷入被网络信息环境所支配和奴役的境地。

互联网的技术特征和商业化发展进一步加剧了网络信息环境异化。在互联网时代，谁控制了信息，谁就控制了互联网。互联网的快速发展是科技进步与商业资本共同推动的结果，技术与资本的掌控者同样掌控着互联网，相对于普通网民，他们处于强势地位，信息的流向、变化、增减都控制在他们手中，甚至可以说他们就是互联网中的“上帝”。普通网民只能沦为信息的接收者，被动地接收一些被加工过的信息，比如在网页中弹出的广告或者推送的内容，或浏览器导航页上置顶的新闻。同时网民获取信息的路径也被特意地引导，比如搜索引擎，“一方面，它们提供了极大的好处，为用户在网上导航，使其了解网上的内容；另一方面，搜索引擎的结构使网民顺着它们指引的方向去使用主流网站"①。另外，互联网的商业化使得数据信息成为互联网的"金矿"，网络监控成为收集和掌控信息的主要手段，通过监控网民的网络活动，收集网民访问的网站、购买的商品、发布的照片、交往的对象等数据信息，研究用户的上网习惯和偏好，甚至财产、住址、健康等隐私信息，而信息存储和保管的漏洞导致大规模的信息泄露事件层出不穷，大多数网民对此不厌其烦，担忧不已。可以说，人们为了在互联网中自由存取信息，在不知不觉中放弃了隐私权，结果不得不承受网络监控的伤害。因此，在网络环境异化的情况下，互联网作为开放的公共领地的性质逐渐被改变，出现了信息鸿沟和两极分化，普通网民成为信息贫困者和网络监控的对象。

第二节　互联网生活的真谛及其重构

互联网生活出现前述异化现象是一个不争的事实，诸多网络问题的出现已经证实了这一点。然而，互联网的兴起是时代的潮流，其发展是不可逆转的。《数字化生存》的作者尼葛洛庞帝指出："计算不再只是和计算机有关，它决定了我们的生存。"② 因此，面对互联网的发展，人们应顺流而下而不是逆流而上，应积极探寻实现互联网生活的真谛，而不是因噎废食，逃避互联网。爱因斯坦曾说："科学是一种强有力的工具。怎样用它，究竟是给人类带来幸福还是灾难，完全取决于人自己，而不取决于工具。"③ 互联网是科技发展的结果，它的本质是一种工具。互联网生活出现异化的根源并不在于互联网本身，而是由于人们忽视了互联网生活的真谛，缺乏对待互联网的理性态度。因此，互联网时代的人面临的首要问题就是理解互联网生活的真谛，重构互联网为人类刻画的美好生活。

---

① ［英］詹姆斯·柯兰、娜塔莉·芬顿等：《互联网的误读》，何道宽译，中国人民大学出版社2014年版，第53页。

② ［美］尼葛洛庞帝：《数字化生存》，胡泳、范海燕译，海南出版社1996年版，第14页。

③ ［美］爱因斯坦：《爱因斯坦文集》（第3卷），许良英、赵中立、张宣三编译，商务印书馆1979年版，第56页。

一 互联网生活的真谛

互联网开辟了一个全新的人类活动空间，在其中人们的行为可以超越现实世界的许多限制，实现生存与发展的多种可能。美国学者劳伦斯·莱斯格就指出："对于自由的力量，因特网已向世界做了最好的展示。"① 因此，互联网生活的真谛就是自由。

首先，互联网让人们的行为更加自由。人类是通过创造工具认识世界与改造世界的，工具是人类器官的延伸，能够扩展人类的行为能力。计算机伦理学家詹姆斯·摩尔认为计算机具有"逻辑可塑性"②，这意味着"计算机技术潜在的应用范围是无限的。计算机是我们手中最接近于万用工具的东西"③。也就是说，计算机和互联网可以成为人类需要的任何工具，实现人类的任何行为目的。具体而言包括两个方面。一方面，计算机和互联网在人类生活中的普遍应用使人的行为突破了时空的限制，大大扩展了人的行为能力。例如，谷歌、百度等搜索引擎可以帮助人们快速地找到自己所需的信息，微信可以使网民随时随地关注朋友的生活，支付宝让人们不带钱包就可以完成交易。另一方面，计算机与互联网的智能化发展使得人类的器官被大大解放，甚至计算机和互联网可以代替人的器官工作，帮助人们完成许多复杂的工作。例如，大数据系统和云计算的出现就大大解放了人的大脑，帮助人们准确预测事物的发展趋势，如消费者的购物倾向和消费欲望等，而在这些方面人的大脑是无法完成的。

其次，互联网也使人类的思想活动更加自由。现实世界中，不同利益的主体在信息、知识、权利和资源等方面的不对称使得大众和精英、不同个人和群体之间存在话语权分配的不平等，这在一定程度上抑制了人们思想的自由。互联网的出现使得话语权的分配更加民主、更加平等，互联网日益成为一个平等的、民主的公共话语空间。"互联网在技术上确立了

---

① ［美］劳伦斯·莱斯格：《思想的未来》，李旭译，中信出版社 2004 年版，第 15 页。

② 计算机"逻辑上的可塑性"指的是计算机的设计、制造，能使计算机成为具有任何功能的机器。通过改进硬件和软件，计算机逻辑系统的制造和处理可以无止境地进行下去。由于计算机逻辑系统处处可以应用，因此，计算机技术潜在的应用范围是无限的。参见 James H. Moor, "What is Computer Ethic?", *Metaphilosophy*, Vol. 16, No. 4, Oct. 1985, p. 269。

③ ［美］詹姆斯·摩尔：《什么是计算机伦理学?》，鲁旭东译，《世界哲学》1988 年第 1 期。

开放、平等、分享的民主原则，并逐渐形成了对话、协商、‘去中心’‘反权威’的民主氛围和观念。”[①] 与现实世界相比，互联网“使多元意见的表达、竞争和交锋越来越公开地呈现在‘前台’”[②]。可以说，互联网营造了一个让不同“观点”进入“观点市场”进行公平竞争的平台和机制，打破了传统话语权的不平等分配。特别是移动互联网的发展，使得“随地拍、随手传、随口议”成为互联网时代的“标准姿势”，这种“人人都有麦克风”的舆论氛围更是打破了传统媒介对话语权的垄断和分配，任何人都可以在微博、微信等平台上自由表达观点，并展开争论，这在某种程度上就是一种真正的自由表达和平等对话，相较于自上而下的、集权式的传统舆论氛围，这种舆论氛围更具有平等性与民主性。可以说，与现实世界相比，人们“因为依托网络而享有信息资源共享自由、网络行为自由和思想表达自由”[③]。

最后，互联网使未来人类的生存和发展更加自由。阿里巴巴前 CEO 马云曾指出：“今天没有人会拒绝用电，未来没有人会拒绝互联网。没有一个人可以离开网络而存在。”互联网将现代人类的生活“一网打尽”，互联网与现实世界的融合是时代发展的必然趋势。可以说，未来人类将生活在一个“网络世界”，在这个“网络世界”，人类的生活是以互联网为基础构建的，人与人，甚至人与物品都通过互联网连接起来，特别是人工智能的发展，人甚至可以直接用自然语言和桌子、椅子、汽车、冰箱等沟通。在这样的“网络世界”中，人们能够更好地把握和利用自然规律，为自己服务。同时互联网也将打破传统分工和组织边界的限制，以分享经济为代表的互联网经济将会使未来的人们“各尽所能、各司其职”，营造出“我为人人、人人为我”的社会关系。在这样的“网络世界”，人们能够更加自由地发展其能力，通过自己的能力创造价值，服务社会。因此，未来人类的生存环境和发展条件必将因互联网的发展发生极大的变革，“网络世界”的发展将大大消解传统人类社会中许多制约人类自由发展的因素，如时空限制、组织边界、分工限制等，同时也将大大拓展生活其中的人类的行为能力，未来人类的生存和发展必将更多元、更自由。

---

① 胡百精：《互联网、公共危机与社会认同》，《社会科学文摘》2016 年第 4 期。

② 胡百精：《互联网、公共危机与社会认同》，《社会科学文摘》2016 年第 4 期。

③ 张璇：《网络规制与自由的平衡实现》，《扬州大学学报》（人文社会科学版）2016 年第 1 期。

二　互联网生活的重构

互联网生活的真谛是自由。然而，互联网异化现象的存在也预示着人类有被互联网支配和奴役的可能，“网络世界”中的人可能朝着丧失主体性，迷失本性，失去道德感和幸福感，甚至器官退化的互联网奴隶的方向发展。目前存在的网络成瘾和网络依赖症、网络孤独和交际恐惧症、思维和肉体器官退化、网络曝光、网络监控等网络问题无不预示着人类被互联网奴役的巨大可能性。因而人们必须回归互联网的根本价值，消除互联网的异化方面，重构互联网生活。

（一）回归互联网的根本价值

互联网的根本价值在于促进人类自由的实现，这是人类创造互联网的根本目的。因此，重构互联网生活，就应当促进互联网的工具性与价值性的辩证统一，将自由这一根本价值贯穿于互联网发展和应用的全过程。

首先，互联网是科技进步的结果，科技发展是一个不断完善的过程，科技发展的复杂性和不确定性使得互联网的发展可能超越其本身的目的，从而产生一些消极的后果。例如，网络监控技术的发展就在不断增强人们对自身信息泄露的担忧，而黑客技术的发展则加剧了人们对互联网安全的担忧。因此，“‘科技无禁区’必须受到质疑，从根本上说现代技术的危机就是人的价值危机和伦理危机，必须避免在信息时代的价值中立和对技术的崇拜产生人的‘异化’，造成‘人的缺席’和‘人的不在场’”[①]。人们不应崇拜互联网，更不应沉迷于互联网快速发展的技术狂欢，而忘记了自身的现实存在和发展，人们应当清楚地认识到互联网的根本价值是实现人类自由，从而最大限度地使互联网的发展不偏离其根本价值，使其朝着造福人类的方向继续发展。

其次，互联网是人创造的工具，其本身固有的工具属性使其具有人性的特征，涉及创造者、使用者、控制者等多个主体，如果其中某个主体只谋求眼前利益或自身利益，互联网就有可能沦为少数人谋求个人利益的工具。例如开发流氓软件，编写木马病毒程序，通过互联网实施网络监控、网络暴力，以及违法收集个人信息等行为，这些都使得互联网反倒成为控制人和限制自由的工具，而这些行为也必然违背互联网的根本价值。因

① 刘须宽：《论网络伦理的困境》，《哲学动态》2002 年第 7 期。

此，在开发和使用互联网的过程中，应当以互联网的根本价值为基本准则来规范人们的行为，使互联网的开发和应用不偏离互联网的根本价值，促进互联网主体的个人价值与互联网根本价值的统一。

最后，互联网的根本价值是促进人类自由的实现，这种自由是一种真实的自由，而不是虚幻的或虚拟的自由。“网络运行具有‘数字化’的特点，数字化的最终结果就是‘虚拟化’。在虚拟社会，人们的交往以字符为界而表现得非常自由。”[①] 但是，这种数字化交往在扩大行为自由的同时，其本身具有的符号性、非物质性特征也可能消解人们对自由的真实感受，使得一些人迷失在虚拟世界的虚拟关系和虚拟活动中，如“虚拟朋友”“网络游戏”等，人们自以为找到了真正的精神家园，实际上终日沉迷其中，反倒遗忘了自己的现实存在，失去了自由。因此，人们在“网络世界”中生活的时候，应当时时以自身的真实感受和现实存在为基础，以自己的自由全面发展为目的，只有这样才能使人们在“虚拟世界”中保持清醒，不迷失其中，从而促进身心全面健康发展，实现真正的网络自由。

（二）构建合理的互联网规范

互联网的本质是一种工具，互联网的异化很大程度上源于人类自身对互联网的不合理使用。合理的规范是正确使用互联网的必要条件，没有合理的互联网规范就没有互联网自由。因此，重构互联网生活，就必须首先构建合理的互联网规范，只有这样人们才能正确使用互联网，消除互联网异化现象，使互联网服务于人类自由的目的。

一方面，构建合理的互联网规范，改变人们在互联网中的行为无规可依或少规可依的状态。互联网并不是法外之地，缺乏规范或规范滞后是出现互联网异化现象的主要原因。例如，网络曝光、人肉搜索、信息泄露、网络监控等网络问题出现的主要原因在于缺乏应对此类网络问题的规范，这使得互联网时代的人们时时刻刻处于信息被收集、泄露、曝光的威胁之下。尽管目前已经有了一些应对此类网络问题的法律和规定，如《网络产品和服务安全审查办法》《中华人民共和国网络安全法》等，然而对于目前存在的众多网络问题而言，仍是杯水车薪。大多数网络问题的应对和解决仍只能依赖于传统的法律规定。例如，对于制造和传播网络谣言的行

---

① 郑洁：《网络伦理：问题、原因及对策》，《桂海论丛》2009 年第 2 期。

为，尽管全国人大已经制定了相关的法律规定，但在具体判罚方面仍以传统法律中的寻衅滋事罪量刑定罪，结果网络谣言仍屡禁不绝。尼葛洛庞帝曾说，“大多数法律都是为了原子的世界，而不是为了比特的世界而制定的”①。互联网消解了传统规范所依赖的血缘、地缘、业缘、物质条件以及文化传统等基础，行为空间和行为方式的变化使得传统规范在互联网中水土不服。因此想要解决网络问题，消除互联网异化现象，必须加快构建专门的互联网法律，从而填补互联网规范系统的空白。

另一方面，构建能够协调互联网与现实世界关系的规范，消除互联网与现实世界相互分离的状态。互联网异化现象出现的另一个主要原因是互联网与现实世界的相互分离，这使得人们在互联网与现实世界中的行为各自表现出不同的特征，甚至相互矛盾。以交往活动为例，人们的现实交往更多地建立在彼此身份真实明确基础之上，直接性、现实性是现实交往行为的特征；但人们在网络交往过程中往往对彼此的身份有所隐瞒，甚至可能虚构自己的身份或某些特征，因而间接性、虚构性是网络交往行为的特征。同一个主体在不同行为空间中的行为表现出截然相反的特征，长此以往，必然使得人的主体性出现二元对立，甚至导致主体人格分裂。因此，必须消除互联网与现实世界的分离状态。人们应当以人类普遍认同的核心价值，如自由、公平、安全、健康、幸福等作为现实行为与网络行为的基本价值取向，以此为基础构建协调互联网与现实世界关系的规范，这就能使人们的行为不因行为空间和行为方式的变化而导致行为的基本价值取向发生变化，甚至相互矛盾。例如，自由是人们行为的基本价值取向，现实世界中人的行为以不损害他人自由为前提，网络行为同样如此，人们在互联网中的行为同样应当以不损害他人的自由为前提，如不应利用互联网监控他人，不得限制他人的网络言论自由，不得收集他人隐私信息，等等。唯有如此，才能保证人类行为价值取向的一致性，才能协调互联网与现实世界的关系，才能避免出现主体分裂的互联网异化现象。

（三）网络主体的自律

消除互联网的异化现象，重构互联网生活的最终目的是实现网络自由。自由是合规律性与合目的性的统一，网络自由的实现需要网络主体的

---

① ［美］尼葛洛庞帝：《数字化生存》，胡泳、范海燕译，海南出版社 1996 年版，第 278 页。

行为兼具合规律性与合目的性。合理的互联网规范是网络自由实现的必要条件，能够使网络主体的行为既符合互联网的客观规律，又符合大多数网络主体的根本利益。但是，“在规范和自由之间也有一个中介——自律”[①]。只有人们自觉自愿地遵守互联网规范，达到以互联网规范调整和约束自己网络行为的自律状态，人们才能真正实现网络自由，否则人们便处于被强制遵守规范的他律状态中，这样是谈不上网络自由的。因此网络自由的实现还必须具备另一个条件，即网络主体的自律。

首先，互联网是一个开放的、数字化的信息空间，每个网络主体的行为活动构成了互联网的全部内容，每个网络主体的行为都深深地影响着互联网中的其他主体。但是，互联网的特性使得网络主体的行为具有超时空性、匿名性等特征，这导致传统的道德、法律等规范对网络行为的规制无法起到良好的效果；同时互联网的飞速发展使得互联网规范系统的构建处于相对滞后状态，许多网络行为处于无规可依的状态。在此情况下，单纯依靠外在的规范系统来规制网络主体的行为是不现实的，因此网络主体的行为应当更具自律性。每个网络主体都应当认识到，“网络社会赋予网络主体无限使用权和资源获取权，同时也要对自己网络行为的社会效果负责”[②]。在传统规范水土不服，互联网规范缺失的情况下，只有依靠网络主体的自律，实现网络行为的自我规制，才能维护网络主体的共同利益，增加每个网络主体的权益，促进互联网的健康运行和可持续发展。

其次，互联网本身的技术特性使得自我规制优于立法监管。“自我规制更适应网络世界有两个原因，首先，在这个动态系统的语境中，非正式的处理过程更适合变化，不容易抑制创新；其次，最能理解和执行规章的不是法官或政界人士，而是企业家和软件工程师。”[③] 一方面，互联网正处于快速发展的动态过程，未来的发展任何人都无法提前预测，因而规范可能面临尚未发挥效力就落后于互联网发展的困境，同时僵化的规范体系可能束缚网络主体的思想和自由，进而抑制互联网创新。另一方面，互联网是一个人造空间，是以程序、代码和协议为基础的，而“互联网的程

---

① 徐梦秋：《规范的基础和自由的中介》，《哲学研究》2001 年第 7 期。

② 郑洁：《网络伦理：问题、原因及对策》，《桂海论丛》2009 年第 2 期。

③ ［英］詹姆斯·柯兰、娜塔莉·芬顿等：《互联网的误读》，何道宽译，中国人民大学出版社 2014 年版，第 115 页。

序、协议和平台并不是和规制分离的，它本身就是规制的一部分”①。但在程序、代码和协议的开发与制定过程中，本身就嵌入了网络主体的价值选择，软件开发者和程序编写者的价值判断和社会责任意识成为软件、程序和协议是否合理的关键。例如，公平原则是开发软件的基本价值，不能对特定网络主体有所优待，如开发机票预订程序应当遵循先来后到的公平原则，而不能设置性别或财产门槛。可以说，“网络世界内在和外在的权力正在迅速向硬件或软件的设计者迁移”②。硬件和软件的开发者正日益成为互联网规范的制定者，他们决定了在网络中什么样的信息能够被收集和过滤，什么程度的匿名是被允许的，什么样的隐私可以得到保护，等等。因此，从这一方面来讲，程序开发者的自律至关重要，只有他们自觉以网络主体的共同利益和人类普遍价值为行为的基本价值取向，才能保证网络自由的实现。

总之，尽管目前人们已经加快了互联网规范系统的构建，但是合理的规范只是网络自由实现的必要条件之一，网络自由的实现源于对合理的互联网规范的自觉遵守。一方面，合理的互联网规范能够保证遵守这些规范的网络主体既不违背互联网的客观规律，也不侵犯其他网络主体的权益。这就使得网络主体不但能够顺利实现自己的行为目的，而且可以避免因违背规律或侵犯其他网络主体的权益而遭受惩罚和谴责。但另一方面，网络自由是一种个体自由，是每个网络主体真实的生存和生活状态。如果网络主体为了实现自己的目的，不情愿地、被动地遵守互联网规范，这时的网络主体实际上是处于一种他律状态中。在他律状态下，网络主体的行为即使符合网络世界的必然性，能够顺利实现自己的行为目的，也算不上一种真正的网络自由。因此，网络主体想要实现网络自由，必须自觉自愿地遵守合理的互联网规范。

---

① ［英］詹姆斯·柯兰、娜塔莉·芬顿等：《互联网的误读》，何道宽译，中国人民大学出版社 2014 年版，第 121 页。

② ［英］詹姆斯·柯兰、娜塔莉·芬顿等：《互联网的误读》，何道宽译，中国人民大学出版社 2014 年版，第 121 页。

结　　语

人类已经进入互联网时代，互联网渗透到人类社会的每一个角落，在某种程度上可以说，互联网已经与现实世界有了相当大的重叠，在其中人们可以工作、购物、阅读、游戏、娱乐等，足不出户就能实现现实世界中的大部分行为。然而，与在现实世界一样，人们在享受网络生活的同时，也面临着如何正确地进行网络生活的问题。网络规范问题涵盖了人们在互联网中的一切行为规范问题，包括如何使用互联网和如何在互联网中与人交往这两大类问题。然而，在实际的网络实践活动中，人们重视的往往是具体的网络问题的解决，却忽视了对网络规范本身的研究。只有掌握了正确的工具才能顺利地解决问题，因此对网络规范本身的研究是解决网络问题的前提，我们应当将目光转向网络规范本身，探讨网络规范本身的问题，如网络规范的性质与特征、类型与功能，网络规范形成的条件和模式、网络规范的合理性及其判定，以及网络规范与网络自由的关系等问题。因此，对网络规范本身的研究应当成为人们关注的重点，只有这样人们才能真正掌握一套正确的理论工具，从而顺利地解决网络问题。

然而，正如马克思所言，“批判的武器当然不能代替武器的批判”①。对网络规范本身的研究并不能代替网络问题的解决，正确的网络规范理论只有被人们掌握才可能形成合理的网络规范或网络规范系统，从而约束和调整人们在互联网中的行为，解决互联网中出现的种种问题。我们应当坚持理论与实践相结合的方法，将我们的立足点和落脚点放在人们的网络实践中，在人们的网络实践中总结网络规范的建构路径，判断网络规范的合理性，解决众多网络规范问题，实现真正的网络自由。因此，我们的研究

① 《马克思恩格斯选集》（第1卷），人民出版社1995年版，第9页。

只是走出了第一步，如何构建网络规范，如何实现网络规范，如何判断网络规范的合理性以及如何解决具体的网络规范问题等，这些只有在人们具体的网络实践活动中才能真正得到解决，而这也应当成为我们的研究和实践前进的方向。

参考文献

一　中文文献

《马克思恩格斯选集》（第 1 卷），人民出版社 1995 年版。

［德］马克思：《1844 年经济学哲学手稿》，人民出版社 2002 年版。

《韩非子校注》，江苏人民出版社 1982 年版。

鲍宗豪：《数字化与人文精神》，上海三联书店 2003 年版。

鲍宗豪：《网络与当代社会文化》，上海三联书店 2001 年版。

段伟文：《网络空间的伦理反思》，江苏人民出版社 2002 年版。

冯鹏志：《伸延的世界——网络化及其限制》，北京出版社 1999 年版。

郭良：《网络创世纪：从阿帕网到互联网》，中国人民大学出版社 1998 年版。

胡延平编著：《跨越数字鸿沟：面对第二次现代化的危机和挑战》，社会科学文献出版社 2002 年版。

胡泳、范海燕：《黑客——电脑时代的牛仔》，中国人民大学出版社 1997 年版。

黄寰：《网络伦理危机及其对策》，科学出版社 2003 年版。

金吾伦：《塑造未来——信息高速公路通向新社会》，武汉出版社 1998 年版。

李河：《得乐园・失乐园——网络与文明的传说》，中国人民大学出版社 1997 年版。

李伦：《鼠标下的德性》，江西人民出版社 2002 年版。

李扬：《网络知识产权法》，湖南大学出版社 2002 年版。

刘丹鹤：《赛博空间与网际互动——从网络技术到人的生活世界》，

湖南人民出版社 2007 年版。

鲁杰：《网络时代的信息安全》，中原农民出版社 2000 年版。

陆俊：《重建巴比伦塔——文化视野中的网络》，北京出版社 1999 年版。

陆群：《网络中国》，兵器工业出版社 1997 年版。

彭兰：《现阶段中国网民的典型特征》，上海三联书店 2011 年版。

孙伟平：《猫与耗子的新游戏——网络犯罪及其治理》，北京出版社 1999 年版。

王四新：《网络空间中的表达自由》，社会科学文献出版社 2007 年版。

王晓东：《信息时代的世界地图》，中国人民大学出版社 1997 年版。

吴伯凡：《孤独的狂欢——数字时代的交往》，中国人民大学出版社 1998 年版。

谢立中：《西方社会学名著提要》，江西人民出版社 2007 年版。

徐梦秋：《规范通论》，商务印书馆 2011 年版。

徐云峰：《网络伦理》，武汉大学出版社 2007 年版。

严耕、陆俊、孙伟平：《网络伦理》，北京出版社 1998 年版。

严耕、陆俊：《网络悖论——网络的文化反思》，国防科技大学出版社 1998 年版。

杨正鸣：《网络犯罪》，上海交通大学出版社 2004 年版。

殷正坤：《计算机伦理与法律》，华中科技大学出版社 2003 年版。

岳剑波：《信息环境论》，书目文献出版社 1996 年版。

曾国屏等：《赛博空间的哲学探索》，清华大学出版社 2002 年版。

张震：《网络时代的伦理》，四川人民出版社 2002 年版。

郑洁等：《网络社会的伦理问题研究》，中国社会科学出版社 2011 年版。

中共中央宣传部编：《习近平新时代中国特色社会主义思想学习纲要》，学习出版社、人民出版社 2019 年第 1 版。

二　中文译著

［美］E.博登海默：《法理学：法律哲学与法律方法》，邓正来译，中国政法大学出版社 2004 年版。

［美］阿尔温·托夫勒：《权力的转移》，刘红等译，中共中央党校出版社 1991 年版。

［美］埃瑟·戴森：《2.0 版数字化时代的生活设计》，胡泳、范海燕译，海南出版社 1998 年版。

［美］爱因斯坦：《爱因斯坦文集》（第 3 卷），许良英、赵中立、张宣三编译，商务印书馆 1979 年版。

［古希腊］柏拉图：《理想国》，王扬译注，华夏出版社 2012 年版。

［美］比尔·盖茨：《未来之路》，辜正坤译，北京大学出版社 1996 年版。

［加］大卫·约翰斯顿等：《在线游戏规则——网络时代的 11 个法律问题》，张明澍译，新华出版社 2000 年版。

［美］戴斯·贾丁斯：《环境伦理学》，林官明等译，北京大学出版社 2002 年版。

［美］道格拉斯·C.诺斯：《制度、制度变迁与经济绩效》，刘守英译，上海三联书店 1994 年版。

［英］蒂姆·伯纳斯-李、马克·菲谢蒂：《编织万维网》，张宏宇、萧风译，上海译文出版社 1999 年版。

［美］恩格尔哈特：《生命伦理学的基础》，范瑞平译，湖南科学技术出版社 1996 年版。

［德］哈贝马斯：《交往行为理论》（第 1 卷），曹卫东译，上海人民出版社 2004 年版。

［德］哈贝马斯：《在事实与规范之间》，童世骏译，生活·读书·新知三联书店 2003 年版。

［美］贺兰特·凯查杜里安：《性学观止》，胡颖翀等译，世界图书出版社 2009 年版。

［奥］凯尔森：《纯粹法理论》，张书友译，中国法制出版社 2008 年版。

［奥］凯尔森：《法与国家的一般理论》，沈宗灵译，中国大百科全书出版社 1996 年版。

［美］劳拉·昆兰蒂罗：《赛博犯罪：如何防范计算机犯罪》，王涌译，江西教育出版社 1999 年版。

［美］劳伦斯·莱斯格：《代码 2.0：网络空间中的法律》，李旭、沈

伟伟译，清华大学出版社 2009 年版。

［美］劳伦斯·莱斯格：《思想的未来》，李旭译，中信出版社 2004 年版。

［美］理查德·A.斯皮内洛：《世纪道德：信息技术的伦理方面》，刘钢译，中央编译出版社 1999 年版。

［美］理查德·A.斯皮内洛：《铁笼，还是乌托邦：网络空间的道德与法律（第二版）》，李伦等译，北京大学出版社 2007 年版。

［英］洛克：《政府论》（下篇），叶启芳等译，商务印书馆 1964 年版。

［美］马克·波斯特：《第二媒介时代》，范静哗译，南京大学出版社 2001 年版。

［美］马克·波斯特：《互联网怎么了?》，易容译，河南大学出版社 2000 年版。

［美］马克·波斯特：《信息方式：后解构主义与社会语境》，范静哗译，商务印书馆 2000 年版。

［加］马歇尔·麦克卢汉：《理解媒介：论人的延伸》，何道宽译，商务印书馆 2003 年版。

［美］迈克尔·海姆：《从界面到网络空间：虚拟实在的形而上学》，金吾伦等译，上海科技教育出版社 2000 年版。

［美］迈克尔·沙利文-特雷纳：《信息高速公路透视》，程时瑞等译，社会科学文献出版社 1995 年版。

［美］曼纽尔·卡斯特：《网络社会的崛起》，夏铸九等译，社会科学文献出版社 2001 年版。

［美］曼纽尔·卡斯特：《网络星河：对互联网、商业和社会的反思》，郑波等译，社会科学文献出版社 2007 年版。

［法］米歇尔·福柯：《规训与惩罚》，刘北成等译，生活·读书·新知三联书店 2003 年版。

［美］尼葛洛庞帝：《数字化生存》，胡泳、范海燕译，海南出版社 1996 年版。

［美］尼古拉斯·卡尔：《浅薄：你是互联网的奴隶还是主宰者》，刘纯毅译，中信出版社 2015 年版。

［芬］派卡·海曼：《黑客伦理与信息时代精神》，李伦等译，中信出

版社 2002 年版。

［美］乔尔·鲁蒂诺、安东尼·格雷博什：《媒体与信息伦理学》，霍政欣、罗赞、陈莉等译，北京大学出版社 2009 年版。

［澳］汤姆·福雷斯特、佩里·莫里森：《计算机伦理学：计算机学中的警示与伦理困境》，陆成译，北京大学出版社 2006 年版。

［美］唐·泰普斯科特：《数字化成长 3.0》，云帆译，中国人民大学出版社 2009 年版。

［美］特雷尔·拜纳姆、［英］西蒙·罗杰森：《计算机伦理与专业责任》，李伦、金红、曾建平等译，北京大学出版社 2010 年版。

［美］西奥多·罗斯扎克：《信息崇拜》，苗华健译，中国对外翻译出版公司 1994 年版。

［荷］西斯·J.哈姆林克：《赛博空间伦理学》，李世新译，首都师范大学出版社 2010 年版。

［美］雪莉·特克尔：《群体性孤独》，周逵译，浙江人民出版社 2014 年版。

［美］约翰·布洛克曼：《未来英雄》，汪仲等译，海南出版社 1998 年版。

［英］约翰·密尔：《论自由》，程崇华译，商务印书馆 1982 年版。

［英］约瑟夫·拉兹：《实践理性与规范》，朱学平译，中国法制出版社 2011 年版。

［英］詹姆斯·柯兰、娜塔莉·芬顿等：《互联网的误读》，何道宽译，中国人民大学出版社 2014 年版。

三　中文期刊

曹志平、徐梦秋：《技术规范的分类及其标准》，《自然辩证法研究》2008 年第 6 期。

曹志平、徐梦秋：《论技术规范的形成》，《厦门大学学报》（哲学社会科学版）2008 年第 5 期。

陈纯柱、王露：《我国网络立法的发展、特点与建议》，《重庆邮电大学学报》（社会科学版）2014 年第 1 期。

杜志朝、南玉霞：《网络主权与国家主权关系辨析》，《西南石油大学学报》（社会科学版）2011 年第 6 期。

冯晓青：《产权理论中的财产权、知识产权及其效益价值取向——兼论利益平衡原则功能及其适用》，《湖南大学学报》（社会科学版）2007年第4期。

冯晓青：《知识产权的利益平衡原则：法理学考察》，《南都学坛》（南阳师范学院人文社会科学学报）2008年第2期。

高兆明：《应当重视“道德风险”研究》，《浙江社会科学》2000年第3期。

郭建国、李伦：《网络问题：伦理文化的诠释》，《湖南大学学报》（社会科学版）2002年第3期。

郭涛：《人肉搜索的侵权法规制——从隐私权角度分析》，《法制与社会》2009年第25期。

郭玉宇、孙慕义：《恩格尔哈特俗世生命伦理学思想之简评》，《道德与文明》2010年第6期。

胡百精：《互联网、公共危机与社会认同》，《社会科学文摘》2016年第4期。

［美］詹姆斯·摩尔：《计算机伦理学中的理性、相对性与责任》，正萍译，《上海师范大学学报》（哲学社会科学版）2006年第5期。

［美］詹姆斯·摩尔：《什么是计算机伦理学?》，鲁旭东译，《世界哲学》1988年第1期。

蒋建国：《微信群：议题、身份与控制》，《探索与争鸣》2015年第11期。

蒋坡：《论网络法的体系框架》，《政治与法律》2003年第1期。

李辉、欧文辉、朱成涛：《网络社会中人的主体性危机的哲学反思》，《思想战线》2008年第3期。

李兰芬：《论网络时代的伦理问题》，《自然辩证法研究》2000年第7期。

李伦：《网络传播伦理的建构路径》，《道德与文明》2011年第2期。

李伦：《虚拟社会伦理与现实社会伦理》，《上海师范大学学报》（哲学社会科学版）2002年第2期。

陆俊、严耕：《国外网络伦理问题研究综述》，《国外社会科学》1997年第2期。

李永根、徐梦秋：《法律规范何以可能》，《厦门大学学报》（哲学社会科学版）2006 年第 6 期。

梁坤：《论网络监控取证的法律规制》，《中国刑事法杂志》2009 年第 10 期。

刘晗：《隐私权、言论自由与中国网民文化：人肉搜索的规制困境》，《中外法学》2011 年第 4 期。

刘玲媚：《人网异化：异化的现代形式》，《探索》2003 年第 3 期。

刘须宽：《论网络伦理的困境》，《哲学动态》2002 年第 7 期。

罗俏：《解析网络购物及其引发的法律问题》，《法治与社会》2008 年第 35 期。

马云驰：《全球化与信息时代伦理问题研究》，《学术研究》2000 年第 4 期。

潘建珊：《实质损害原则——美国信息隐私保护利益平衡原则》，《情报科学》2007 年第 11 期。

彭小兰、李萍：《信息社会下人的异化的新表征》，《思想政治教育研究》2011 年第 1 期。

宋志润：《词汇系统、真理和不可通约性——库恩的“结构之后的路”》，《自然辩证法研究》2006 年第 5 期。

孙涛、陈红兵等：《网络技术异化的主体根源与重构》，《东北大学学报》（社会科学版）2013 年第 5 期。

孙伟平、贾旭东：《关于“网络社会”的道德思考》，《哲学研究》1998 年第 8 期。

孙伟平：《网络时代伦理道德面临的新挑战》，《江海学刊》2008 年第 3 期。

唐一之、李伦：《“网络生态危机”与网络生态伦理初探》，《湖南师范大学社会科学学报》2000 年第 6 期。

童世骏：《“事实”与“规范”的关系：一个哲学问题的政治—法律意义》，《求是学刊》2006 年第 5 期。

王健：《试论网络规范的属性》，《重庆邮电大学学报》（社会科学版）2013 年第 2 期。

王路军：《网络伦理问题研究综述》，《哲学动态》2000 年第 9 期。

王顺洪、唐燕梅：《网络法律建设的研究》，《西南民族大学学报》（人文社科版）2003 年第 10 期。

王正平：《美国计算机伦理学研究与计算机职业伦理规范建设》，《江西社会科学》2008 年第 12 期。

王正平：《算机伦理：信息与网络时代的基本道德》，《道德与文明》2001 年第 1 期。

夏燕：《理念与体系——法理学视野下的网络法律》，《法治与社会》2007 年第 12 期。

徐梦秋、曹志平：《技术规范的特征与内涵》，《自然辩证法通讯》2008 年第 5 期。

徐梦秋、张爱华：《规范的合理性及其判定的程序与标准》，《哲学动态》2009 年第 9 期。

徐梦秋：《规范的基础和自由的中介》，《哲学研究》2001 年第 7 期。

徐梦秋：《规范的类型与功能》，《哲学动态》2006 年第 6 期。

徐梦秋：《规范何以可能》，《学术月刊》2002 年第 7 期。

徐梦秋：《规范论的对象与性质》，《哲学动态》2000 年第 10 期。

徐梦秋：《自由的结构分析》，《厦门大学学报》（哲学社会科学版）1992 年第 2 期。

薛国林、吴丽君：《网络推手“罪”与“罚”》，《人民论坛》2011 年第 9 期。

严耕、陆俊：《 国外网络伦理问题研究综述》，《国外社会科学》1997 年第 2 期。

张楚：《关于网络法基本问题的阐释》，《法律科学》（西北政法学院学报）2003 年第 6 期。

张文杰、姜素兰：《论网络交往行为的新特点》，《自然辩证法研究》1998 年第 10 期。

张文杰、姜素兰：《网络发展带来的伦理道德问题》，《北京联合大学学报》1998 年第 3 期。

张旭、孙海龙：《知识产权制度中的利益平衡原则》，《北京航空航天大学学报》（社会科学版）2003 年第 4 期。

张璇：《网络规制与自由的平衡实现》，《扬州大学学报》（人文社会科学版）2016 年第 1 期。

张音、于洋：《网络空间不是“独立王国”》，《实践》（党的教育版）2013 年第 4 期。

张宇润：《试论网络法律行为》，《学术界》2003 年第 1 期。

张震：《浅析网络道德规范确立的依据》，《自然辩证法研究》2004 年第 5 期。

郑洁：《试论网络伦理的构建原则》，《重庆邮电大学学报》（社会科学版）2009 年第 6 期。

郑洁：《网络伦理：问题、原因及对策》，《桂海论丛》2009 年第 2 期。

郑林娟：《论恩格尔哈特的允许原则》，《山东大学学报》（哲学社会科学版）2012 年第 3 期。

郑友德、伍春燕：《从信息网络社会规范体系的重构看法律规范的变迁》，《科学·经济·社会》2000 年第 3 期。

周江洪：《网络法问题的法哲学思考》，《兰州大学学报》（社会科学版）2002 年第 6 期。

周祯祥：《事实命题、价值命题、规范命题及其逻辑》，《华南师范大学学报》（社会科学版）2004 年第 3 期。

四　中文报纸

曹林：《别在被放大的网络舆情中误读中国》，《中国青年报》2013 年 5 月 3 日第 2 版。

吕耀怀：《构建数字化生存的伦理空间》，《光明日报》2000 年 8 月 1 日第 3 版。

苏垚等：《微博“大 V”与官员圆桌探讨坚守底线》，《人民日报》（海外版）2013 年 8 月 13 日第 4 版。

汪重纶：《倡导网络主权极其重要》，《光明日报》2012 年 4 月 28 日第 3 版。

王超：《必须斩断“秦火火”背后的“造谣产业链”》，《中国青年报》2013 年 8 月 23 日第 8 版。

王帝：《微博“约架”：从网络语言暴力到现实的拳头》，《中国青年报》2012 年 7 月 23 日第 3 版。

新华社：《中共中央关于全面推进依法治国若干重大问题的决定》，《人民日报》2014 年 10 月 29 日第 1 版。

张梦然：《“棱镜门”事件的发酵与拷问》，《科技日报》2013 年 6 月

14 日第 2 版。

张意轩：《互联网给传统企业无限机会》，《人民日报》2013 年 7 月 29 日第 10 版。

周凯：《微博反腐已进入“剥洋葱”式深度挖掘时代》，《中国青年报》2013 年 1 月 4 日第 3 版。

朱柳宇、叶铁桥：《域名抢注乱象》，《中国青年报》2012 年 4 月 6 日第 7 版。

邹伟、史竞男：《公安机关集中打击网络造谣传谣违法犯罪》，《光明日报》2013 年 8 月 21 日第 7 版。

五　网络文献

［美］约翰·P.巴洛：《网络空间独立宣言》，IdeoBook，2004 年 6 月 27 日，http：//www.ideobook.com/38/declaration-independence-cyberspace/，2016 年 5 月 8 日。

CNNIC：《第 31 次中国互联网发展状况统计报告》，中国互联网络信息中心，2013 年 1 月 15 日，http：//www.cnnic.net.cn/NMediaFile/old_attach/P020140305344412530522.pdf，2013 年 4 月 20 日。

《2013 年第一季度中国反垃圾邮件状况调查报告》，中国互联网协会，2013 年 7 月 1 日，https：//www.12321.cn/Uploads/pdf/2013Q1-anti-spam.pdf，2013 年 11 月 27 日。

《2012 年我国互联网网络安全态势综述》，国家互联网应急中心，2013 年 3 月 19 日，https：//www. cert. org. cn/publish/main/upload/File/201303212012CNCERTreport.pdf，2014 年 3 月 28 日。

CNNIC：《第 48 次中国互联网络发展状况统计报告》，中国互联网络信息中心，2021 年 9 月 15 日，http：//www.cnnic.net.cn/NMediaFile/old_attach/P020210915523670981527.pdf，2022 年 1 月 8 日。

CNNIC：《2013 年中国网民信息安全状况研究报告》，中国互联网络信息中心，2013 年 12 月 19 日，http：//www. cnnic. net. cn/hlwfzyj/hlwxzbg/mtbg/201312/P020131219359905417826.pdf，2016 年 6 月 20 日。

中国互联网违法和不良信息举报中心：《2016 年 5 月全国网络举报受理情况》，搜狐网，2016 年 6 月 8 日，https：//www. sohu. com/a/81963153_116897，2016 年 6 月 20 日。

六 相关网站

中国互联网络信息中心，http：//www.cnnic.cn.

国家互联网应急中心，http：//www.cert.org.cn.

中国互联网协会，http：//www.isc.org.cn.

互联网实验室，http：//www.chinalabs.com.

中华人民共和国国家互联网信息办公室，http：//www. cac. gov. cn/index.htm.

中华人民共和国工业和信息化部，https：//wap.miit.gov.cn/.

电气与电子工程师协会（IEEE），http：//www. computer. org/portal/web/guest/home.

七 外文专著

Duncan Langford，*Inrernet Ethics*，New York：St. Martin's Press，2000.

Herman T.Tavani and James H.Moor，*Privacy Protection*，*Control of Information and Privacy-Enhancing Technologies*，San Francisco：Computers and Society，2001.

Johnson and Deborah G.，*Computer Ethics*，London：Prentic Hall，1994.

Lawrence Lessig，*The Future of Ideas*：*the Fate of the Commons in a Connected World*，New York：Random House，2001.

Lawrence Lessig，*Code*：*Version*2.0，New York：Basic Books，2006.

八 外文期刊

Herman T. Tavani，"The Uniqueness Debate in Computer Ethics：What Exactly Is at Issue，and Why Does it Matter?"，*Ethics and Information Technology*，Vol.4，No.2，2002.

Herman T. Tavani and Frances S. Grodzinsky，"Cyberstalking，Personal Privacy，and Moral Responsibility"，*Ethics and Information Technology*，Vol. 4，No.2，2002.

James H. Moor，"What Is Computer Ethic? "，*Metaphilosophy*，Vol.16，No. 4，1985.

James H. Moor，"Reason，Relativity and Responsibility in Computer Ethics", *Computers and Society*, Vol.28, No.1, 1998.

James H. Moor and Terell Ward Bynum, "Introduction To Cyberphilosophy", *Metaphilosophy*, Vol.33, No.1-2, 2002.

James H. Moor, "Is Ethics Computable?", *Metaphilosophy*, Vol. 26, No.1-2, 1995.

Johnsonand Deborah G., "Ethics Online ", *Communications of the ACM*, Vol.40, No1, 1997.

Johnsonand Deborah G., "Mapping Ordinary Morals onto the Computer Society: A Philosophical Prespective", *Journal of Social Issues*, Vol.40, No. 3, 1984.

John Weckert, "Focus, Intellectual Property Rights and Computer Software", *Business Ethics*, Vol.6, No.2, 1997.

John Weckert, "Lilliputian Computer Ethics", *Metaphilosophy*, Vol. 33, No.3, 2002.

Spinello Richard A., "Code and Moral Values in Cyberspace", *Ethics and Information Technology*, Vol.3, No.2, 2001.

Spinello Richard A., "The Future of Open Source Software: Let the Market Decide", *Information, Communication and Ethics in Society*, Vol.1, No.1, 2003.

Simon Rogerson, "Focus: Advances in Information Ethics", *Business Ethics*, Vol.6, No.2, 1997.

Terell Ward Bynum, "Philosophy in the Information Age", *Metaphilosophy*, Vol.41, No.3, 2010.

Terell Ward Bynum, "Computer Ethics: Its birth and its Future", *Information Technology*, Vol.3, No.2, 2001.

后　记

《规范与自由：互联网生活的底色》是在厦门大学哲学系徐梦秋教授指导的博士论文《网络规范研究》（2014 年完成）的基础上修改而来的，也是我们师生多年深度合作的成果，大小修改十数次之多，这期间所耗费的心血，以及与之相伴随的喜怒哀乐、酸甜苦辣，实在难以言表。在该书付梓之际，欣喜之余，终想留下一些文字，作为对过去几年研究的总结与纪念。

网络规范是一个全新的研究领域，涵盖了人类在互联网中全部的行为规范。当今时代，互联网的发展日新月异，互联网带给人们便捷、高效、自由的网络生活的同时，也给人们的生活带来了许多负面影响，信息泄露、不良信息泛滥、网络监控、网络沉溺等问题都严重地影响着身在互联网中的人们，甚至影响着现实社会。技术的发展必须与人类的价值统一，对网络问题的解决已迫在眉睫。如何使互联网真正造福于人类社会，增加人类的福祉，是互联网时代的人们应当思考的一个重要问题。网络规范研究正是着眼于这一点，以调整和约束人类网络行为的网络规范为对象，通过对网络规范的形成、发展以及合理性判定等方面的研究，探寻解决网络问题的办法。这在互联网发展乱象丛生、机遇与风险并存的今天，有着十分重要的意义。

研究网络规范，必须从一个个具体的网络规范出发，从个别到一般，找出网络规范的基本规律，指导人们构建出合理的网络政策、网络法律、网络道德、网络礼仪、网络技术规则等，进而规范人们的网络行为。互联网并不是一个蛮荒之地，互联网发展至今，世界各国政府、组织、网民已经制定出无数大大小小的网络规范，对于初涉这一领域的研究者来说，考察这些具体的网络规范可谓工作量巨大。然而，这并没有阻止我们的脚步，通过总结与概括，分析与综合，我们很好地完成了这一工作，为我们的研究奠定了坚实的基础。

研究网络规范，也必须掌握规范理论研究的相关成果，促进理论与实践的结合，从普遍到具体，一般到个别，找出构建和判断合理网络规范的路径与方法，从而指导人们构建和判断网络规范。规范理论的研究涉及多个学科领域，如伦理学、法学、逻辑学、政治学、社会学、心理学、宗教学等。在这个多学科交叉的领域中想要取得突破，难度可想而知。所幸，徐梦秋教授近年来的研究在规范论领域取得了丰硕的成果，这些理论成果在网络规范的研究过程中发挥了十分重要的作用，为我们完成本书的写作奠定了坚实的理论基础。

本书从选题、资料收集、写作、修改到定稿，获得了很多人的支持和帮助，本书有机会付梓，有他们一份功劳。感谢厦门大学张爱华、吴开明、欧阳锋、张有奎、张艳涛、宋建丽等老师，他们在本人博士论文的写作阶段，提供了很多有益的建议。感谢杨松、马丽、韦庭学、张宽前、赖怡静等多位博士，他们在本书的写作和修改过程中，也提供了很多帮助。特别感谢我的硕士生刘思彤、魏媛、任雪婷、张园园、翟鑫、原于茜、王慧慧、高伟、原玥、霍桥桥、王杨先、卢晓雪等同学为本书做的校对工作。

过去的研究是我们未来继续前行的力量所在，本书也只是我们过去几年研究的总结。由于水平所限，本书的不足和错误在所难免。恳请专家、读者多多批评指正，帮助作者纠错、完善和提高。

李伟

山西大学文瀛苑